ライブラリ 心理学の杜 14

教育・学校心理学

石津憲一郎・下田芳幸・横田晋務　共著

サイエンス社

監修のことば

心理学はどの大学でも，もっとも人気のある科目の一つです。一般市民向けの講座でも，同様です。心理学への関心の高さは，人間とは何かという尽きぬ疑問のせいもありますが，一方で，暴力と虐待，環境と災害，紛争と差別，少子化など，様々の社会問題に人の心の特質が関与しているからと思われるからでしょう。心理学に携わる者にとっては，人々のこうした関心に応えるためにも，心理学の知識を社会に対して正しく伝えていく責務があります。その中核を担うのは大学教育です。

実証科学としての心理学では，日々，新しい知見がもたらされ，新しい理論が提起され，新しい技術が開発されています。脳科学，遺伝学，情報学など隣接諸学とのコラボレーションも進み，新展開を見せている心理学分野がある一方で，社会の諸課題に挑戦する応用分野でも心理学者の活発な活動が見られます。知識体系，技術体系としての心理学の裾野は益々広がりを見せています。大学における心理学教育も，これらの発展を踏まえ，教育内容を絶えず書き換え，バージョンアップしていく必要があります。

近年，我が国の心理学界では大きな動きがありました。2017 年より公認心理師法が施行され，心理専門職の国家資格がスタートしました。これに先立って，心理学を講ずる各大学や関連諸学会では，大学における心理学教育の在り方をめぐって精力的に検討が行われ，いくつかの団体から標準カリキュラムの提案もなされました。心理学徒の養成を担う大学での今後の心理学教育は，こうした議論や提案を踏まえたものになる必要があり，このためにも，そこで使用される心理学テキストの内容については抜本的見直しを行うことが急務です。

本ライブラリは，これらのことを念頭に構想されました。心理学の基本となる理論と知識を中核に据え，これに最新の成果を取り入れて構成し，現代の心理学教育にふさわしい内容を持つテキスト・ライブラリを刊行することが目標です。公認心理師養成課程はもちろん，それ以外の心理学専門課程や教養としての心理学にも対応できるよう，教師にとって教えやすい簡明な知識の体系化をはかり，同時に，学生たちが読んで分かりやすい内容と表現を目指します。

監修者　大渕憲一
阿部恒之
安保英勇

まえがき

本書の原稿の執筆を3人の著者が始めたのは，ちょうど新型コロナウイルスが日本でも猛威を振るいだした2020年の春先のことでした。これがどういったウイルスなのかもわからぬまま，あれよあれよという間に新学期の大学構内も入構制限となりました。本来であれば賑わいを見せるに春先に，閑散とした学内の雰囲気に異様な静けさ。季節感と生活感のマッチングのなさに，強い違和感を覚えたものでした。同様に，子供たちが通う学校もまた休校になったり，オンライン授業化が急激に整備されたり，「学びの環境」は半ば強制的に変化していった部分があります。教師も子供も保護者も，この未知のウイルスが，自分たちの生活にどう影響するのかほとんど予測がつかないままその波に飲み込まれました。時に右往左往しながらも，何とか今できる学び方に懸命に取り組んでいる現状が続いています。

また，2020年当時「不要不急」の名のもとで，人と人との接触が強く制限されました。しかしこの「不要不急」とされたものこそが，私たちの日々の生活に，そして心身の健康にどれほど寄与していたのかを痛感させられました。本書の著者3人は，授業といえば「対面形式」が当たり前の世代ですし，会議も学会も，研究打合せも，何もかもが対面式でした。しかし，食事会や飲み会，学会までもがオンラインで開かれることが徐々に日常として組み込まれ，今後，働き方や学び方にも大きな影響を与えていくことが予測されます。本書で学んだ方が今後接していくことになる子供たちが，将来働く世代になったとき，時代の波に柔軟に対応しつつも，自らの意思をもって環境に働きかけながら時代を創っていける人になってもらいたいものです。

心理学は私たちの生活のすぐ身近なところにあります。私たちは，常に感じ，考え，予測しながら行動していますし，その一つひとつが心理学の対象です。とはいえ，こうした心の活動は常に意識されているわけではありません。自分のことがわからなくなることすら，私たちはしばしば経験します。心理学は，どこかなじみがあるにもかかわらず輪郭がつかみにくいこうした心の働きを概念化したり，定義づけしたりしながら，何とかその実態を浮き上がらせようとする学問です。本書は，その心理学的知見を学びながら，教育現場にどのように生かしていくことができるかを概観したものになっています。心理学の専門家が教育現場で働く際，最初に出会う現実は，その多くの現場が「一人職場」であることです。多職種が連携しながら，子供たちの成長を促進する「チーム学校」が教育現場で機能するためには，教員と心理の専門家とが上手に協働することが必要です。しかし，たとえば心理の専門家は，学校教員がどのような法律に基づいて教育を提供しているのかという点について，どちらかといえば無知といえるでしょう。場合によっては心理学の理論を振りかざすばかりで，どちらが正しいかという立場の主張に終始してしまう実態も見聞します。

本書は，こうした現状への対応を視野に入れながら，かつ教育臨床に関する心理学を概観できる構成になっています。本書の構成は，子供の発達とその発達を促進する教育がどのような法や理念に基づいて行われているかを踏まえて，子供の学習メカニズムに関する心理学を知能の視点を含めて前半で学んでいきます（第1～5章）。また，子供の適応やメンタルヘルスへの配慮も重要です。本書の中盤は，不登校やいじめ，メンタルヘルスなどに関する章から構成されています（第6～10章）。最後に，特別支援教育や通常学級にいる発達障害の子供への支援の実際について，知的障害，発達障害の視点を概観していきます（第11～14章）。

このように，本書は教育場面における心理学の視点を概観し，教育現場で心理学をどのように生かしていけるかについて学ぶことを主眼としています。そのため，心理の専門家だけでなく，教職の道を目指す学生への学びにも寄与するものと自負しています。上述したように，子供たちも大人たちも，学びや仕事のありようが大きく変化する時代に突入しています。本書は（そしておそらく心理学で得られた知見も），ハウツーを提供するものではありません。しかし，本書でまとめられている内容は，教育場面において子供の成長をどう支えていくかに関して，新たな視点を提供するものと考えています。本書が，多様な子供の特性を踏まえ，一人ひとりの子供が大切にされる教育や心理的支援につながることを心から祈念しています。

最後になりますが，本ライブラリの監修者である東北大学名誉教授の大渕憲一先生，東北大学の阿部恒之先生と安保英勇先生には，本書の執筆という貴重な機会を与えていただいただけでなく，原稿を非常に丁寧に見ていただき，完成にあたって有益な指摘をしていただきました。また，サイエンス社編集部の清水匡太氏には，本書の企画や編集作業等で大変お世話になりました。この場をお借りし，感謝申し上げます。

2022年1月

石津憲一郎

目　次

第 I 部

教育場面における心理学の基礎

1 発達と教育

貧困の問題や待機児童の問題等，現在，児童生徒を取り巻く状況は非常に難しいといえます。学校は，子供が一人の人として成熟していく上で非常に重要な機能をもっています。では，学校教育は何を目指しているのでしょうか。また，学校での経験は，子供に多様な軋轢や葛藤，悩みを生じさせることもあります。そのような場所で，子供たちはどのような成長を遂げていくことが求められるのでしょうか。この章では，学校教育制度とそれを支える法制度について概観します。続いてさまざまな社会的な相互作用の中で，子供たちがどのような発達をしていくのかについて，学校という視点から解説します。

1.1 日本における学校教育制度

1.1.1 日本の学校教育の目的と多職種による協働

日本の教育場面でスクールカウンセラー（SC）のような心理職として働くためには，教師を中心とするさまざまな専門的スタッフと協働していく必要があります。そこでは，教師もSCも子供の心身の安全に配慮することを通じて，子供たちの学びと成長を促進することが求められていますが，学校では教師が教育の役割を中心的に担っています。SCが学校で活動する際には，教育がどのような理念に基づいて行われているか，学校教育の法律的基盤を含めて日本における学校教育制度の特徴への理解を深めておく必要があるといえるでしょう。

1.1.2　日本における学校教育の理念

日本に在住していれば，おおむね6歳になる年の4月に，小学校に入学します。小学校では国語や算数といった科目を学ぶことが決まっていても，なぜそれを学ぶのかといった意義や教育の目的について，子供たちが改めて説明を受ける機会はほとんどないことでしょう。それでは，教育の目的とは何なのでしょうか。なぜ私たちは教育を受けるのでしょうか。さらに，教育を受けた者は，次世代を担う者たちに教育を提供する義務があるのでしょうか。

日本における学校教育の法律的基盤の一つである，**教育基本法**の前文（平成18（2006）年改正）には，次のように書かれています。

> 「我々日本国民は，たゆまぬ努力によって築いてきた民主的で文化的な国家を更に発展させるとともに，世界の平和と人類の福祉の向上に貢献することを願うものである。我々は，この理想を実現するため，個人の尊厳を重んじ，真理と正義を希求し，公共の精神を尊び，豊かな人間性と創造性を備えた人間の育成を期するとともに，伝統を継承し，新しい文化の創造を目指す教育を推進する。ここに，我々は，**日本国憲法**の精神にのっとり，我が国の未来を切り拓く教育の基本を確立し，その振興を図るため，この法律を制定する。」

教育基本法の第1条には，教育の目的として，「教育は，人格の完成を目指し，平和で民主的な国家及び社会の形成者として必要な資質を備えた心身ともに健康な国民の育成を期して行われなければならない」と続いています。

以上を鑑みると，教育の目的は，個人の価値を尊重し，個性化のプロセスを進める中で，個性や自主性の発揮のありようが個人の中で完結するだけでなく，それらが社会に受け入れられる形で達成され，かつ，社会の形成や発展に寄与する人材を育てていくことになります。そして，教育の目的を遂行するため，現在の日本においては，教育現場に心理や福祉の専門家が配置されるようになりました。不登校やいじめ，暴力のみならず，貧困や虐待といった社会的問題が山積する日本における教育実践は，非常に難しい現状にあります。

1.1.3 教育に関する権利と義務

1989年に国連総会で採択され，1994年にわが国が批准した，「**子ども（児童）の権利に関する条約**」は，児童（18歳未満のすべての者）がもつ，生きることや育つことに関するさまざまな権利を保障し，特に第28条と第29条において，子供が教育を受ける権利が明記されています（**表1.1**）。また，日本国憲法も第26条で，「すべての国民が教育を受ける権利を有していること」と，「国民がその保護する子女に教育を受けさせる義務を負っていること」を明記しています。

このように，わが国の子供たちは平等に教育を受ける権利が保障されるとされています。しかし，9年間の無償の義務教育の場が提供されれば，すべての子供に学校に行く権利が平等（同一）に与えられ，すべての子供たちの教育を受ける権利が保障されるかといえば，必ずしもそうとはいえないところもあります。仮に，深刻ないじめを受けており，学校に登校できなくなっている児童がいたとしましょう。この場合，いじめを受けた者が教育を受ける権利はどのように保障されるでしょうか。別の事例も考えてみます。知的能力に問題はないものの障害によって細かい文字や行間を追うことが難しい子供の場合，皆と同じような教科書やテスト問題を与えることは，この子の教育を受ける権利を保障しているといえるでしょうか。後者の例でいえば「皆と同じ学習ツールが与えられる平等性」は，必ずしも「公正な権利」を保障するとは限らないことを示しています。

これらの事例を法的基盤からとらえた場合，前者の事例は「義務教育の段階における普通教育に相当する教育の機会の確保等に関する法律（**教育機会確保法**）」から読み解くことができます。この法律は，学校以外の場における学習活動等を行う不登校児童生徒に対する支援や，夜間その他特別な時間において授業を行う就学機会の提供等を通じて，すべての児童生徒が安心して教育を受けることができる措置を，国および地方公共団体に課しています。後者の事例については，**障害者差別防止法**によって求められる合理的配慮に関する事例であり，そこにおける障害者には身体障害や視覚障害だけでなく発達障害等も含みます。中央教育審議会（2012）は，学校における合理的配慮について，「障

表 1.1 **児童の権利に関する条約（第 28 条および第 29 条）抜粋**（外務省ホームページより作成）

第 28 条

1 締約国は，教育についての児童の権利を認めるものとし，この権利を漸進的にかつ機会の平等を基礎として達成するため，特に，

(a) 初等教育を義務的なものとし，すべての者に対して無償のものとする。

(b) 種々の形態の中等教育（一般教育及び職業教育を含む。）の発展を奨励し，すべての児童に対し，これらの中等教育が利用可能であり，かつ，これらを利用する機会が与えられるものとし，例えば，無償教育の導入，必要な場合における財政的援助の提供のような適当な措置をとる。

(c) すべての適当な方法により，能力に応じ，すべての者に対して高等教育を利用する機会が与えられるものとする。

(d) すべての児童に対し，教育及び職業に関する情報及び指導が利用可能であり，かつ，これらを利用する機会が与えられるものとする。

(e) 定期的な登校及び中途退学率の減少を奨励するための措置をとる。

2 締約国は，学校の規律が児童の人間の尊厳に適合する方法で及びこの条約に従って運用されることを確保するためのすべての適当な措置をとる。

3 締約国は，特に全世界における無知及び非識字の廃絶に寄与し並びに科学上及び技術上の知識並びに最新の教育方法の利用を容易にするため，教育に関する事項についての国際協力を促進し，及び奨励する。これに関しては，特に，開発途上国の必要を考慮する。

第 29 条

1 締約国は，児童の教育が次のことを指向すべきことに同意する。

(a) 児童の人格，才能並びに精神的及び身体的な能力をその可能な最大限度まで発達させること。

(b) 人権及び基本的自由並びに国際連合憲章にうたう原則の尊重を育成すること。

(c) 児童の父母，児童の文化的同一性，言語及び価値観，児童の居住国及び出身国の国民的価値観並びに自己の文明と異なる文明に対する尊重を育成すること。

(d) すべての人民の間の，種族的，国民的及び宗教的集団の間の並びに原住民である者の理解，平和，寛容，両性の平等及び友好の精神に従い，自由な社会における責任ある生活のために児童に準備させること。

(e) 自然環境の尊重を育成すること。

2 この条又は前条のいかなる規定も，個人及び団体が教育機関を設置し及び管理する自由を妨げるものと解してはならない。ただし，常に，1 に定める原則が遵守されること及び当該教育機関において行われる教育が国によって定められる最低限度の基準に適合することを条件とする。

害のある子どもが，他の子どもと平等に「教育を受ける権利」を享有・行使することを確保するために，学校の設置者及び学校が必要かつ適当な変更・調整を行うことであり，障害のある子どもに対し，その状況に応じて，学校教育を

受ける場合に個別に必要とされるもの」と定義しています。合理的配慮には，「均衡を失した」または「過度の負担を課さないもの」という表現が含まれるものの，少なくとも，他の大多数の子供と同じツールや環境の提供といった「平等性」のみが，教育を受ける権利を保障するものではないことに注意を払う必要が出てきます。

1.1.4　学校教育に関する基本的な法制度

ここまでみてきたように，学校内で行われる活動には種々の法的基盤があります。法的基盤の最上位に位置づけられる日本国憲法においては，「すべての子供が教育を受ける権利を有している」と明記されています。そして，子供の学習権を保障するために，国民は教育を受けさせる義務を負うことを規定しています。また，義務教育の無償も定めています。

この憲法の理念をより具体化するため，昭和22（1947）年に**教育基本法**と**学校教育法**が制定されました。教育基本法は平成18（2006）年に改正されていますが，主として憲法の精神に則りながら，教育の目的や目標といった理念について述べつつ，学校教育のみならず社会教育でも共有されるべき教育の目的を規定しています。学校教育法は教育の制度を定めている法律ですが，ここでは，日本における学校を「幼稚園，小学校，中学校，義務教育学校，高等学校，中等教育学校，特別支援学校，大学及び高等専門学校」とした上で，それぞれの段階での目的を定めています。また，平成30（2018）年に制定された「学校教育法等の一部を改正する法律」では，通常用いられている紙媒体の教科書を使用して学習することが困難な児童生徒の学習上の支援のため，必要に応じ，学習者用デジタル教科書を使用することができることを定めるなど，障害のある子供に対する配慮が求められるようにもなっています。

学校教育に関連が深い法制度としては，上記以外にもさまざまなものがあります。ここでは児童福祉法，障害を理由とする差別の解消の推進に関する法律（障害者差別解消法），発達障害者支援法，義務教育の段階における普通教育に相当する教育の機会の確保等に関する法律（教育機会確保法），児童虐待の防止等に関する法律，いじめ防止対策推進法の5つについて，それぞれの目的と

表 1.2　学校教育に関連する主な法制度

法律の名称	目的と概要
児童福祉法	児童の権利に関する条約の精神に則り昭和 22（1947）年に制定。18 歳未満の子供の心身の健康と発達の促進を目指し，子供の福祉に関する制度，施設，事業について定める法律。近年注目されている放課後等デイサービス等，障害児の支援制度についても定められている。
障害を理由とする差別の解消の推進に関する法律（障害者差別解消法）	障害の有無にかかわらず，すべての者が人格と個性を尊重し共生できる社会の実現に向けて平成 25（2013）年に制定された法律。障害者の権利を保障し，障害を理由とする差別を解消するための支援措置を講じる義務が定められている。
発達障害者支援法	発達障害者への早期からの支援および継続的支援のため，障害者基本法の理念に則り，平成 16（2004）年に制定された法律。また，発達障害を抱える者のみならず，家族等への支援についての義務を各地方団体に求めている。
義務教育の段階における普通教育に相当する教育の機会の確保等に関する法律（教育機会確保法）	教育基本法および児童の権利に関する条約等の教育に関する条約の趣旨に則り，不登校児童生徒を含めたすべての児童生徒が豊かな学校生活を送り，教育を受けられるよう，学校における環境の確保が図られるようにするための施策が定められている。
児童虐待の防止等に関する法律	児童虐待防止のために平成 12（2000）年に制定。児童虐待の予防，早期発見，通告義務を定めるとともに，裁判所の許可に基づく臨検・捜索や警察介入，親権喪失制度の運用を規定している。制定時に社会的にも着目された通告義務は，秘密漏示罪や守秘義務よりも優先されるとした。
いじめ防止対策推進法	平成 25（2013）年に制定された，いじめの防止等のための対策の推進のための法律。いじめ（インターネットによるものも含む）を定義した上で，予防，早期発見，防止のための措置について国，地方自治体，学校，保護者へ必要な措置をとることを定めている。

概要を表 1.2 に示します。

言わずもがなではありますが，これまでみてきた憲法等で規定される教育理念が達成されるためには，子供の命と身体の保護が確保されている必要があります。それゆえ，教育に携わる者は，第一に子供の生命と心身の健康を保障しなくてはなりません。これからの心理職は，その基礎的訓練の中で，教育の制度やその基盤となる法律について，教育場面で行われる活動がどのような法的基盤に基づくものかを十分に理解した上で，子供の成長に携わるさまざまな職種の専門家と協働していくことが求められるようになっています。

1.2 発達と教育

学校教育では，子供の育ちを支え，発達を促すことを目指した教育活動が行われています。「子どもの徳育の充実に向けた在り方について」（文部科学省，2009）においては，子供の発達段階に応じた支援の必要性が述べられ，学校教育における発達の視点は非常に大きな意義をもっています。それによると，子供の発達とは，「子どもが自らの経験を基にして，周囲の環境に働きかけ，環境との相互作用を通じ，豊かな心情，意欲，態度を身につけ，新たな能力を獲得する過程」であり，「身体的発達，情緒的発達，知的発達や社会性の発達などの子どもの成長における様々な側面は，相互に関連を有しながら総合的に発達する」とされています。以下では，こうしたさまざまな側面の発達を概観し，学校教育で心理学的な視点を統合するための基礎的な側面を扱います。

1.2.1 生徒指導と教育相談，学校心理学との関係

学校において子供たちの心身の成長と適応を支援していく際，心理学的な側面を重視する活動には生徒指導と教育相談があります。生徒指導と教育相談と聞くと，それらは対比的にとらえられる傾向にあるようです。確かに前者はどこか権威や力をもった訓練的指導を，後者は母性的で受容的な援助をイメージさせますが，実際の理念はそうではありません。文部科学省（2010）による生徒指導提要に基づくと，教育相談とは「児童生徒それぞれの発達に即して，好ましい人間関係を育て，生活によく適応させ，自己理解を深めさせ，人格の成長への援助を図るもの」とされ，生徒指導の一環として位置づけられています。

これらの理念に沿って，教師と協働し，子供の安全と安心を確保しながら子供の成長を促すための心理学的な学問体系が，**学校心理学**（school psychology）です。心理学と学校教育の融合を目指す学校心理学では，学校教育を子供の成長を支えるヒューマンサービスとしてとらえ，子供はそのサービスを活

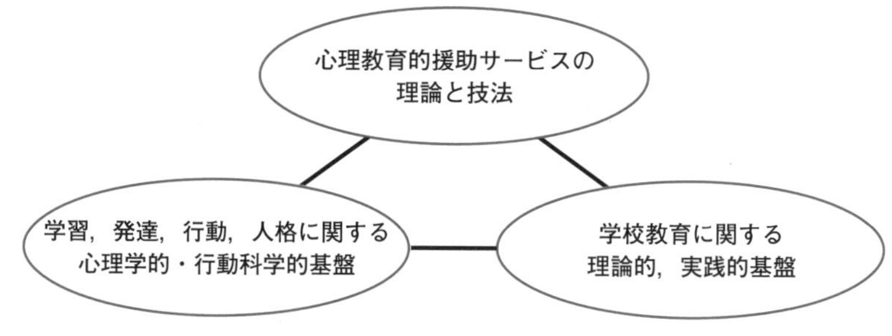

図 1.1　**学校心理学の学問体系**（石隈，1999，2004）

用する権利を有する者，としています（石隈，1999）。

学校心理学の学問体系は，大きく3つの柱によって構成されています（石隈，1999，2004）（図 1.1）。1つ目の柱は，「子供の学習や発達及び行動や人格に関する心理学及び行動科学の理論と方法」として，学習，発達，認知，人格，といった基礎心理学の理論に関する柱を含んでいます。2つ目の柱には，アセスメントやカウンセリング，コンサルテーションの理論と方法を含む「子供，教師，保護者，学校組織に対する**心理教育的援助サービス**の理論と技法」があります。そして，最後の柱が，「学校教育に関する理論と方法」です。ここでは，教育制度や教育哲学，特別支援教育に関する知識と方法が含まれます。1つ目の柱は，基礎心理学を幅広く学ぶことが求められ，2つ目の柱では，カウンセリングや臨床心理学といった基礎心理学に基づく応用心理学の知識とそれに基づく訓練が必要となります。3つ目の柱は，教師の専門性について理解を深める必要性を示しています。

1.2.2　認知の発達

「学校で行われること」と聞くと，まず「勉強」や「教科学習」といった活動を思い浮かべる人は多いことでしょう。知識の蓄積のみならず，課題解決学習や，ディスカッションを含めた知識やスキルの活用など，近年重視される教授学習のスタイルでは多くの認知機能を働かせる必要があります。ピアジェ

(Piaget, J.) は，この思考を中心とした**認知機能**がどのように発達的に変化するのかについて，4つの段階に分類してまとめました。

1. 感覚―運動期（sensory-monitor period）

生後0〜2年頃の間における知的な働き（認知機能）は，私たちが普段行っているような（この文章を読み理解しているような）言語を用いた思考ではなく，感覚と運動によって対象の知覚と認知を行います。出生時に，赤ちゃんは生得的なさまざまな種類の反射（原始反射）をもっています。たとえば，吸啜反射では，口の周囲に何かが触れるとそれを吸おうとし，手掌把握反射では，手のひらに物が触れると指が閉じてその物をつかむことが知られています。これらの反射を用いて，赤ちゃんは外界の対象を認識するための認知構造を発展させようとします。たとえば，厚生労働省による，母子健康手帳省令様式における「保護者の記録【6〜7か月頃】」には，「からだのそばにあるおもちゃに手をのばしてつかみますか。」という項目があります。これが達成された場合，自らの身体を動かすという手段と，物をつかむという目的との関連についての概念（シェマ）が形成されたといえます。

2. 前操作期（pre-operational period）

2〜7歳頃になると，表象を用いた思考が発達する段階へと移行していきます。「おままごと」にみられるような，おもちゃ（ブロックや土など）をご飯に見立てた遊びでは，その場に実際にご飯が存在していなくても遊ぶことができます。これは，思考上でご飯があることを前提とした遊びになっているのです。このように，具体的に実物がなくても思考の中でイメージされた物事は表象とよばれます。

一方で，物事の認識において，思考の自己中心性がみられるのもこの時期の特徴です。ピアジェとイネルデ（Piaget & Inhelder, 1948）の「3つ山課題」では，3つの山の模型を置き，子供が自分のいる場所以外からだとどう見えるかを，回答させています。この実験では，4歳頃の子供は自分の位置以外からの視点を取得できず，物の見え方が自己視点に偏ることを示しました。この研究の妥当性についてはさまざまな議論がなされていますが，後にウィマーとパーナーが「**心の理論**（theory of mind)」における誤信念課題（Wimmer & Perner,

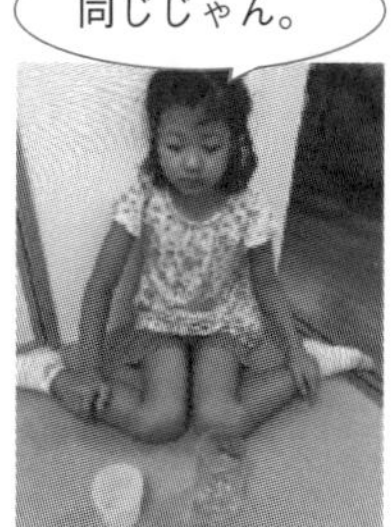

幼稚園年長児　　　　**小学２年生**

図 1.2　**保存の未成立（左）と成立（右）**

幼稚園年長児，小学２年生それぞれの左側の写真には同じ大きさのコップに水が入っています。女の子から見て左のコップの水を，底面積の大きいビールグラスに注いだとき，どちらが大きいかを尋ねた際の反応を示しています。

1983）で示したように（12.2.1 項参照），4 歳までの子供が自己と他者の視点の違いをうまく弁別できないことを踏まえると，相手の視点や心的状態を推測する能力は，この時期に大きく発達していくと考えられます。

3.　具体的操作期（concrete operational period）

7～12 歳頃，ちょうど日本の小学生における発達段階では，身につけた知識を用いて，論理的な思考をより発達させていきます。この時期では「保存」の概念を獲得していきます（図 1.2）。保存の概念は，論理性の一つの側面であり，見た目に惑わされることなく，論理的な推論を行うための基礎的な能力となりますが，この時期では具体的に物を操作することでしか論理的な思考を行うことができないとされています。また，この時期では，自己中心性から脱し（脱中心化），物事の受け止め方には多様性があることも少しずつ身につけていきます。

4.　形式的操作期（formal operational period）

12 歳以降，日本においては中学生以降の年代になると，具体的な物がなくても，与えられた言語的ないし抽象的な刺激を基に，演繹的な推論を行うことが可能になっていきます。そこでは，抽象的な記号のもつ意味を，具体的な思考に自ら置き換えることができるようになります。そして，こうした抽象的な思考が成立していく時期を，形式的操作期とよびます。たとえば，算数や数学の授業を想定してみましょう。小学6年生までは，具体的な数値や形を用いて（見たり書いたりしながら）数の計算や面積，体積などを学習するのに対し，中学校以降では，x や y，π，cos，Σ といった記号を扱った，より抽象度の高い思考を要する学習内容に入っていきます。このように，学校で行われる教育活動は，発達段階に合わせた，子供のレディネスを考慮したものになっています。

ピアジェは，今すでにもっている認知的枠組みや知識体系であるシェマ（schema）を，同化と調節によって連続的に変化させることで，認知機能が発達していくと考えました。**同化**（assimilation）とは，シェマに適合した形で外界から刺激を取り入れていくことで，**調節**（accomodation）とはシェマに合わない刺激に遭遇した際に，自らのシェマを変化させ，環境と自己を適合させようとする働きのことです。こうした働きを通じて，人は自らのシェマを発達させ続けていると考えられています。「失敗やつまずきから学ぶ」のも，この同化と調節の機能といえるでしょうし，学校場面で遭遇するさまざまな刺激は，子供のシェマの発展に寄与するものになっています。

1.2.3　言語の発達と発達の最近接領域

赤ちゃんは，不快な状況下にあるときに，泣くことで意思（欲求）を表明し，養育者は泣くという行為に込められたメッセージを推測すべく，時に悪戦苦闘します。泣くという音韻によるメッセージは，その後，「アー」「ウー」などの喃語（生後7〜8カ月頃）を伴うものに変化します。そして，意味を明確にもった言葉を話し始めるのは，1〜1歳半頃になります。この頃になると「ママ」や「マンマ」といった単語中心の発語がみられ始め，2歳頃になるとおよそ100程度の単語を獲得しながら，徐々に2語文を構成できるようになっていきます。

言語は他者とのコミュニケーションにおける主要なツールの一つでもありま

すが，私たちが認知機能を働かせる際にも重要な役割を担っています。ヴィゴツキー（Vygotsky, L. S.）は，人の言語を「**外言**」と「**内言**」に分類しています。外言は，他者とのコミュニケーションの際に用いられる，意思表示を伝達する機能をもつのに対し，内言は思考の手段として活用され，必ずしも音韻として外部には発話されない言語です。言語の発達は，喃語から単語，2 語文，より複雑な文法を伴った文章という形で発達していきますが，言語には内言としての機能があることで，知的活動や認知機能の発展に重要な役割を果たしています。日本の学校教育の中では，ひらがなやカタカナといった基本的な文字の読み書きの訓練が行われています。このようにして子供たちが身につけていく言語は，意思の伝達と，思考の発達を促進します。

ヴィゴツキーは，教育において非常に重要である「**発達の最近接領域**（Zone of Proximal Development; **ZPD**）」という認知的な概念も提唱しています。発達の最近接領域は，子供が自力で行うことができる問題解決の水準と，自力では問題解決ができない水準との間に存在する，「他者からの援助を得ることで，問題解決の達成に至れる領域」のことを示します（図 1.3）。この領域を重視した場合，大人を含めた他者との社会文化的な相互作用が多く含まれることで，より教育の効果が高まるとされます。いわば，子供のもつレディネスが，他者

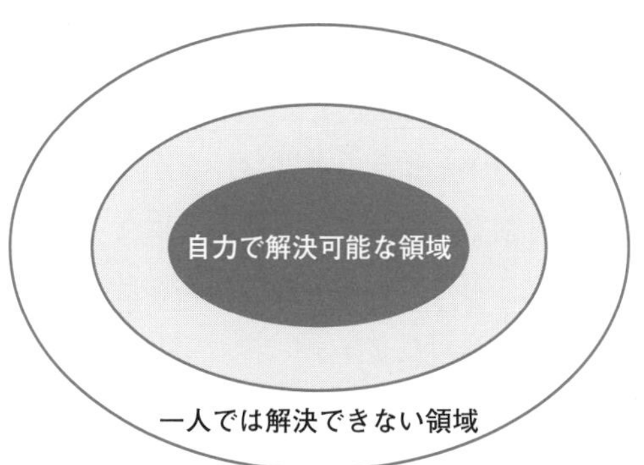

図 1.3　**発達の最近接領域のイメージ図（薄い水色部分が発達の最近接領域）**

との相互作用の中で促進可能であることを示唆しているといえるでしょう。また，通常，学校などの試験で行われる個人テストは，ある時点での能力は測定できますが，その子がもつ可能性そのものは測定できません。このため，ヴィゴツキーは教師の援助のもとで問題解決をするという，援助条件つきのテストによる能力の測定も提案していています（茂呂，2002）。

1.2.4　社会性と対人関係の発達

意思の伝達手段の一つである言語の発達に伴い，子供たちは主要な養育者以外の人間関係も発達させていきます。子供の遊びは，乳幼児がおもちゃのガラガラを1人で鳴らして遊ぶような一人遊びから始まります。ここでは自分の身体のイメージ通りに実際に身体を動かすという感覚運動期の遊びがみられます。そして2歳前後になると，同じくらいの年齢の子供のしぐさや振る舞いに注意を払うようになっていきます。ただし，この時期では一緒に遊ぶというよりは，同じ空間にいるものの別々の遊びを互いにしているという「並行遊び」が主な遊びであり，大人が間に入ることで，2人の子供の間に相互作用が生じることもあります。

3歳頃から4歳頃にかけて，自分の意見をはっきりと表現するという意味での自己主張能力が急速に伸びていきます（柏木，1988）。この時期になると，他の子供と同じ遊びをするようになりますが，**他者視点の取得**（perspective-taking）はまだ成熟しておらず，ピアジェの述べる「自己中心性」が強い時期になります。そのため，誰かと協力したり一定のルールに基づいたりする協調的な遊びや，役割を分担するような遊びは，なかなか成立しない時期です。たとえば，幼稚園や保育園などで，この時期の子供たちは先生の弾くピアノに合わせて一緒に歌を歌うことはできるものの，各々自分が歌いたいように歌うことで「一緒に」遊ぶ姿がみられます。

他者とルールを共有し，協調的な活動をもてるようになるには，他者視点の取得と，欲求の自己制御の力が必要となります。「心の理論」課題にみられるような，自己視点と他者視点とは異なるという認知機能は，個人差はあるものの5歳頃までに獲得することが多いとされています。そして，心の理論が発達することで自己中心性が弱まり，脱中心化思考が伸長します。これらは，役割分担やルールに基づく「共同遊び」が成立するための条件ともいえるでしょう。また，自己主張が3歳頃から急激に伸びていくのに対し，自己制御は少し遅れる形で発達していくことも知られています。自己制御には性差もみられ，女児よりも男児のほうが低い傾向にありますが（柏木，1988），他者の立場を想像し，自分の欲求をある程度制御できるようになることで相手の意見に耳を傾けるようになると，より協調的な対人関係が成立していきます。

赤ちゃんから小学校入学までの5〜6年間で，上記のような社会性の発達に伴い，対人関係の広がりが生じます。小学校に入学し中学年頃になると，自主的な仲間集団である「**ギャンググループ**」を形成するとされています[1]。同年代で同性の仲間集団（ギャング）は，家族とは異なる価値観が存在することを示し，これまでとは異なる視点で物事をとらえる機会を提供するだけでなく，集団に合わせるために，より柔軟に欲求を制御する機会や，集団における役割を意識させ，仲間から認められる機会も提供するものです。それゆえ，この時期から思春期にかけて，仲間内における同調圧力が高まり，仲間との同調性が特に高まっていきます。過度の同調性は，青年期以降，自分とは何者かという感覚を低下させる要因ですが，この時期の同調性は自己制御のスキルを高め，数年後に来る親からの心理的自立に伴う不安を軽減する意味で，自立に向けた重要な役割も担っているといえます。

また，思春期にみられる仲間集団を「**チャムグループ**」とよびます。チャムグループは，共通の趣味や互いの同一性を基に親密性を高める少人数の同性集団から構成され，高い親密性，同調圧力，高い排他性という特徴を有しています。共通の持ち物や趣味を基にして「一緒にいる」ことは，親離れに伴う不安や葛藤の処理に重要な意味をもつものでもあります。しかし，それゆえに強い同調性や他のグループへの排他性が，特に女子の仲間集団において，相対的に多くみられます。

---

[1] 近年は，小学生は習い事などで忙しく以前ほど「ギャング集団」を形成しなくなったとする見方もあります。

思春期以降，親からの精神的自立が進み，自立に伴う不安が低減するにつれ，仲間関係における「同質であること」の意味は薄れていきます。それゆえ，思春期の終焉につれて同調圧力も低下し，仲間関係も質的に変化していきます。高校生の後半くらいの年齢でみられる仲間関係は「**ピアグループ**」とよばれ，仲間関係においても互いの異質性を受容することで，仲間関係もより自立した個人の集まりになっていくとされています。このように，他者との違いを意識しながらも，より自立した個人に向かう際，同調性から異質性という仲間関係における質的な変化が生じます。

その一方で，近年，チャムグループの肥大化とピアグループの遷延化（保坂，2010）も指摘されています。これは，高校生や大学になっても，絶えず空気を読みながら同調を続ける若者の存在を示唆しています。また，このことは，異質性の受容に随伴する心理的自立という発達課題に取り組みにくくなっている若者の存在を指摘するものともいえるでしょう。

1.2.5　道徳性の発達

ここまでみてきたように，子供たちは他者とのさまざまな相互作用の中で，他者視点の取得や自己制御といった認知能力を発達させていきます。さらに，社会の中で他者とともにより良く生きていくために，社会的な規範の一つである道徳性も身につけていきます。

前述のピアジェは，認知の発達という視点から子供の**道徳性の発達**を初めて体系的に検討したとされています。ピアジェ（Piaget, 1930）は，次のような話を子供に聞かせ，どちらが悪いかと思うかと，その理由を判断させました。

1. 部屋に呼ばれたジャンは，扉の後ろに椅子があるのを知らずに扉を開けたところ，扉が椅子に当たってしまい，椅子に置いてあった15個のカップを割ってしまった。

2. アンリは，戸棚に入っているジャムを母親が不在のうちにこっそり食べようとしたが，なかなかジャムに届かず，悪戦苦闘している間に，手に触れたカップを1つ落として割ってしまった。

ほとんどの大人は，故意性を重視し，後者のアンリのほうが悪いという判断を下します。ピアジェは，前者より後者のほうが悪いとする判断が7歳頃を境に増えることや，6歳の子供は動機よりも多く割ったという結果のほうを重視することを指摘しました。同様の研究は日本でも行われ，小学1年生では39%しか動機（過失の意図性）に注目しなかったのに対し，小学2年生では78%が，小学4年生では96%が動機に着目した判断を行うことが示されています（柴田，1975）。ピアジェの理論は，その後さまざまに検証されることになりますが，ピアジェは，道徳性の発達が他律的道徳（叱られるからしてはいけない）から，行動の結果だけでなく，その行為の意図と社会的なルールや規範とを考慮して，善悪の判断を行う自律的道徳に発達するとしました。

このピアジェの理論を発展させる形で，コールバーグ（Kohlberg, 1971）は，道徳的な価値の判断基準を3水準6段階にまとめました（表1.3）。各水準には2つの段階が含まれ，「叱られるから」や「警察に捕まるから」といった罰

表1.3　コールバーグによる道徳性の発達段階とそれぞれの志向性

水準	段階	志向
前慣習的水準	第1段階	【罰と服従への志向】 • その行為がほめられたり，罰せられなかったりすればよい。 • 力のある者の価値観に従えばよいとする考え方。
	第2段階	【道具的，報酬主義への志向】 • 自分の欲求や他者の欲求を満たすことができるか否かによって正しい行動が規定される。
慣習的水準	第3段階	【良い子，もしくは同調的志向】 • 他者から良く思われるための行為が，道徳的に価値があるとする考え方。
	第4段階	【法と秩序への志向】 • 社会的な規範やそれを規定する法律に従った行動が正しい行いであるとする考え方。
慣習的水準以後	第5段階	【社会的な契約への志向】 • 社会的な場面における契約や公益を踏まえ，正しい行為を個人と社会の相対関係や合意からとらえようとする。
	第6段階	【普遍的倫理の原理への志向】 法を超えうる，正義，平等，公正といった視点から人間の尊厳という原理を重要視する立場。

と服従への志向による道徳的判断から，人の固有の価値に言及する普遍的な倫理への志向に発達するとしています。近年，こうした道徳の判断や他者への共感性，正義への志向性は，乳児にもその萌芽がみられることが示されています。たとえば，鹿子木ら（Kanakogi et al., 2013）は，人の乳児は初歩的な共感性を10カ月の段階から示す可能性を示唆しています。生得的に備えている資質と他者からの相互作用の中で，人は道徳性や共感性を含む社会性を発達させていくのだと考えられています。

小学校では平成30（2018）年度から，中学校では平成31（2019）年度から道徳の教科化が開始されています。道徳の教科化については，さまざまな議論がなされたことは記憶に新しいですが，教育現場では子供の問題解決に関わる認知面と，対人関係に関する社会面の発達を促進し，他者との関係の中でより良く生きる術を学ぶ機会を適切に提供することが目指されています。人は，自らの欲求と，他者や社会からの要求との間に矛盾や葛藤が生じる場面に多く出くわします。そうした状況において，多面的な視点を獲得しながら多様な問題を解決し，悩みながらも矛盾と折り合いながら生きていく力の醸成が目指されているといえるでしょう。

復習問題

1. 以下の空欄にあてはまる法律名を書いてください。

（　　　　　　）は，昭和22（1947）年に制定され，学校および社会で共有される教育の目的を定めています。また，（　　　　　　）では，障害のある子供が受ける差別を解消し，平等に「教育を受ける権利」を享有・行使することを確保するために，学校の設置者および学校が必要かつ適当な変更・調整を行うという合理的配慮の提供についても言及しています。

2. 認知機能におけるシェマの発達について，同化と調節の視点から述べてください。
3. 発達の最近接領域とはどのようなものか，説明してください。

参考図書

松本 真理子・ケスキネン，S.（編著）（2013）．フィンランドの子どもを支える学校環境と心の健康——子どもにとって大切なことは何か—— 明石書店いじめ防止プログラム KiVa などでも注目されるフィンランドの学校教育のシステムについて，心理学と教育学の観点から紹介された一冊です。義務教育は日本より1年遅れて始まる（?!）など，各学校段階の様子やフィンランドの教育理念について詳しく解説されています。

赤木 和重（2017）．アメリカの教室に入ってみた――貧困地区の公立学校から超インクルーシブ教育まで――　ひとなる書房

実際に自分の子供を連れて，現地の学校に入ってみた発達心理学者の著者が，現地の様子を悪戦苦闘しながら心理学的な観点からレポートしています。インクルーシブ教育についてのハウツー本ではなく，むしろその本質に迫ろうとしている興味深い一冊です。

石隈 利紀（1999）．学校心理学――教師・スクールカウンセラー・保護者のチームによる心理教育的援助サービス――　誠信書房

学校心理学の第一人者である著者が，日本に初めて学校心理学を紹介する際に著した一冊です。学校という場所で心理職がどのように働くのか，また教師と心理職がどのように多職種と協同していくことができるのかについて，心理教育的援助サービスの視点から詳細に述べられています。

2 学習のメカニズム

子供たちは成長するに従って，多くの時間を学校の中で過ごすようになります。そこでは，授業に出たり，級友と遊んだりしながら，さまざまなことを学んでいきます。そこでの学びは，知識の蓄積だけでなく行動様式の変化も含まれます。「職員室への入り方」のような学校生活で必要なスキルを意識して学ぶ機会もありますし，みんなでレクリエーションをした経験から「こうすればもっと一緒に遊ぶのが楽しくなる」ことも学習します。学習は意識的に学ぶことだけでなく，「なぜかはわからないが，気がついたら虫が怖い（苦手）」のように，学習の主体である本人が気づかないうちに，無意図的に行われている学習もあります。この章では，学校で行われるさまざまな学習のメカニズムについて概観していきます。

2.1 行動論の立場からみた学習メカニズム

2.1.1 古典的条件づけ（レスポンデント条件づけ）理論

20 世紀初頭にアメリカで広まった心理学へのアプローチの一つとして，行動主義的な立場があります。行動主義的な立場では，学習を 2 つの条件づけの視点からとらえます。1 つ目の条件づけは，**古典的条件づけ**（classical conditioning）（**レスポンデント条件づけ**（respondent conditioning））で，パブロフ（Pavlov, I.）によるイヌを用いた実験が有名です。

空腹状況にもよりますが，一般的にイヌは目の前にエサを提示された場合，唾液が分泌されます。エサを前に唾液が出る反応は，無条件の生得的反応なので，この場合のエサは**無条件刺激**（Unconditioned Stimulus; US），エサによって引き起こされた唾液は**無条件反応**（Unconditioned Response; UR）とよばれます。パブロフはイヌにエサを与えるたびに，メトロノームの音を聞かせるという手続きをとりました。メトロノームの音は，イヌにとっては中性刺激であり，特に何の意味ももちませんが，エサを与えるたびにメトロノームの音を聞かせる手続き（対提示もしくはペアリングといいます）を繰り返すと，メトロノームの音を聞かせるだけで，イヌは唾液を垂らすようになります。この場合，もともと中性刺激であったメトロノームの音は，唾液を引き出す**条件刺激**（Conditioned Stimulus; CS）に変化し，条件刺激（この場合はメトロノームの音）によって引き起こされた唾液反応は，**条件反応**（Conditioned Response; CR）といいます（手続きとして図 2.1）。このように，無条件刺激（エサ）と中性刺激（音）とを対提示する手続きを繰り返す「レスポンデント強化」を行うことで，中性刺激は条件刺激に変化します（用語の整理として表 2.1 参照）。

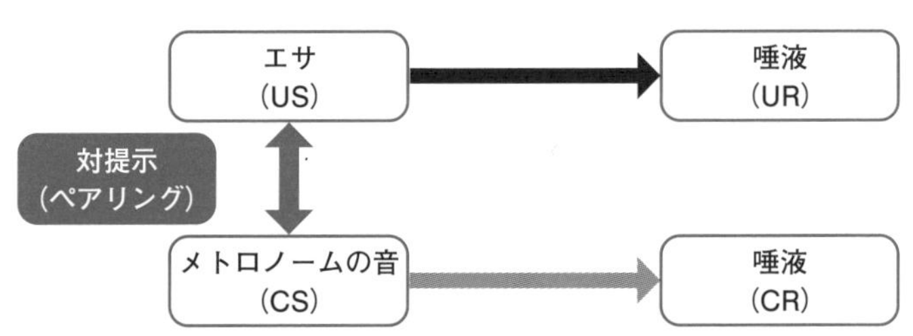

図 2.1　**古典的条件づけの成立プロセス**

表 2.1　**古典的条件づけにおける各用語の整理**（三田村，2017 を参考に作成）

用語	定義
中性刺激	特定の無条件反応を引き出さない刺激。たとえば，花粉症を発症していない者にとっては花粉は中性刺激になる。
無条件刺激（US）	生得的な反応を引き出す刺激。たとえば，大きな音は「驚き」を引き出す無条件刺激になる。
無条件反応（UR）	無条件刺激によって引き出される生得的な反応。
条件刺激（CS）	もともとは中性刺激だが，無条件刺激とペアリング（対提示）されることで，条件反応を引き出すようになる刺激。
条件反応（CR）	条件刺激によって引き出される，学習された反応。

こうした刺激（S）と反応（R）との時間的接近による連合（結びつき）は，イヌなどの動物だけでなく人間にも生じます。ワトソンとレイナー（Watson & Rayner, 1920）は，生後11カ月と3日のアルバートという乳児を対象に，パブロフのイヌにみられたレスポンデント強化が人にも生じるのかを検討しました。彼らは，アルバートが白ネズミに興味をもち，接近したり触ろうとしたりする行為を確認しました。この時点で白ネズミはアルバートにとって恐怖を感じさせる刺激ではなく，中性刺激の特徴をもっていました。続いて，アルバートが白ネズミに触ろうとするたびに，実験者はハンマーで鉄の棒を叩いて大きな音を出し，アルバートに恐怖を与えて泣かせる手続きを繰り返します。その結果，アルバートは白ネズミを怖がるようになり，それだけでなく，ウサギやサンタクロースのマスク，毛皮のコートなど（いずれも当初は中性刺激）にも恐怖の反応を見せるようになりました。小さな子供にとって無条件に恐怖を与える大きな音は無条件刺激（US），それによって喚起される恐怖は無条件反応（UR）です。手続きでは，無条件刺激である大きな音と，中性刺激である白ネズミを対提示することで，白ネズミは恐怖を引き起こす条件刺激に，白ネズミによって引き起こされた恐怖は条件反応になりました。

さらに，ウサギや毛皮のコートのような，白ネズミと同様にふわふわした特徴をもつものにも恐怖の特性が加わることを，**刺激般化**（generalization）といいます。しかし，この般化はすべてのものに広がるわけではありません。アルバートも，毛皮のコートに恐怖を示すようになった後も，ブロック遊びは問題なく行っていました。この場合，毛皮のコートは柔らかい感触という意味で白ネズミと同じ特徴をもっているものの，ブロックは白ネズミとは異なる特徴をもっていたのだと考えられます。そして，このときのブロックは，条件刺激である白ネズミと同じ機能（恐怖を与える機能）を有していない刺激であるため，古典的条件づけにおける**弁別刺激**とよばれます。

上記でみてきた古典的条件づけのプロセスは，実験室内で意図的に行われた条件づけですが，私たちの生活上では，無意図的になされる条件づけになる場合もあります。たとえば，イヌに吠えられ怖い思いをした子供は，唸っているイヌを見るだけで身体がこわばってしまうことがあります。そして，これらは私たちが生命を維持し，より適応的に生存していくために必要な学習とみなせます。古典的条件づけは，私たちの身近なところで影響をもち続けているといえるでしょう。

2.1.2　オペラント条件づけ理論

古典的条件づけ（レスポンデント条件づけ）は，何らかの形で，それまで中性刺激だったものが，生得的に反応する無条件反応である情動や生理的反応と結びついてしまう（時間的接近による連合）学習といえました。これに対して，オペラント条件づけは，自ら起こした反応に対する，環境からのフィードバックによる学習のメカニズムになります。

オペラント条件づけによる学習メカニズムをきわめて単純化した場合，「ある行動を起こした後，快をもたらす環境の変化が得られればその行動は維持・増強され（強化のメカニズム），不快な環境の変化がもたらされればその行動は減少する（弱化のメカニズム）」というものになります。

この現象に関し，スキナー（Skinner, B. F.）は，レバーを押せばエサが出てくる仕組みが備わった箱（スキナー箱）の中に空腹のネズミを入れ，その行動を観察しました。ネズミはレバーとエサの関係を当初は理解していませんが，偶然レバーに身体が触れてエサが出てくる経験を繰り返すと，レバーを押してエサを得る行為を学習していきます。スキナーは，エサという**好子**（報酬）によって，レバーを押すという行為が学習されることを，**オペラント条件づけ**（operant conditioning）とよびました。この場合，エサは空腹のネズミに快をもたらす誘因として機能しており，快をもたらす行為である「レバーを押す」という行為が「強化」されたと考えます。

このオペラント条件づけは，行動の機能分析という視点からもとらえることができます。ある行為（例：レバーを押す）には，結果として環境の変化（例：目の前にエサが出現する）が随伴する可能性があると考えられます。この随伴関係が時間的に接近しており，かつ快をもたらす場合，行為は維持もしくは増加し，行為の結果として不快さが随伴する場合には，行為は減少していきます。また，ある行動が起こる際の環境のことを先行事象とよび，この「先

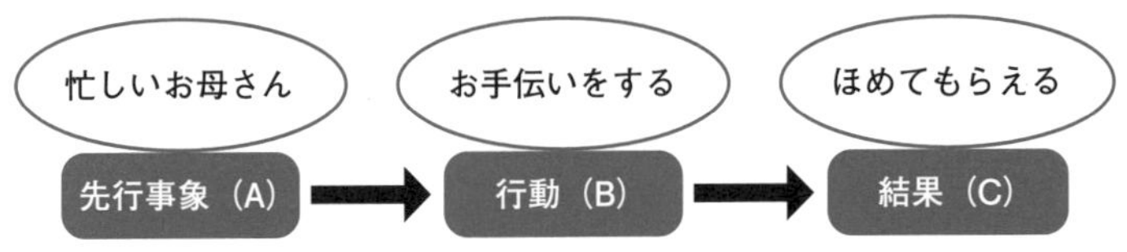

図 2.2 例を基にした三項随伴性に基づく機能分析（ABC 分析）

行事象（Antecedents）—行動（Behavior）—得られた結果（Consequence）」の3つのつながりのことを，**三項随伴性**とよびます。そして，こうした随伴関係に着目した行動の分析のことを**機能分析**や **ABC 分析**とよびます。

具体的に考えてみましょう。たとえば，お母さんが時間に追われてとても忙しそうに家事をしているときに，子供が手伝いをしたところ，お母さんが笑顔になってほめてくれたというケースを想定してみます。この場合，「忙しく家事をしているお母さん（A）—お手伝いをする（B）—お母さんの笑顔とほめてもらう（C）」というのが三項随伴性に基づく機能分析ということになります（**図 2.2**）。また，ほめてもらうという快を経験した子供は，「忙しそうなお母さん」を見たら，お手伝いをしてあげることを学習する可能性があるでしょう。このとき，「忙しそうなお母さん」は行動を生起させるトリガーとなる刺激の役割を果たし，この刺激のことをオペラント条件づけにおける弁別刺激といいます[1]。

一方，お母さんにほめてもらい，お手伝いという行動が強化された場合，「忙しく仕事をしているお父さん」にも，弁別刺激は般化する傾向があります。しかし，お父さんからは「仕事の邪魔だからあっちに行っていなさい」といって叱られてしまった場合はどうでしょうか。「忙しくしているお母さん」は弁別刺激として機能しうるものの，「忙しくしているお父さん」からは叱られる可能性が高いと学習すると，それはお手伝いのための弁別刺激の機能をもたないことになります（むしろ“君子危うきに近寄らず”を学習する可能性すらあ

---

1 弁別刺激は先行事象の機能として位置づけられます。

ります)。このように，ある行動が条件づけによって学習される際には，般化や弁別も同時に学習していくことになります。特に人の場合，言語による認知能力を発達させることで，1つの経験からさまざまな行動レパートリーを拡大させていくことができるようになるといえます。

2.1.3　強化，弱化，消去のプロセス

ここまで，古典的条件づけとオペラント条件づけの2種類の条件づけについて説明してきました。これらはいずれも刺激と反応の結合というプロセスを通じて学習が行われていました。古典的条件づけでは，無条件刺激と条件刺激を対提示（ペアリング）することで，条件反応を形成することが学習になります。このときの対提示を繰り返すことを，古典的条件づけにおける「**強化**（reinforcement)」といいます。パブロフのイヌの例でいえば，エサとメトロノームの音との対提示が強化になります。

一方で，条件刺激と無条件刺激の対提示による強化のプロセスは常に生じるといえるのでしょうか。セリグマン（Seligman, M. E. P.）は生物学的な視点から「学習成立のための準備性」を指摘し，無条件刺激と結合しやすい条件刺激もあれば，結合しにくい条件刺激もあることを述べています。また，たとえばメトロノームの音とエサの対提示によって，唾液反応を条件づけられた動物は，メトロノームに似た音でも唾液を出してしまう可能性があります。これは，上述したような「般化」のプロセスです。一方で，メトロノームの音ではエサが出てくるものの，メトロノームとはかなり異なる音ではエサが出てこないことを繰り返すと，動物はその刺激の区別ができるようになります。これは，分化のプロセスといいます。しかし，あまりにも似たような複数の刺激を分化させるような条件づけでは，動物は刺激の弁別ができないことがあります。パブロフは，動物に非常に類似した刺激の弁別学習を一定以上続けさせると，感情的に混乱してしまうことを発見し，これを**実験神経症**と名づけています。このように，古典的条件づけによる学習は常に成立するわけでなく，強制的に弁別困難な分化の学習を求められると，動物の感情的混乱を引き起こす可能性が指摘されるようになりました。また，このことは，神経症や人の苦悩に関するメカ

表2.2　**4種類のオペラント条件づけ**

	正の強化子（好子）	負の強化子（嫌子）	行動
1. **正の強化**	好ましいことが増加する	—	維持／増加
2. **負の強化**	—	嫌なことが減少する	維持／増加
3. **正の弱化**	—	嫌なことが増加する	減少
4. **負の弱化**	好ましいことが減少する	—	減少

ニズムとしても研究されています。

強化のプロセスは，オペラント条件づけにおいてもみることができます。オペラント条件づけでは，三項随伴性に基づく行動の結果，主観的に望ましい環境の変化が起こった際に，その行動の生起頻度が維持もしくは増加することを強化といいます。また，行動の結果，主観的に望ましくない環境の変化が起こった場合，その行動の頻度は減少していきますが，これは「**弱化**（punishment)」とよばれます。

オペラント条件づけでは，行動の結果の環境の変化を4種類に分類しています（表2.2)。ある行動の結果，望ましい刺激（好子）が得られることでその行動頻度が増加する場合は「正の強化」，望ましくない刺激（嫌子）が避けられることでその行動頻度が増加することは「負の強化」とよばれます。たとえば，宿題をきちんと提出した場合にもらえるシールがうれしい場合は「正の強化」，宿題を出せば先生からの怖い叱責が避けられる場合が「負の強化」です。

また，ある行動の結果望ましくない刺激が随伴してしまう場合を「正の弱化」，望ましい結果がなくなってしまう場合を「負の弱化」とよびます。戸棚のジャムを盗み食いしようとしたところ，母に見つかって強く叱責を受けて反省したというケースは「正の弱化」，スピード違反をしたためになけなしの財産から罰金を取られる（好ましい刺激（好子）の剝奪）場合は「負の弱化」になります。

また古典的条件づけにおいて，条件刺激と無条件刺激とを毎回対提示する場合を「連続強化」といい，この対提示があったりなかったりする場合を「部分強化」といいます。オペラント条件づけにおいては，行動の後に毎回好子（その人や動物にとって望ましい刺激）が随伴する場合が連続強化，時々そうした報酬を受けられる場合が部分強化です。一方，条件刺激と無条件刺激の対提示が一定期間以上なされない場合や，これまで随伴していた好子が随伴しなくなると，成立していた学習は変化し，いずれ条件反応がみられなくなります。このように，成立していた学習がみられなくなることを「**消去**（extinction）」とよびます。一般的に条件づけの成立は連続強化のほうが早いですが，消去の手続きもまた連続強化による学習のほうが早いとされます。ただし，一度学習された内容が完全に消去されるわけではないため，消去という言葉は用いるものの，学習されたことがゼロになるわけではないことに注意が必要です。

古典的条件づけやオペラント条件づけの視点は，不登校や発達障害の支援に生かす意味でも，子供たちの社会性の育成に生かす意味でも，教育臨床において非常に重要です。学校教育では，一定の得点がとれたらごほうびシールが与えられたり，不登校傾向の子供がもちやすい学校不安に対する相談室登校による学校場面への（段階的）エクスポージャーが適用されたりするなど，条件づけ理論に基づく教育や個別的な支援がしばしば行われます。しかし，上記の実験神経症のケースにみられるように，丁寧なアセスメントに基づかない介入がかえって相手に混乱を生じさせてしまうこともあります。不適切な介入課題の提示や，負の弱化のプロセスが乱用されれば，それは子供たちの教育に負の影響を与えることになる点にも注意が必要でしょう。

古典的条件づけにせよ，オペラント条件づけにせよ，条件づけによる学習は，私たちがより適応的に生きていくための生得的な能力に基づいています。強化や消去の恣意的な使用は，使用者側の十分な訓練と，支援の対象となる子供たちへの十分なアセスメントに則って行われる必要があります。

2.1.4　学習理論に基づくアセスメントと消去の応用

繰返しになりますが，古典的条件づけでは条件刺激と無条件刺激との対提示を外し，条件刺激だけの提示によって，消去（レスポンデント消去）の手続きが行われます。

オペラント条件づけでは，喜びや満足感が得られるような環境の変化が起これば，直前の反応は強化されますが，こうした環境の変化が起こらなくなると，反応は生起しなくなっていきます。これを，オペラント消去とよびます。

こうした消去の手続きもまた，強化の手続きと同様に，子供たちの支援の方法として学校場面に幅広く用いられています。たとえば，次の例はレスポンデント条件づけとオペラント条件づけの視点からどのようにとらえることができるでしょうか。

小学4年生のユウはその日，登校時から体調があまり優れなかった。授業を受け，何とか給食の時間までこぎつけたが，給食のにおいをかぐと気分が悪くなってしまい，教室で嘔吐してしまった。クラスメイトはユウを優しく介抱してくれたが，ユウは皆に申し訳ないという罪悪感や，恥ずかしさの気持ちのほうが強く，つらい思いをした。翌日，体調は回復したものの，登校時には，これまでなかったような緊張感があり，それは給食時にピークになった。「また吐いてしまったらどうしよう」と思うと，給食をほとんど食べられなくなり，次第に登校やクラスメイトに会うことにも強い苦痛を感じるようになった。学校を休み，家で勉強をしているときは緊張感がまったくないが，友達と遊ぶことも避けようとする様子がみられた。ユウとしては，できれば学校に行き，皆と一緒の時間を過ごしたいが，学校に対しては強い緊張感をもっている。

架空事例のため，ここでの情報は限られていますが，まず，学校やクラスメイトといったこれまで当たり前のようにあった刺激が，条件刺激として強い緊張感を喚起するようになっています。学校を休み家で学習を続けているときは緊張感が生じないので，ここにはオペラント条件づけの「負の強化（緊張感の誘発という“望ましくない環境変化”の除去による強化）」のプロセスをみることができます。つまり，古典的条件づけによって緊張感と結合してしまった条件刺激である学校は，三項随伴性の視点からみると，弁別刺激として先行事象に組み込まれ，休む行動を動機づけるというサイクルが働いているわけです。

しかしながら，仮に，上記以外のさまざまな情報も含めて，この条件づけによる見立てがおおむね正しいと仮定された場合であっても，必ずしもすぐに介入技法を導入すればいいというわけではありません（たとえば，単純に学校を休んだ場合に叱責するという「正の弱化」を導入すればいいというわけではない）。学校場面に特化した話ではありませんが，援助を必要としている子供に対する介入は，子供の**リソース**（例：「仲の良い友達がいる」「保健委員なので養護教諭との関係がある」「お絵描きが得意」など）を生かしたものである必要があります。特に学校場面では，スクールカウンセラー以外にも多くの専門スタッフがいます。こうしたスタッフが互いに持ち味を発揮し，子供の生活の文脈に沿った形で，アセスメントに基づく消去や強化といった専門的な技術を適用することが肝要となります。

2.1.5　認知的立場からみた学習のメカニズム

ここまでは，刺激と反応の連合による学習のプロセスをみてきました。しかし，動物の学習には強化の原理が，働いていないとはいえないまでも，必ずしも明確ではない場合もあります。

トールマン（Tolman, E. C.）は，ネズミを用いた実験によって，ネズミが迷路をどのように学習するのかを検討しました。そこではまず，図 2.3 のような迷路にネズミを入れます。トールマンは，ゴール地点に報酬としてエサを与えられる条件群（グループ 1），ゴールに行ってもエサがない条件群（グループ 2），11 日目からゴールにエサを設置される条件群（グループ 3）の 3 群にネズミを割り当てました（Tolman & Honzik, 1930）。すると，グループ 1 のネズミは，道を間違える率が緩やかに低下していきます。一方，実験開始から 10 日間まではエサが提供されないグループ 2 とグループ 3 のネズミは，迷路内を動くもののゴールまでたどり着くことができる確率は低いままでした。しかし，11 日目からゴールにエサが設置されたグループ 3 は，すぐ翌日にはグループ 1 に追いつきました。グループ 3 で道を間違える率が低下したのは，エサが報酬として機能するオペラント条件づけとみなすこともできますが，その場合，グループ 1 と同じような時間的経過の減少カーブを描くはずです。しかし，実際

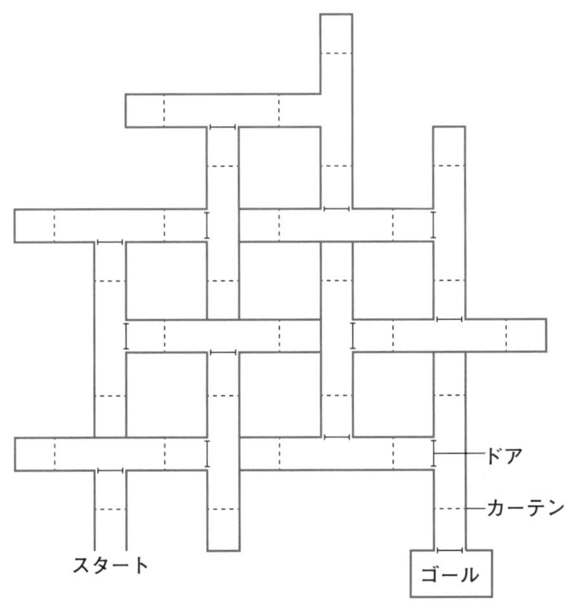

図 2.3 **トールマンの実験における迷路図**（Tolman, 1948）

には，グループ3はエサが与えられたすぐ翌日にはグループ1に追いつきました。トールマンは，エサを与えられる前からすでに学習は進行していたと考え，この学習プロセスのことを**潜在学習**（latent learning）とよびました。

トールマンら（Tolman et al., 1946）はさらに，別の実験でもこの潜在学習の作用を調べています。そこでは，**図 2.4** のような事前訓練用の実験装置を用いてスタート地点からゴール地点まで迷わず行けるような訓練を十分に行った後，入口から途中までは似た形をした別の実験装置（**図 2.5**）にネズミを入れ，学習の効果を確認しようとしました。訓練用の装置では，ネズミは直進後に左折し，その後2回の右折を学習しました。しかし，本実験用の装置では直進すると左折できず，すぐに行き止まりになってしまいます。それでも，スタート地点から右斜め上の方角にゴールがあるという空間に関する学習が成立し，多くのネズミが直進に近い9番や10番の道ではなく6番の道を選ぶことが示さ

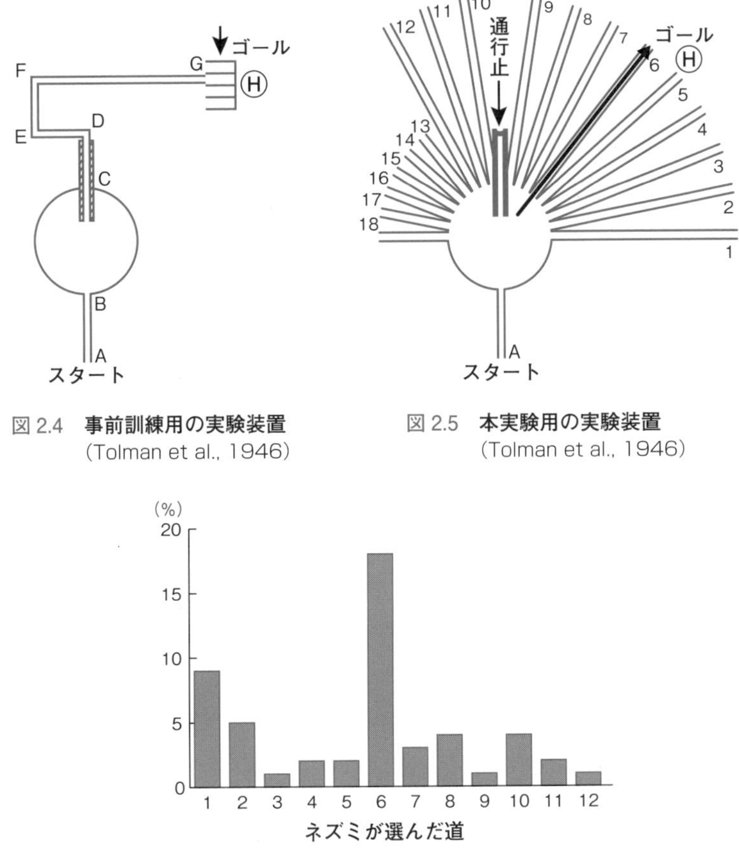

図 2.4　**事前訓練用の実験装置**
(Tolman et al., 1946)

図 2.5　**本実験用の実験装置**
(Tolman et al., 1946)

図 2.6　**事前訓練を受けたネズミがもっとも多く選んだ道** (Tolman et al., 1946)

れました（図 2.6）。このことも，ネズミのゴールに向かおうとする学習が，必ずしも条件づけの原理では説明されないことを示しているようです。また，この学習は，正しい道を通るという行為が「全体像についての把握」に基づくと考えられます。トールマンは，迷路や装置の全体的な内部構造についての学習は，エサが与えられていない場合であっても行われるとし，学習は**認知地図** (cognitive map) を内的に作る作業であると考えました。

このトールマンの研究に大きな影響を与えたのが，ドイツで発展したゲシュタルト心理学でした。ケーラー（Köhler, W.）はチンパンジーの問題解決場面を観察して，学習における**洞察**（insight）の意義を強調しました。たとえば，天井にエサが吊るされ，同じ部屋にバラバラに木箱が置かれている場合，チンパンジーは箱を持ったままウロウロしつつ（試行錯誤を経て），箱を複数個重ねることでその上に乗り，エサを取ります（図 2.7）。また，柵の内側から，柵の外にあるエサを取る課題では，チンパンジーは短い棒を2つ組み合わせて長い棒を作り，エサを引き寄せる必要があります。この実験では，当初チンパンジーは短い1本の棒を持ち，柵の間から腕を伸ばして何とかエサを取ろうとしたり，他の方策も試行錯誤したりするものの，うまくいかずにあきらめてしまいます。しかし，棒で遊んでいるうちに，棒と棒をつなげられることを知ると，何かを思いついたようにすぐにエサのことを思い出し，それを取りに行きました（図 2.8）。このように，**試行錯誤**（trial and error）を経て，エサに手が届くという全体像を認知することで，チンパンジーは洞察を見出すことができたと考えることができます。

ケーラーらによるゲシュタルト心理学からみた学習（洞察）の理論は，アメリカでも普及し，上記のようにトールマンらの研究に影響を与えました。一方で，チンパンジーが箱や棒を使って試行錯誤をするのは，それまでの経験則があったからとも考えられます。たとえば，私たちがスマートフォンのような真新しい機器を使えるようになるのも，その前に別の機器による似たような経験をしているからとも考えることができるでしょう。条件づけによる学習と認知的な学習は対比的にとらえられがちですが，認知的なアプローチは，すでにある知識をどのように活用すればよいかといった視点や，知識をより発展させて「理解する」プロセスを重視しているといえます。

先行知識は確かに，後の学習を無意図的に支援する可能性も示しています。たとえば，以下の□をひらがなで埋めて，単語を完成させる課題が3つあります。□に何が入るか，ちょっと考えてみてください。

①「し□り□く」 ②「れ□と□こ」 ③「き□う□く」

図 2.7　チンパンジーの洞察学習（1）

図 2.8　チンパンジーの洞察学習（2）

正解は，「しんりがく（心理学）」「れいとうこ（冷凍庫）」「きょういく（教育）」です。第 2 章では，ここまで「心理学」は 3 回，「教育」は 4 回出現するのに対し，「冷凍庫」は 1 度も出ていないため，②の問題の正答率がやや落ちる可能性があります。このように無意図的な「プライミング」によって，問題解決が促進される場合があります。

逆に，事前に学習されていた知識が後の理解を阻害することもあります。以下の問題を基に考えてみましょう。

A 氏は隣町の友人宅に車で行った。往路は時速 40 km で，復路は同じ道を時速 60 km で帰ってきた。この往復時の A 氏の車の平均時速は何 km になるでしょうか。

この問題の場合，行きが時速 40 km で帰りが時速 60 km なので，この 2 つを足して2で割ってしまいそうになります。これは，「平均＝合計÷数」という先行知識が問題解決を妨げてしまう例の一つです[2]。この場合，40 km で走っている時間と 60 km で走っている時間が異なる（60 km のほうが移動時間は短い）ため，そのことに気がつくと，距離を考慮した方程式を立てる必要があるという全体像にたどり着きます。このように，知識を活用しようとしても，問題の全体像の把握に失敗してしまうこともあります。学校教育では，知識の蓄積だけでなく，失敗によって得られた経験すら，次の問題解決に役立つための潜在学習の意味を提供していると考えることができるでしょう。

2.1.6　技能の学習

まだ文字を正確に書けない子供が紙に「×××」と書いて，「手紙を書いたよ！」と言うことがあります。この場合，この子供は文字の存在は認識しているものの，文字が直線や曲線，ハネから構成されるゲシュタルトであり，それぞれの文字には個別の記号性があることまでは認識できていません。実際に「読み書き」ができるようになるには，練習が必要です。私たちも時に四苦八苦しながら，漢字やアルファベットの筆記体，キーボードのブラインドタッチなどを練習してきたのです。実際に，ひらがなの「書き」は小学1年生で練習が行われます。ひらがなには「あ」と「お」のように似た形の文字があり，それらを区別した上で，文字を認識したり再生したりするための練習が行われます。

これまでみてきたように，知識の獲得やそれを生かした問題解決への道のりは，経験や洞察によってなされることもありますが，ある種の技能の上達や熟達には，反復訓練が必要になります。特に運動機能に関して，フィッツとポスナー（Fitts & Posner, 1967）は，3段階の技能学習の段階を提示しています。

第1段階は，行おうとする運動の性質（nature）を認知的につかもうとし，動きについての知識を得ようとする段階です。実際に動きを模倣しながら正し

---

[2] 速さは距離÷時間で求められます。距離を x km とすると，往復の距離は 2x，かかった時間は x/40 + x/60 になるので，2x を（x/40 + x/60）で割ると，平均時速は 48 km/h となります。

いと思う動きを行ってみようとするものの，初めて行うような試行段階ではまだエラーが頻発してしまいます。

第2段階は，性質と動きとの連合（association）をスムーズに行うための段階であり，自分の身体の動きと実際の目標の動きとの一致を高めるために，動作を繰返し練習することになります。目標行動は，初期段階よりもかなり改善され，エラーも少なくなることで動きもスムーズにこなせるようになりますが，高原現象（プラトー）とよばれる，停滞期間が出てくることもあります。プラトーとは，技能の学習の量と質がパフォーマンスの改善に寄与しなくなる期間のことです。ただし，これは上達がこれ以上なされなくなったという意味での終点を示すものではなく，パフォーマンスの向上において，しばしば不可避的に現れる停滞期間とされます。

第3段階は，自律（autonomous）とよばれる段階であり，ここでは意識的なコントロールや自分の動きへの注意に囚われることなく（この意味で，自律というのは「より自由な」というニュアンスが大きい），より自由に自らの身体と目標とする行動を一致させられるようになります。

以上の段階を，学校で習う「毛筆（書道）」に例えると，筆の持ち方や墨汁のつけ方の知識を学び，どのくらいの強さで筆先を半紙に当てるかを試していくまでが認知の段階になります。続いて，実際に半紙に書いた自分の文字をお手本と比較し，細かな動きのフィードバック（先生からの指摘等）を受けながら練習したりすることで，よりスムーズに文字を書けるようになっていく段階が連合の段階です。最後に，正しい動きをさほど意識することなく，練習を重ねることで，思うような文字を書けるようになるという，自律の段階に移行していきます。

ある技能の学習は，他の技能の学習を促進させたり，抑制させたりすることも知られています。このことを，訓練の「転移」といいます。ある技能の学習が，他の技能の学習を促進する場合は正の転移，他の技能の学習を抑制してしまう場合は負の転移といいます。

ここまでみてきたような技能の学習については，ある程度の反復練習の必要性が示されてきました。実際に，学校場面では，ハサミや彫刻刀といった道具を用いた技能に関する科目がカリキュラムに組み込まれ，子供たちはそれに取り組みます。しかし一方で，反復練習さえすれば必ず技能が向上し，すべてのものが「熟練のレベル」や「匠のレベル」まで達するというわけではありません。特に，**発達性協調運動障害**のような特徴をもつ者にとっては，運動の技能について生得的に苦手であることにも注意が必要でしょう。ここでの運動は，粗大運動と微細運動に分類されます。前者の例としては自転車に乗る，水泳をするといったものが，後者の例としてはボタンをかける，文字を書く，針の穴に糸を通すといった作業があります。発達性協調運動障害のような特徴を有する子供の場合，学校内で行われるこうした作業が遅くなりがちであり，運動に対する苦手意識をもちやすいといえます。それゆえ，技能の学習に関する定着が，ややゆっくりである子供たちに対する学習支援もまた重要な視点といえるでしょう。

この他にも，全般的な知能に大きな遅れはないにもかかわらず，特定の領域に関する知的発達が遅れている**限局性学習症**（Specific Learning Disability; SLD）に関する理解も，学校教育においては不可欠です。「読み書きは，経験と訓練によってなされていく」ことは経験上，おおむね正しいといえますが，SLDの特徴をもつ子供にとっては，他の子と同じ学び方が，必ずしもその子のもつ特徴とマッチしないこともあります。教育場面の学習における心理学的知見の生かし方は，“every children learns differently（子供の「学び方」はその子供によって異なる）”という哲学に基づくものです（SLDに関する理解と対応については，第11章で詳しく紹介しているので，あらためて理解を深めていってほしいと思います）。

復習問題

1. 古典的条件づけ（レスポンデント条件づけ）とオペラント条件づけについて，それぞれ説明してください。
2. トールマンが行った実験について，認知地図という概念を用いながら説明してください。
3. 技能の学習がどのように発達するか，その段階を示しながら，説明してください。

参考図書

坂野 雄二（監修）鈴木 伸一・神村 栄一（2005）．実践家のための認知行動療法テクニックガイド――行動変容と認知変容のためのキーポイント――　北大路書房

条件づけの理論が，現実的な支援の場にどのように生かされているのかが詳しくまとめられている一冊です。一人ひとりのクライエントの支援を考える際に参考となる，理論的背景が具体的にまとめられています。

杉山 登志郎・辻井 正次（監修）（2011）．発達障害のある子どもができることを伸ばす！　学童編　日東書院

発達障害のある子供の苦悩を，子供の内面（性格，能力，やる気）だけに帰属させるのではなく，環境と個人の特性の相互作用を生かしながら，どのように子供理解につなげ，子供たちの自立を支援していくかについて，学習の視点から考えまとめています。

三田村 仰（2017）．はじめてまなぶ行動療法　金剛出版

三項随伴性を含めた行動療法（臨床行動分析）の基本について，平易な表現でわかりやすくまとめた良著です。また，「言語心理学」の視点からも臨床的な学習のプロセスを概観しています。例も豊富なので，初学者が学びやすい構成になっているといえるでしょう。

3 動機づけと学習

あなたはなぜ，今この本を読み，知識の習得に励みながら学習を積んでいるのでしょうか。それは，大学で単位をとるためだったり，自分の興味関心を満たすためだったり，将来の職業的キャリアに生かすためだったりすることでしょう。私たちがある目的に向かって行動を起こし，それを維持することでその目的を達成するための働きは，動機づけとよばれます。この章では，動機づけについての種々の理論を概観しながら，学校で行われる学習に対する動機づけがどのように生起し，維持されるのかについて学びます。

3.1 動機づけの基礎

3.1.1 生理的動機づけ

人はさまざまな欲求をもっています。今，あなたはのどが渇いているでしょうか。今日の睡眠は十分だったでしょうか。もし，のどが渇いているならば，水分を補給したいという欲求を，睡眠不足でひどい眠気を感じている場合は，早く家に帰ってベッドにもぐり込みたいという欲求をもつでしょう。欲求を満たすためには，何らかの「行動すること」が動機づけられます。このように，人にある行動を生起させ，その行動を維持／完遂させようとする心理的機能は**動機づけ**（motivation）とよばれます。

人を含む動物にとって非常に強い欲求の一つとして，のどの渇きや摂食，呼吸などの生理的欲求があります。人が何らかの行動を起こすための条件である生理的欲求は**動因**（drive）ともよばれ，この動因によって得ようとする目的は**誘因**（incentive）ともいいます。たとえば，のどの渇きという動因に基づいて，私たちは水という誘因を得る行動をとるよう動機づけられます。そして，水を十分に得ることで，渇きという動因は満たされることになります。

このように，生理的欲求に基づいた行動が生起する際の動機づけのことを，**生理的動機づけ**といいます。生理的動機づけは，**ホメオスタシス**（homeostasis）とよばれる，恒常性維持の機能によって支えられています。たとえば，非常に寒いところにいる場合，私たちは体温の低下を防ぐために毛布を身にまとおうとしたり，ストーブのスイッチを入れに行ったりするでしょう。生理的動機づけは，私たちが生命を維持したり，子孫を残したりするために必要な身体の機能を保持する働きです。すなわち，渇きや飢え，体温の低下（上昇）といった内的状態の不均衡が検出された場合，それを均衡状態に戻すような動機づけということになります。ハル（Hull, C. L.）は，動物は欲求が満たされない状態によって行動が動機づけられ，誘因を手に入れることで動因が満たされることで行動をいったん完了させるという**動因低減説**（drive reduction theory）を提唱しました。

3.1.2　内発的動機づけ

ハルは動因低減説の中で，誘因が達成され生理的欲求が満たされれば，動物は自ら行動を起こさなくなると考えました。一方で，第2章でみてきた潜在学習のケースのように，特に誘因や報酬がない場合でも，動物は行動を生起させることがあります。また，人間のような高度な知的能力を有する動物は，好奇心のように生理的欲求以外の欲求によっても行動は動機づけられることが知られています。生理的欲求としての睡眠，飲食，排泄は担保されながら，視覚，聴覚，触覚などに制限を受け，飲食以外の時間は何もしないという「感覚遮断実験」に参加した学生は，高額の報酬が得られるにもかかわらず，長く実験を続けることができませんでした（実験参加からドロップアウトしてしまいました）。この実験では，実験参加者の生理的欲求はすべて満たされているにもかかわらず，生理的動機づけに基づく行為以外「何もしない」ことが，むしろ苦痛になることを示唆しています。そのため，生理的欲求が満たされた場合，人は他の刺激を求めて自ら行動することを動機づけられると考えられます。それでは，生理的動機づけ以外に人はどのような動機づけをもっているのでしょうか。

生理的動機づけは，生命維持や子孫を残すための生得的な動機づけであり，その上で人は刺激を求めたり，好奇心を満たそうとしたりします。感覚遮断実験で示唆されたように，人は適度な刺激に接していない場合，欲求不満が高まり健康が害されます。人にとって刺激を求めたり何かに関心を向けたりすることは，生理的動機づけと同様，生得的な心的反応とみなすことができるでしょう。

この点に関し，生後すぐの乳児に人の顔を含めたさまざまな視覚刺激に対して注視させたところ，ただの色や新聞の切り抜きよりも，人の顔に対する注視が多く行われることが，ファンツ（Fantz, 1963）によって示されています（図3.1，表3.1）。また，ハーロウ（Harlow, 1950）は，サルにパズルを与えたと

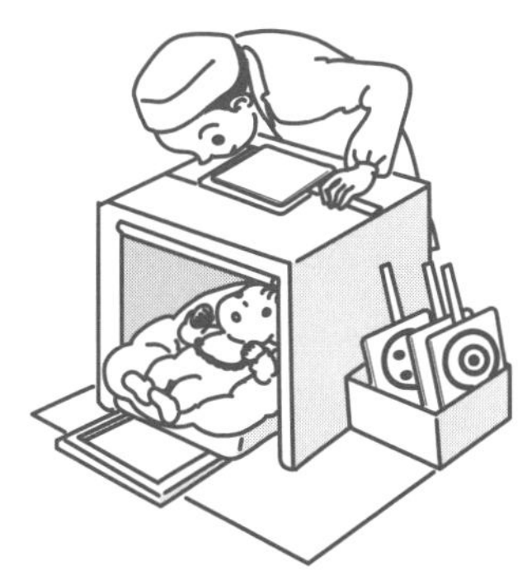

図3.1　実験に参加する赤ちゃんの様子（Fantz, 1963）

表3.1　赤ちゃんの刺激に対する注視時間（Fantz, 1963）

生後	注視時間（割合）					
	顔	円	新聞	白	黄色	赤
48時間未満	29.5	23.5	13.1	12.3	11.5	10.1
2〜5日	29.5	24.3	17.5	9.9	12.1	6.7
2〜6カ月	34.3	18.4	19.9	8.9	8.2	10.1

ころ，報酬が与えられなくても自発的にパズルを解くことを発見しています。私たちも，電車の中で難しそうなパズルを楽しんでいる人を見かけることがありますし，小さな子供が地面にしゃがみ込み，無心でアリの動きを追いかけたり，巣穴を掘り返したりする光景を目にすることもあります。このようなケースでは，誘因が明確でなくても，知的好奇心を基盤としてその行為自体を楽しむことが目的となっています。ある特定の行為自体が「楽しい」「興味深い」といった感覚的な報酬をもたらすとき，その行為を引き起こす動機づけは，**内発的動機づけ**（intrinsic motivation）とよばれます。生理的動機づけが生命維持のための重要な動機づけであるのに対し，内発的動機づけは，私たちが社会の中で力を発揮することや，自らの能力を生かそうとするための生得的な動機づけといえるでしょう。

3.1.3 社会的動機づけ

子供たちは小学校に入ると，さまざまな学習を行ったり，休み時間には友達と校庭で遊んだりします。中学生や高校生になれば，テストや進路の不安を共有し合うこともありますし，先輩や先生の話を聞いて，自分が社会の中でどう生きていくかを考える機会も増えていきます。このように，人は他者との相互作用の中で成長します。また，こうした体験は，人との関係を継続的にもちたいという欲求や，より社会的に望ましいキャリアを積みたいという欲求，自らの価値観に照らしてより良い職業に就きたいといった欲求を高める作用をもたらしています。こうした欲求に基づく動機づけは，後天的な体験学習によって身につけていく動機づけであり，**社会的動機づけ**（social motivation）とよばれます。

子供たちはさまざまな体験を通じ，その行動が強化されたり弱化されたりする中で，社会的な動機を身につけていきます。これを踏まえ，マレー（Murray, 1938）は後天的な動機づけとして，高い目標を設定しそれを乗り越えたいと願う達成動機（achievement motive）や，他者と交流をもち，その中で多くの時間を過ごしたいという親和動機（affiliation motive）等の動機を，2 次的（secondary）な欲求に基づく動機づけとしてまとめました。

1. 達成動機

達成動機については，マレーによるその存在の指摘以降，多くの研究が蓄積されてきました。学校教育の場でも，高い目標をもちそこに向かって努力することは推奨されています。実際に**達成動機**の中の「マスタリー志向（学習を通じて自らの能力を高めようとする動機づけの過程）」は，実際の成績を予測しうるものです。一方で，マスタリー志向に正の影響を与える「成功願望」と「失敗恐怖」は，遂行回避目標（“他の人より悪い成績をとらないようにしたい”や“先生から私の頭が悪いと思われるのがいや”といった項目からなる）を介在すると，実際の成績を下げてしまう作用をもたらすこともあります（田中・山内，2000）。**自己高揚動機**とよばれる，自らに対してポジティブな評価をもちたいと願う動機の中には，今一つ自分に対する自信がもてない不安が内包されていることもあるようです。このことが評価懸念を高め，過剰な努力を自らに課すことにつながり，子供たちの心身の健康が損なわれている場合もあります。学校心理学の枠組みの中では，達成動機のような社会的に望ましいとみなされる動機づけに対しても，その功罪を見極めながら活動することが期待されます。

2. 親和動機

近年，企業などの労働環境について議論する際に，あらためて注目されているのが，同僚との親和的な関係性です。たとえば，世界的企業であるGoogleが，Google re: Work[1]（2015）の中で定義した生産性に寄与する条件として「心理的安定性（psychological safety）」や「相互信頼（dependability）」を挙げているのは興味深いことです。古くは，1924年から1933年にかけて，メイヨー（Mayo, G. E.）らによってハーバード大学で行われたホーソン実験においても，職場における協同的な対人関係は生産性向上に寄与しうることが示されました。先述のマレーが指摘したように，他者と交流をもち情緒的に支え合い，他者から承認を受けたいと願うような関係性である**親和欲求**は私たちにとって重要な

[1] Googleなどによるデータ分析を基に，さまざまな組織の働き方に関する事例，アイディア，研究を集めたウェブサイト。

動機になります。一方で，他者との関係を重視しすぎることで，かえって息苦しくなってしまったり，他者評価を過度に気にしてしまったりする傾向も，思春期以降大きくなっていきます。特に，誰かと親しくなりたいという意味での接近的な親和動機に比べ，誰かに拒否されたくないという回避的な親和動機は疎外感と結びつきやすく（杉浦，2000），こうした傾向をもつと傷つけ合うことを回避し，触れ合うことに恐怖を感じてしまうことを示した研究もあります（岡田，2002）。学校教育においては，親和欲求の充足のための機会が意図的に設定されているものの，過度に自己を抑圧しながら，他者との関係を築こうとしている子供たちに対する支援もまた求められるようになってきているといえます。

3.2　動機づけの諸側面

3.2.1　欲求の段階

これまで，生得的な動機づけに加え，より社会的に醸成されていく社会的動機づけを概観しました。これらの関係をより統合し，階層的な関係の中で論じたのが，マズロー（Maslow, A. H.）による**欲求の階層説**です（図 3.2）。マズ

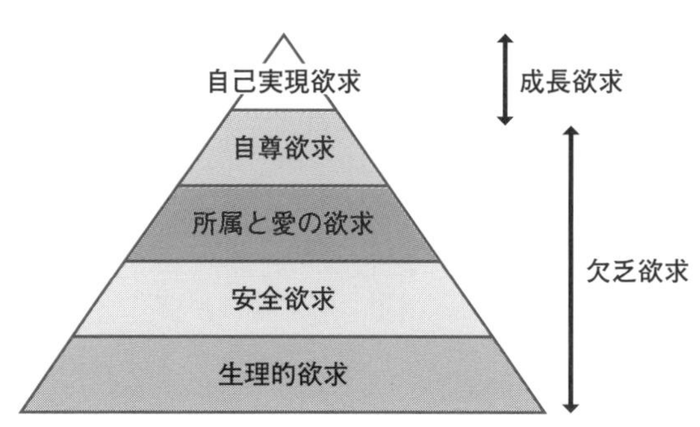

図 3.2　マズローの欲求階層

ローは，人の欲求を低次なものから高次なものに分類し，低次の欲求が満たされることによってより高次の社会的欲求が現れるとしました。もっとも低次に，すなわち，もっとも基礎的な欲求として位置づけられる欲求は生理的欲求であり，その1つ上位の欲求として安全への欲求が挙げられています。この理論によれば，睡眠や食事といった生理的欲求が満たされ，続いて物理的な安全や精神的な安心感が充足すると，より高次の欲求が出現してくることになります。より高次の欲求としては，社会的な欲求が挙げられ，所属と愛の欲求，承認と自尊の欲求へと続き，さらに高次のものとして，達成動機を含む**自己実現欲求**が挙げられています。既述したように，こうした階層性についてマズローは，より低次のものが満たされることで，高次の欲求が出現することを前提としています。しかし，たとえばアタッチメント（愛着）が不安定で，対人的な安心感や信頼感に心もとなさがある人が，より自己愛的な承認や尊敬への欲求充足に執着しやすいことを勘案すれば，必ずしも低次の欲求充足は高次の欲求出現の必要条件ではないかもしれません。

それでも，この理論を学校現場に置き換えてみると，子供たちが社会的な動機である親和動機や達成動機を適切に維持するためには，より低次の欲求が著しく欠けないような配慮が必要となります。実際に，学校では子供たちがスムーズに学校環境になじむことを目的に，教室や学校内における安心感の確保を大切にしています。また，不登校の子供たちの学校復帰を考えていく際には，相談室や保健室といった，安全な場所の確保（居場所の確保）を最初のステップにすることもあります。

同様に，集団への所属やそこでの役割があることもまた重要です。係活動や委員会活動など，学校の自治へのコミットメントを促すような活動も実施されています。このように，学校現場では子供たちがより適切な社会的動機づけを得られるよう，学習過程を適切に活用しています。また，人間関係や学習意欲といった学校生活を送る上で大切な動機づけをどのように維持していくかといった視点は，心理職に求められる重要な視点の一つになります。

もし，私たちが身の安全が確保されにくい状況にある場合，自尊欲求や達成動機といったより高次の欲求は，いったん後回しにせざるを得なくなるでしょう[2]。たとえば，子供たちの身の回りで重大な事故や災害が起きた場合，子供たちが日常生活を取り戻すために，まずは生理的な欲求や，身の安全に関する欲求といった，より低次の欲求に対する支援が必要となることもあるのです。

3.2.2　欲求の相対的強さ

ところで，私たち人間が学習や行為を続けるためには，何が強い誘因となるのでしょうか。ワーデン（Warden, 1932）は白ネズミを対象に，基本的動機の相対的な強さを検証しています。実験では，食べ物や異性のネズミ，水といった誘因にたどり着くためには，電気ショックを受ける床（electrically charged grill）を通らなければならないという実験装置を設置し，20 分の間に何度誘因に向かおうとするかが測定されました。その結果，雄ネズミは飢えや渇きを動因とする場合，食物や水が強い誘因として働き，より電気ショックを受けてでも誘因に向かおうとすることが示されました。雌ネズミも同様に飢えや渇き状態における食物や水分は強い誘因として機能していましたが，誘因が「自分の子ネズミ」であるときに，電気ショックを受けてでも，子ネズミのもとにもっとも多く向かうことが示されました。また，雄ネズミにおいては「探索」も行われ，誘因が何もない状態であっても電気ショックを受けながら，装置の中を動き回ることが，少ない回数ながらも観察されています。条件づけによる学習理論を勘案すれば，誘因（報酬）がなく，かつ，電気ショックという弱化の手続きがとられれば探索はなくなるはずですが，好奇心による探索行動は，その行為自体が報酬となり，こうした弱化の手続きを上回る動機づけとして生起していることを示唆しています。

3.2.3　自己関連の動機づけ

「自己」に関連する動機として，自己評価維持の動機や自己高揚動機があります。テッサーとキャンベル（Tesser & Campbell, 1982）による，**自己評価維**

[2] こうした考え方は，大規模な災害や事故などにおける緊急支援の直後に行われる介入である，サイコロジカルファーストエイド（Psychological First Aid; PFA）の中にも生かされています。

持モデル（self-evaluation maintenance model）では，人は他者との比較を行うことで，自己評価が維持されたり不安定になったりするという，「他者との関係性における自己」の側面を重視しています。

自己高揚動機とは，自分に関する肯定的な情報や評価を求めようとする欲求で，同時に自己評価が低下しそうな刺激や体験を回避しようとする動機づけを含んでいます。「他人の不幸は蜜の味」という言葉があるように，他者が失敗したり問題を抱えたりしていることが，（相対的な）幸福感や自己評価の向上につながることもあります。また，倫理的・道徳的な問題はさておき，私たち自身も，順番に何かを発表していく場面などにおいて，自分より先に発表する人が素晴らしい発表を続けていくよりも，失敗やミスをしてくれないかと願ってしまうこともあります。これも，誰かが先にミスをしてくれれば，その後自分がうまくいかなかったとしても，自己評価が相対的に下がりすぎることを防いでくれることを体験的に知っているからです。

学校においては，子供たちはさまざまな場面で評価され，ポジティブにもネガティブにもフィードバックを受けています。子供たちが，日々どのような場面で自己評価を行うかについて，ハーター（Harter, 1999）は，自己の構造を示しながら，「学業（業績）」「運動」「容姿」「友人との関係」「親との関係」などの領域で自己評価を行うことを示しました。実際に，成績表では学業（運動面を含む）が評価されますし，子供たちも小学校の中学年頃になると，他のクラスメイトとの比較の中で，相対的な学力を意識するようになります。もちろん，学校では，子供たちがよりポジティブなフィードバックを多く受けられるように，「ほめる」ことを意識した関わりを重視しています。このことは，子供たちの学習への動機づけに大きな影響を与え（庭山・松見，2016），子供たちの自己評価維持に寄与する試みになっています。より自己を相対的にとらえられるようになる中学生以降においては，個人の自己評価に基づく感情の一つである自尊感情が低下していく現象がみられます（小塩ら，2014）。自尊感情はメンタルヘルスの指標の一つでもあり，特に中高生のメンタルヘルスを考えていく上で，重要な意味をもっています。自己評価維持への動機づけと自尊感情との関係については，以下でより詳しくみていきます。

3.2.4　自尊感情追求の功罪と子供たちの健康

自尊感情や自己評価は多かれ少なかれ，他者との相対的な比較の中で行われています。しかし，それゆえ，過度に他者からの評価を高めようとしたり，他者の評価を落とそうとしたりすることで，自己の評価を相対的に高めようする行為が動機づけられてしまうことがあるのも事実です。たとえば，いじめの中には他者評価を操作する（その人に近い他者に，その人のネガティブな評価を与える等）ことでその人の評価を落とそうとする，**関係性攻撃**とよばれるものがあります。これは，物理的に相手を傷つけるいじめではなく，相手の評価を下げることによって他者を攻撃し，またそのことで自己評価を（相対的に高く）保とうとする行為とみなせます。もちろん，いじめは社会的に承認されにくい行為です。しかしながら，私たちは皆が自己高揚動機をもっているといっても過言ではないため，自己高揚動機による行動が善悪の判断を凌駕してしまうこともあるのです。自分に対してポジティブな感情を与えようとする動機づけは非常に強いものです。

一方，自己評価をする際に，私たちは「学業」「稼ぎ」「容姿」といった，より自己評価と関連しやすい領域をもっています（これには個人差があります）。このように自尊感情が「評価の基準」とどれだけ密接に関係しているかを示す概念を**随伴性自尊感情**（contingent self-worth）や**自己価値の随伴性**（contingency of self-worth）とよびます。デシとライアン（Deci & Ryan, 1995）は，この随伴性自尊感情はある外的基準に基づく自己価値であるがゆえに，“本当の自尊感情”とは区別されるとしています。もちろん，「自己」が他者との関係の中で成立する以上，自己評価も他者との関係や他者との比較の中で行われますので，他者からの外的評価は「自己」にとって重要な意味をもっています。しかしながら，過度に外的評価を希求するようになると，「まあ，このくらいでだいたい満足かな」という意味での自尊感情から離れてしまい，他者からどのように思われているかという評価懸念に囚われ，慢性的な不安にさいなまれる可能性があります。これは，クロッカーによると，随伴性自己価値が常に外部からの評価や称賛を必要とし，自己評価のための基盤としての信頼性が低いことに由来すると考えられています（Crocker, 2002）。

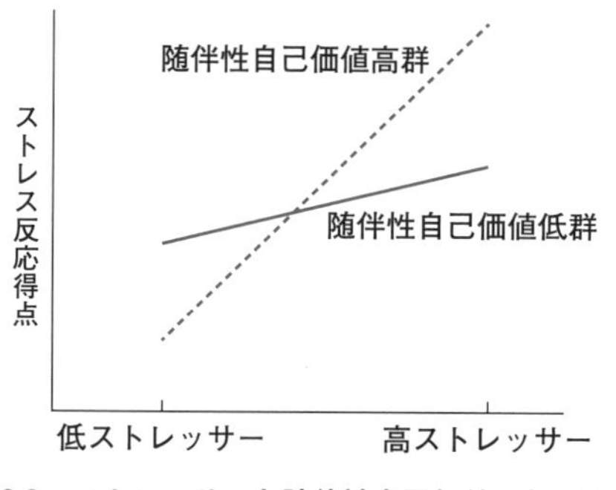

図 3.3　**ストレッサーと随伴性自己価値の相互作用**

子供を対象とした随伴性自己価値の研究は，現在のところ多くありませんが，石津（Ishizu, 2017）は，他者からの外的評価と自尊感情とが連動しやすい随伴性自己価値が高い中学生は，ストレッサーが多いとき，随伴性自己価値が低い中学生よりもストレス反応が高くなりやすいことを示しています（**図 3.3**）。すなわち，外部からの評価や称賛をより希求しやすい者は，それらが満たされているときは自己価値が保たれますが，そうでないときに自己価値の急落の危機に直面しストレスが高まってしまうと考えられます。自己評価（自尊感情）への動機は誰もがもつものではありながらも，他者からの評価を気にしすぎてしまう場合，自己評価は不安定になってしまいます。自己像の不安定さは**境界例パーソナリティ**（borderline personality）に，また自己の過度な誇大性や，自己評価への強い防衛性は**自己愛パーソナリティ**（narcissistic personality）につながることが指摘されています。また，近年，自己評価を高めようとしたり維持しようとしたりする際に用いられる SNS の中で，見知らぬ他者との関係を多数もつことは，長期的にはかえって孤独感を高めてしまう可能性も，プリマックらによって指摘されています（Primack et al., 2017）。

詳しくは後述しますが，より自律的な動機づけによる欲求充足は私たちの健康維持に寄与するものの，過度の他律性（他者志向性）に基づくような自己高揚動機は，自律性への欲求と拮抗することで葛藤を引き起こし心身の健康が阻害されやすいことがデシとライアンによって示されています。学校から評価という枠組みを完全になくすことは難しいものの，子供たちがより自律的に，また主体的に行動する場面を増やし，そこで称賛されることが，子供が「今の自分でよいのだな」と感じるために重要であると考えられます。また近年は，このようないわば「自己への優しさ（慈しみ）」は，自己の甘やかしと区別され，自尊感情の安定性につながることも指摘されています（Neff, 2009）。

3.3 自己決定理論

3.3.1 内発的動機づけと外発的動機づけ

学校で学ぶことも，学校に通うことも，子供たちなりの意味づけがなければ，教育は有意義な時間を与えるどころか，苦痛をもたらすだけになってしまうことがあります。学校で提供される教育が子供たちに有意義な時間となるためには，子供たち自身が自己決定を行うことができることと，自分が行っている活動をより自律的であると感じられること（強制されているわけではなく，自らの裁量や価値がその行為に反映されていること）が重要です。この自己決定と自律性に関する動機づけで非常に有名な理論が，**自己決定理論**（Self-Determination Theory; SDT）になります。

自己決定理論の発展は，興味や関心に基づく活動そのものが目的となる内発的動機づけ（intrinsic motivation）と，「100点をとらないと罰せられる」や「うまくできたらお金を与える」のようにある活動への動機づけが賞罰によって規定される**外発的動機づけ**（extrinsic motivation）との2項対立的な関係から発展してきました。すでに述べたように，雄の白ネズミは，報酬がなくても（かつ電気ショックを受けても）迷路装置を探索しますし，サルはごほうびがもらえなくてもパズルに熱中します。一方で，子供が自発的にお絵描きをしたり，読書をしたり運動したりするように，その活動自体が楽しいという内発的動機づけに基づく活動に，あえて「報酬（お金などの外的なごほうび）」を与えるとどうなるでしょうか。このように内発的に行われている活動に対して報酬を与え，内発的動機づけが低下することを「**アンダーマイニング効果**

(undermining effect)」といいます。

通常，私たちは「お金」を対価（報酬）として仕事を行っていますし，その報酬があるからこそ仕事を頑張れると感じます。それゆえ，報酬が内発的動機づけを下げてしまうというのは，私たちの実感にはそぐわないように感じるかもしれません。しかし，報酬を与えることが下げるのは内発的動機づけであり，むしろ行動への欲求は高まる可能性があるのです。内発的動機づけと外発的動機づけが2項対立的にとらえられる場合，前者がより望ましく，後者は望ましくない動機づけとされてきたきらいもありますが，現在は必ずしもそのようにとらえられてはいません。また，報酬によって常にアンダーマイニング効果が生じるわけではないこともわかっています。実際に，子供たちが楽器や読書，運動や勉強を継続していく際には，上手にほめること（ほめも報酬です）から始まることも実際には多いでしょう。そもそも，内発的動機づけに基づく活動のみを良しとすれば，「好きなことしかやらない」ことになってしまいます。

学校場面を考えても，内発的動機づけと外発的動機づけを対立する概念としてとらえると，子供たちの成長促進や学校適応の支援に支障をきたしてしまいます。たとえば，朝起きて歯磨きをすることも，学校の宿題を行うことも，子供たちが内発的に行うとは限りません。時には「宿題がなければもっと遊べるのに！」と思う子供は多いことでしょう。かといって，報酬や罰による外発的動機づけによって子供たちの行動を過度にコントロールしようとすれば，子供たちは強制されていると感じてしまうものです。内発的動機づけと外発的動機づけを，互いに相反するものとしてとらえると，現実的な子供への関わりに限界が生じてしまいます。

3.3.2 有機的統合理論

確かに子供たちのすべてが，九九を内発的動機づけに基づいて覚えるわけではありませんし，ややこしい英単語を覚える作業そのものが楽しいと思える中学生や高校生が大多数というわけではないでしょう。内発的動機づけは，それ自体非常に自律的であり，自己決定的です。しかし，外発的動機づけの中にも，自律性が高い場合もあれば低い場合もあります。たとえば，親から叱られないために勉強する場合と，自分が心から望んでいる職業とその資格取得のために勉強する場合を考えてみましょう。前者は罰回避のための勉強であり，後者は「就きたい職業」のための勉強になっているため，どちらも外発的動機づけに基づく行動という点で共通しています。しかし，前者は後者よりも，自律性が低い受動的な行為であることは自明です。ライアンとデシ（Ryan & Deci, 2000）による**有機的統合理論**では，外発的動機づけを，**自律性**の程度によって4つの段階に分類しています（**図 3.4**）。

図を参照すると，外発的動機づけの中に「外的調整」「取り入れ的調整」「同一化的調整」「統合的調整」という自律性の程度があるのがわかります。もっとも自律性の低い「外的調整」は，いわば「させられている状態」や「他者から強制されている状態」です。外的調整よりもやや自律的ととらえられている「取り入れ的調整」では，親や先生などがもつ，ある種の権威的な価値観を自

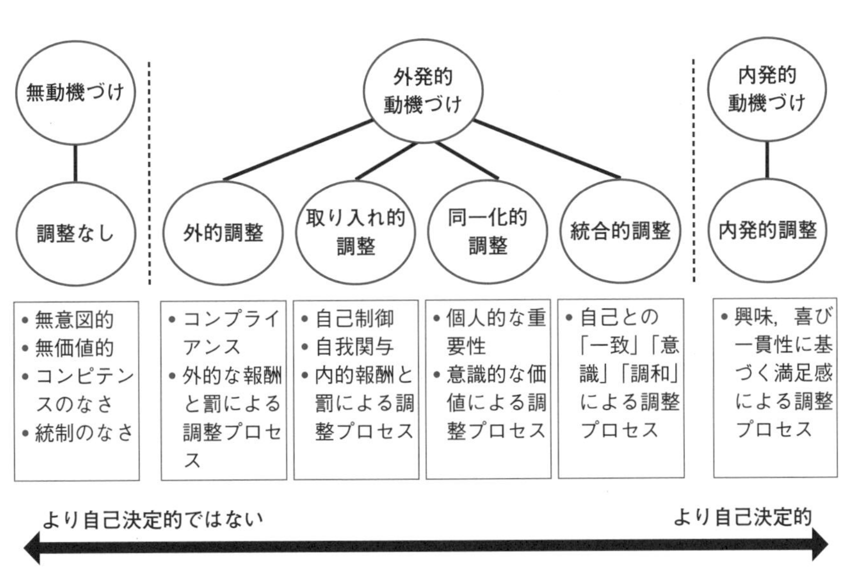

図 3.4　有機的統合理論における自律性の程度による外発的動機づけの段階
(Ryan & Deci, 2000)

表 3.2 **自律性の高さと学習動機の例**

自律性の段階	学習活動への目的意識	
「外的調整」	勉強しないと叱られるから／親がやれと言うから	自律性低
「取り入れ的調整」	勉強しないと，ダメな人と思われてしまうから	↓
「同一化的調整」	勉強することが大事だと思うから	↓
「統合的調整」	自ら決めた将来の夢にとても重要なものだから	自律性高
内発的動機づけ	学習そのものが楽しい／興味関心がある	

己の中に取り込んではいますが，自分の価値観と照らし合わせて十分に消化しきれていない状態です。ここからさらに自律性の程度が進んだ段階が「同一化的調整」です。この段階では，さまざまな経験を通じて，ある行為の重要性を受け入れ，より主体的に自らの行為を動機づけようとします。そして，外発的動機づけの中でもっとも自律的な段階が「統合的調整」になります。そこではさまざまな価値観を内在化した上で振り返り，自分なりの価値観を再構成した上で，その目的の重要性だけでなく，個人にとっての意義（価値）を見出せている段階になります。たとえば，学習活動を自律性の高さ順に並べてみると，**表 3.2** に示すようになります。

教育場面では，子供が「勉強が大事だと思うから」「自分のために重要だから」と発言したとしても，それが常に自律性の高さを示すと判断できない場合もあることには注意が必要です。筆者の臨床上の経験でも，その発言の裏に「そうしなければ落伍者になる」という思いが強くある場合がありました。この場合，表面的な発言とは裏腹に，むしろ自律性の段階は「取り入れ的調整」か「外的調整」になっています。私たちが子供を支援する際には，コミュニケーションが常に肝要になります。上記の「自分のために重要」という発言がどのような意味なのか，場合によっては「重要というのはどう意味？」と聞き返しながら，子供の自律性の高さをアセスメントする必要があります。

また，小さな子供が「統合的調整」による行為を行うことはほとんどないといっても過言ではありません。たとえば，皆さんが幼い頃，隣で遊んでいる子のおもちゃを勝手に使ってけんかになり，叱られた経験があるかもしれません。その後，「貸して」が言えたとほめられ，次第にものを借りるときにはひと声かけたほうが，人間関係が円滑になることを学んでいきます。さらに，そうした経験によって，自分の行為で人を嫌な気持ちにさせないことの重要性を内在化できるようになると，TPO に応じた行為を自律的に選択していくことになります。

すなわち，ある行為が生起するきっかけは，より自律性の低い外からの刺激だったり期待だったりします。そして，それがさまざまな経験や，外からの働きかけによって，子供たちがその意味や価値を内在化させることで，ある行為はより自律的になっていきます。それゆえ，教育の場面で期待される子供の成長とは，ある適切な行為が報酬や罰だけで継続するのではなく，その個人が自分にとってどのような意味をもっているのかを振り返り，価値を内在化していくようなプロセスを経ていくことだと考えられます。しかし，本来好きで行っていたことや，自分のためだと思ってやっていたことに対して日常的な報酬が与えられた場合，本人の気持ちが報酬に向いてしまうこともあります（アンダーマイニング効果）。アンダーマイニング効果は常に生じるわけではありませんが，人がもともと備えている向上心や好奇心，さらに後述する有能感への動機づけよりも，外から与えられる報酬に強く注意が向いてしまうと，より受動的な行為が増え，自分が行っている行動の意味よりも報酬に心が奪われてしまいます。換言するならば，ある活動に報酬が随伴することでその活動が報酬を得る「手段」になってしまうと，「やらされている感」が強くなってしまうことがあります。学校場面では，うまくできたらシール等がもらえる場面がありますし，行動療法でもトークンを用いた行動形成に関する理論があります（トークンエコノミー法）。トークンを用いた支援は十分なエビデンスを有していますが，機械的に導入すればむしろ副作用のほうが大きくなってしまうこともあります。対人的な支援を行う人は，行おうとしている支援が被支援者にどのような意味をもつのかについて，注意深くアセスメントしていく必要があるといえるでしょう。

3.3.3　基本的心理欲求理論

人の生得的な心理的欲求に言及した理論が**基本的心理欲求理論**（basic psychological needs theory）（Deci & Ryan, 1985, 2000）です。この理論は，自己決定理論の土台となる理論のうち，より基礎的なものとして位置づけられます（鹿毛，2013; 櫻井，2012）。

生得的な基本的欲求としては，「自律性への欲求」「関係性への欲求」「有能さ（コンピテンス）への欲求」の3つがあり，これらの欲求が満たされることで，人はより主体的に環境に働きかけることが可能となり，心理的なウェルビーイングも保たれるとされます（**図3.5**）。近年，ウンら（Ng et al., 2012）は，この3つの欲求と心身の健康との関係をメタ分析という手法を用いて検討し，抑うつや不安，QOL（Quality of Life）の問題に加え，身体的な健康に対してもこれらの基本的欲求が関連することを実証しています。

この3つの基本的心理欲求は，教育場面とも関連が深いといえます。たとえば，教育では「自律性への欲求」を充足させ，より自らの人生に主体的にコミ

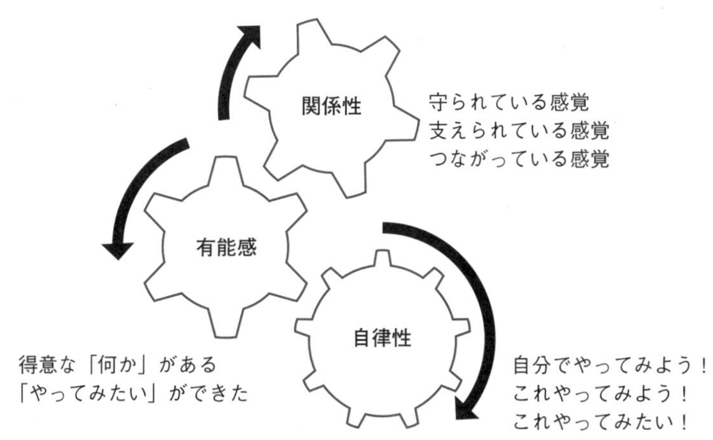

図3.5　「自律性への欲求」「関係性への欲求」「有能さ（コンピテンス）への欲求」への欲求充足

ットメントできるようになることを促します。また，第1章で説明した発達の最近接領域を意識したチャレンジを促し，失敗時に感情的な共有ができることは「有能さへの欲求」に影響しています。また，安全と安心の感覚を基盤とした他者との関係を継続的に築いていくことは，「関係性への欲求」を満たしていくものになっています。日本においても西村・櫻井（2015）が，自律性への欲求と関係性への欲求が充足されている中学生は友人関係への適応感が高く，有能感への欲求が充足している中学生は学業活動への適応感が高いことを示しています。

一方，学校の教師は子供たちを支える存在であり，同時に一人の人間でもあります。それゆえ，学校に派遣されるスクールカウンセラーやスクールソーシャルワーカーといった専門的ヘルパーは，子供の適応を中心に据えながら，教師が子供たちの自律性，有能感，関係性のそれぞれの欲求に配慮できるよう，教師自身の基本的心理欲求に配慮した活動が求められています。そのためには学校全体についてのアセスメントというマクロな視点が必要になります。

この節では，子供の自己決定理論について概観してきましたが，この理論は子供だけにあてはまるわけではありません。子供を支えている教師や保護者，部活動指導員などの心身の健康を考えていく上でも，自己決定理論は非常に重要な意味をもっています。

3.3.4　学習への動機づけ

ここまでにみてきたような動機づけに関する理論は，学校・教育心理学の枠組みにおいて，子供たちの学習意欲とも密接に関係することが示されています。学習はさまざまな定義をもつ幅広い概念ですが，この項においては「体験を通じた知識，技能，態度の獲得」ととらえること（鹿毛，2013）とします。

1.　学習意欲と動機づけ

学習意欲に関しては，特に自己決定理論に関する研究が多く蓄積されています。もっとも基礎的な研究としては，グロルニックとライアン（Grolnick & Ryan, 1987）が行った実験が有名です。この実験では，小学5年生の児童を対象に，子供の学習への興味や学習へのプレッシャー，暗記量といった指標について，学習に対する統制がかかっている群（学習後にどのくらい覚えていたかをテストして，十分に学習が進み，内容を覚えているかどうか調べると言われた群）と，そうした統制がかかっていない群（学習後に学習内容について尋ねるが，成績をつけるためではなく読書で何を学習するのかを知りたいので，自分にとって一番良いと思う方法でやってみてほしいと言われた群）を比較しました。その結果，学習直後では，覚えた量について群間差はみられませんが，心理的プレッシャーについては統制がかかっていた群のほうが強かったと報告されました。また，8日後のフォローアップでは，統制がかかっていた群は覚えた内容が維持されにくいことも明らかにされました。このように，外的に学習への動機づけを統制されると，想起される記憶量は保たれるものの，それは学習者に十分に統合されないばかりか，「学習を強制されている」と感じさせるという結果は，それまでの教育のあり方に一石を投じたといえます。その後，動機づけと学習との関連について，数多くの研究が行われてきました。そして，ほぼ一貫して，自律性の高さは学習意欲や学業成績を予測することが示されています。

また，自己を有能であると他者に示そうとしたり，否定的な評価を避けようとしたりすれば，より自律性が低下してしまうことや（Ryan et al., 1991），学習をあきらめてドロップアウトした高校生の多くは，同一化的調整の程度が低いこと，学校に苦痛を感じていながらも何とか学校に通っている生徒は，「取り入れ的調整」が高いことが示されています（Vallerand et al., 1997）。

2. 自律的な学習スタイル

自律性は心身の健康だけでなく，学習意欲にも大きな影響を及ぼします。自律性が低く，動機づけが低い状態でも，外部からプレッシャーをかけられ，学習が強制されれば学習内容は定着する可能性はあるものの，その陰ではドロップアウトにつながるような満足感の低さや心理的プレッシャーが蓄積している可能性もみられました。

2018年に発表された，生徒の**学習到達度調査**（PISA）では，日本の生徒はOECD諸国の中で数学的リテラシーは1位，科学的リテラシーは2位でしたが，日本の生徒の生活満足度の平均値は全参加国（OECD諸国以外の国を含む）の中で下から4番目であることも示されています（2015年もほぼ同様の低さ）。日本人は，極端にポジティブな選択肢に回答しない傾向があるため，この結果をもって，日本の生徒の満足度や自律性が低いとは断定できませんし，そもそも自律性だけが生活満足感に影響を与えるわけでもありません。それでも，通常であれば学業成績と生活満足度は正の相関を示しますが，日本においてはそうした連関がほとんどみられなかったことも勘案すると，より統制の強い状況で学業に取り組まねばならない子供が一定数以上存在していると想定されます。

子供の学習に対する種々の動機づけには，親や教師といった環境因の影響が強いといえます（d'Ailly, 2003）。子供はそれだけ，環境に適応する上での柔軟性を備えています。しかし，別の視点からみると，自律的に学習していた子供でも，自律性を低めるような環境へ移行した場合，その環境に何とか適応しようとすることで，容易に学習意欲が低下していく可能性もまた想定されます。上述した通り，子供の学習意欲は，常に高い自律性からスタートするわけではありません。しかし，子供たちが学ぶ意味や価値を自分なりに消化できるような時間を確保しながら，子供の学習意欲が高められる必要があります。

学習者自身が高い自律性を保ち，自らの目標達成に接近する主体的な学びについては，自己調整学習という視点からも多くの知見が見出されています。自己調整学習について，ジマーマン（Zimmerman, B. J.）は，「自己調整による学習が行われている者は，その学習活動において，メタ認知を機能させ，動機づけが高く，能動的な行動を見せる」としています（Zimmerman, 1986）。高い自律的な動機づけに加え，自己制御に関するさまざまな認知機能を働かせながら，自らの目標に向かっていく学習を**自己調整学習**（self-regulated academic learning）とよびます。ジマーマンとモイラン（Zimmerman & Moylan, 2009）は理論に微修正を加えながら，学習における自己制御のプロセスを円環的なモデルを用いて提示しています（**図3.6**）。そこでは，「遂行フェイズ」「自己省察フェイズ」「予見フェイズ」の3つのフェイズがサイクルとなって関連し合っています。たとえば，遂行フェイズにおける〈時間のマネジメント〉は自己省察フェイズの〈自己評価〉や〈原因帰属〉を経て，予見フェイズの

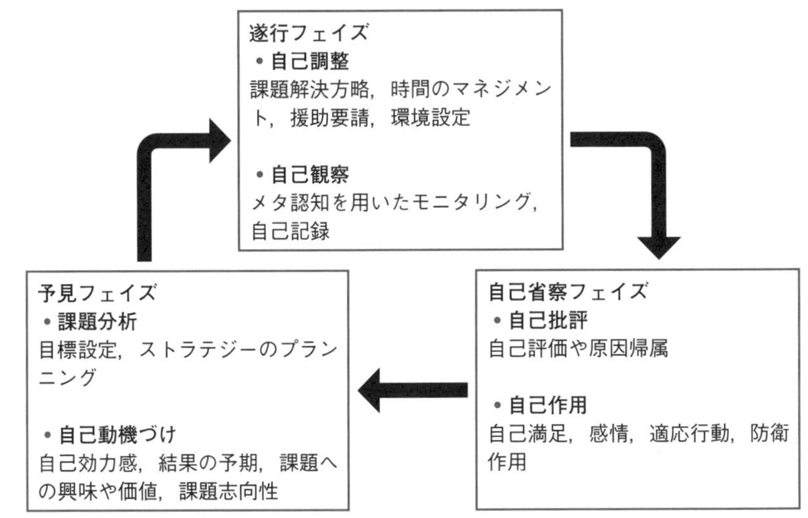

図 3.6　**学習における自己制御プロセスの円環モデル**（Zimmerman & Moylan, 2009）

〈自己効力感〉や〈目標設定（の修正）〉につながります。

高い自律性によって自己調整学習のサイクルが成立しているときはよいのですが，心理臨床場面で出会う子供の中には，すでに学習への動機づけがきわめて低い状態の子供たちも存在します。その多くは経験的に「自分はどうせできない（必要な行動を適切に起こせない）だろう」という，低下した自己効力感を示します。こういった子供たちへの支援は非常に重要ですが，種々の理論を現実に適用することは容易ではありません。学校のシステム上，学習に対する効力感が低下した子供たちのための特別なカリキュラムを，通常学級の学習活動の中で展開することは難しく，子供たちの苦戦を横目にカリキュラムに沿った授業が進んでいくことも少なくありません。それゆえ，こうした子供たちが，どのように自己調整学習のサイクルに復帰していけるかは，学校場面における課題の一つになっています。

現在は，「通級による指導」のように，より弾力的な学習指導のシステムも導入され始めています。今後も，子供のニーズに沿った教育が，より弾力的に展開されることが期待されています。

復習問題

1. 生理的動機づけにおける，動因と誘因の違いについて説明してください。
2. 内発的動機づけにおけるアンダーマイニング効果について説明してください。
3. 有機的統合理論について，自律性の高さから外発的動機づけについて説明しながら，子供の学習をどう支援できるか考察してください。

参考図書

鹿毛 雅治（編）（2012）．モティベーションをまなぶ12の理論――ゼロからわかる「やる気の心理学」入門！――　金剛出版

動機づけに関する種々の理論について，私たちの日常に即した形で解説されている良著です。一つひとつの章はコンパクトながらも非常に濃厚であり，初学者の学習にも適しています。

中間 玲子（編著）（2016）．自尊感情の心理学――理解を深める「取扱説明書」――　金子書房

子供たちの学びや生活を考える上で，自尊感情は重要な概念です。この本の中ではそうした自尊感情に関連する多様な概念を扱いながら，自尊感情がもつ本来の意味に迫ろうとしています。より深く自尊感情に迫るために読んでおきたい一冊です。

デシ，E. L.・フラスト，R.　櫻井 茂男（監訳）（1999）．人を伸ばす力――内発と自律のすすめ――　新曜社

本章でも多くの解説を行った内発的動機づけ，外発的動機づけ，自律性について，平易な言葉を用いてより具体的に解説している一冊です。多くの動機づけ研究に貢献したデシ先生による著書として，一読しておきたいものです。

4 学習支援と学習の評価

学校での学びが，子供たちのさまざまなスキルに結びつき，また将来の幸福に良い影響をもたらすために，心理学と教育学はどのような貢献ができるでしょうか。子供の心身の成長促進に寄与する学びを支援することは，学校教育に求められる非常に重要な役割です。この章では，子供たちへの学習支援のための基礎的方法論の概観に加え，子供たちの学習評価を学習支援にどのように生かす必要があるのかについて学んでいきます。

4.1 教科学習への支援

小学校では令和 2（2020）年度，中学校と高等学校ではそれぞれ令和 3（2021）年度，令和 4（2022）年度からスタートする学習指導要領[1]では，「**主体的・対話的で深い学び**」と「**カリキュラム・マネジメント**」という 2 つの視点を重要視しています。**学習指導要領**は，昭和 33（1958）年に初めて定められて以降，ほぼ 10 年ごとに改正されている，教科における学習目標や教育内容に関する一定の基準（大綱）のことです。また学習指導要領は，学校教育法をはじめとした法律に則って定められるものであり，学校の教育課程に著しい地域差や学校差が生じることを防ぐ意味もあります。

今回の改定では，教科学習の目標や内容を「知識・技能」「思考力・判断力・表現力等」「学びに向かう力，人間性等」の 3 つの柱で再整理していると

---

[1] 幼稚園は「教育要領」として平成 30（2018）年から実施されています。小学校において一部は先行して実施されています。

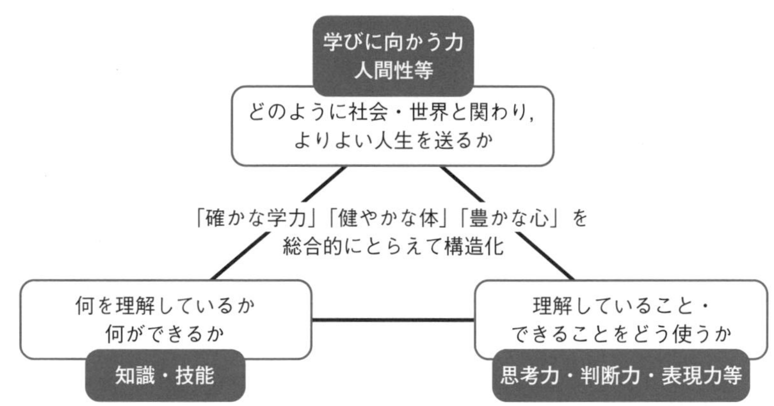

図 4.1　**育成すべき資質・能力に関する 3 つの柱**（文部科学省，2019）

ころが特徴です（文部科学省，2019）（図 4.1）。

教科学習に関して，知識や技能の習得を目指すことは理解しやすいですが，「人間性」という言葉と「教科教育」との間に齟齬（そご）を感じてしまう人もいるかもしれません。それは，高校や大学受験に必要な科目を，教科教育と誤解しているところからきている可能性があります。しかし，教科教育を国語や数学に限定することなく，道徳や美術，特別活動といったさまざまな学びの体験を通じて子供たちは成長していきます。

わが国では，現在，上記の 3 つの力をバランスよく育むことを通じ，予測困難性の高い社会の中においても，子供たちが自ら課題を見つけ，学び，判断していくことを通じて，幸福を追求しながら社会の形成者として必要な資質を備えていくことが期待されています。

4.1.1　教科学習の指導法

学習指導とは，子供たちの学びがより促進されるための，大人からの関与や構造の提供を意味します。良いか悪いかは別として，現在でも教師や講師が教える内容をあらかじめ設定し，児童・生徒が受動的に知識を頭に入れていく，という指導の形は存在します。もちろん，知識は思考の原点である以上，質の高い知識は，より高次の思考を引き起こすための重要な条件になります。しかし，新学習指導要領ではこの「知識・技能」だけでなく，それに基づく「思考力・判断力・表現力等」や「学びに向かう力，人間性等」もまた重視しています。それゆえ，知識習得に加え，「主体的・対話的で深い学び」の側面も近年重要視されているといえるでしょう。

1. プログラム学習

心理学的な視点からみた学習指導については，スキナー（Skinner, B. F.）によって開発された**プログラム学習**（programmed learning）があります。プログラム学習は，オペラント条件づけ理論（第2章参照）に基づく理論です。オペラント条件づけ理論は，「先行事象（刺激）—行動（反応）—得られた結果（環境からのフィードバック）」という3項随伴性の原理に基づく理論です。プログラム学習は，この原理を学習者に積極的に適用しようとしています。

学習者（学校の場合，子供）に対して，すぐに反応できる問題（刺激）を提示すると，子供はそれに対して何らかの反応（回答）を示します。その反応に対する正誤のフィードバックを即時的に行っていくことで，子供の学習する知識が着実についていくことをねらうのがプログラム学習です。また，オペラント条件づけは，最終的に学習させたい反応までの道程をより細かなステップに分け，**シェイピング**（shaping）という方法を用いた行動形成の理論をもっています。プログラム学習でも，このシェイピングの考え方を応用し，学習の達成目標への道程を細かなステップ（スモールステップ）に分類し，より平易な内容から子供たちが学べるように配慮がなされます。スモールステップに沿って，学習者は解説と問題を提示されそれに反応し，即時のフィードバックが得られることで，自らのペースで学習を進めることが可能となるのです。

また，その都度，自分の反応に評価（フィードバック）が得られるため，自己効力感や自分の成長を感じやすいという長所も認められます。近年は，民間の通信教育等でも，タブレット端末を用いたeラーニング等の学習支援が行われています。そうした学習支援でも，このプログラム学習の原理が多く用いられています。さらに，AIの登場によって，今後は個人がどこでつまずきやすいかをより明確にしたプログラム学習が発展していくことも考えられます。

しかし，プログラム学習にもいくつかの短所があります。一つは，学習者が自ら積極的に取り組まない場合，学習が進まないという点です。また，習得が目指されている学習内容は知識の吸収になるため，他者と協同してさまざまな問題解決を目指す学習には向いていないという点も短所として挙げられます。

2. 発 見 学 習

プログラム学習が既存の知識の習得をより効率的に行うことを目指した学習指導であるのに対し，**発見学習**（discovery learning）は，学習課題となっている法則や原理がなぜ成立するのかについて，自ら仮説を立て，その仮説を検証していくことで学びが深まると考える指導法です。水越（1970）や谷川（2002）は，この発見学習の原型が，デューイ（Dewey, D.）などの近代教授理論の中にすでにみられることを指摘しつつ，ブルーナー（Bruner, J. S.）が提唱した発見学習の学習プロセスを以下の5つの段階に分類しています（**表4.1**）。

第1段階は「学習課題意識」であり，これまでの経験と知識では解決しにくい問題を提示することで，子供たちに内的な不協和を生じさせ，解決すべき課題の設定と動機づけを高めていく段階とされます。第2段階の「仮説の着想」

表4.1　**発見学習の学習プロセス**

ステージ	名称	内容
第1段階	**学習課題意識**	経験では解決しない課題を与え，学習者に内的葛藤を生起させ，その課題解決への動機づけを高める段階。
第2段階	**仮説の着想**	課題に対して，ブレインストーミングのように，自由に解決への仮説を立てる。
第3段階	**仮説の吟味**	自由に立てられた仮説を精査し，さらに仮説を検証可能な形に変更する。
第4段階	**検証**	検証すべき仮説を，実験等を用いて検証し，仮説の成立を確認する。
第5段階	**発展と感動**	仮説検証によって得られた知識はどのように活用できるのか，その応用可能性を新たに検討する。

においては，拡散的思考におけるひらめきや洞察を駆使しながら，自由に仮説を立てていきます。第3段階の「仮説の吟味」においては，第2段階で得られたさまざまな仮説の中から，より論理的で検証可能な形で仮説を構成し直すことが求められます。この際，子供たちには，拡散的思考から収束的思考への変化が求められ，拡散した思考の収斂のプロセスも経験されます。第4段階の「検証」は，立てられた仮説について検証が行われる段階であり，第5段階の「発展と感動」によって，課題解決の道程やある種の法則が見つかった場合，そこでの喜びや感動を共有しながら，その応用可能性について探っていきます。

発見学習は，発見させる課題や法則をあらかじめ定めておくため，厳密には「再発見」のニュアンスが強いのですが，そこで得られた学びは，記憶の定着だけでなく，説明による知識定着を目指した学習法よりも他の学習にも生かすという意味での転移に役立つことが確認されています。また，より自律性の高い学習（内的報酬による学習）へと移行していく契機にもなるのが特徴です。発見学習にはこうした優れた機能がある一方で，学習のプロセスを時間的枠組みで規定しにくいこと，教授者は学習者がどのような仮説を立てるかについて見通しが立てにくく，発見学習の段階がうまく進行するとは限らないこと等の短所も挙げられます。

3. 有意味受容学習

すでに獲得している認知構造（体系）に，これから学ぼうとする学習内容を上手に関連させる学習法である**有意味受容学習**（meaningful reception learning）を提唱したオーズベル（Ausubel, D. P.）は，発見という形ではなく，授業を受け情報や知識を取り入れていくという「受容」による学習でも十分な学習効果が得られると主張しています。しかしながら，そうした受容学習であっても学習内容が暗記中心の機械的学習になってしまえば，学習者の学習への動機づけは低下してしまうため，機械的学習に対比する意味での有意味学習の重要性を説きました。

オーズベルによると，有意味というのは，知識や記憶のネットワークを構築する際，これから学ぼうとしている内容と，すでにある認知構造（スキーマ）とのつながりを意識させることで，すでに学んだ内容と新たな概念とが，関係づけられるようにすることです。たとえば，包丁を用いて野菜を切った経験があれば，“包丁を引く動作”によって物が切れるという認知体系をすでに構築しています。切るときには引くことが必要になるという認知体系をもっている場合，木をノコギリで切る際に必要な動きは，より効率的に定着する可能性があるといえるでしょう。

また，オーズベルは**先行オーガナイザー**（advance organizer）とよばれる，予備的な認知体系や，学習課題に関連する包括的で抽象度の高い教材をあらかじめ（学習に先行して）設定することで，後に学ぶ具体的な学習内容が定着しやすくなるとしました。この原理は，上述した認知構造をあらかじめ学習者に形成させることで，後の学習がより効率的になされるという「有意味化」を意図的に作り出すメカニズムです。実は，本書においても，各章の始めに，その章で学ぶことの概観を示した説明オーガナイザーが含まれています。先行オーガナイザーは，この説明オーガナイザーと，すでに学習した内容とこれから学んでいく学習内容の対比的な関係を提示する比較オーガナイザーに大別されます。

4.1.2　協同学習と主体的・対話的で深い学び

上記で出てきた「プログラム学習」「発見学習」「有意味受容学習」では，あらかじめ設定された課題に対し，個別の児童生徒がどのように学習していくかという視点が重視されます。もちろん，知識や技能の習得にはこうした教授方法は重要であることに疑いはありません。一方で，近年は学習指導要領にもあるように「主体的・対話的で深い学び」が重視されています。これは，アクティブ・ラーニングという視点からとらえることも可能ですが，「主体的」であるときの主体が誰なのか，「対話」の相手は誰なのかは，ややイメージしにくいかもしれません。また「深い学び」というのが，具体的にどのような水準を示すのかも想像しにくいでしょう。ここでは，それぞれの意図を中央教育審議会の答申（2016）を参考に解説していきます。

1．学びの主体

まず，「主体的な学び」における主体は，子供たちにあります。とはいえ，子供たちは，たとえば素因数分解や三角関数，音楽の譜面の読み方等を常に主体的かつ意欲的に学ぼうとするとは限りません。「主体的な学び」とは，自らのキャリアと現在の学びの関連を意識しながら，粘り強く学習に向かうことを意味しています。小学生には，具体的な**キャリア**（career）は想像しにくいかもしれませんが，たとえば職業的キャリアとして「大工さん」になりたいと願う子供が，心身ともに健康であることや，誰かと協力しながら物事を進めることの意義を理解しながら，学校での学習活動に取り組むことが，主体的な学びの実現に貢献すると思われます。それゆえ，主体的な学びを維持発展させていくためには，少しずつ，自らのキャリアパスと学習とがどのように関連しているのかを意識させていく必要があります。

2. 対話的で深い学び

対話的というのは，子供たち同士が対話的であることはもちろん，教師との関係が対話的であることも見据えられています。加えて，地域で働く人々や保護者ともそうした対話的な関係を築くことで，他者からの視点を取り込みながら自らの意見を振り返り，思考やイメージを深めたり広げたりすることが可能となります。そして，それらのプロセスは，自己との対話という視点も醸成していきます。

また，深い学びは，知識や技能の習得だけを目指すのではなく，それをどのように生かし，応用や創造の可能性を探るのかという学びのことです。溝上（2007）は，子供や若者の人生形成にとって必要な知識は，学校教育で与えられる知識を量・質ともに凌駕している現状を指摘しています。学校以外の場であっても知識の吸収がより容易となった現代においては，知識の応用可能性を育むための思考や，その知識を臨機応変に使用するための判断もまた重要です。

「主体的であること」「対話的であること」「深い学びにつながること」は，三位一体として，学習のプロセスで実現されることが期待されます（**図 4.2**）。しかし，それゆえに私たちは「主体的でなければだめだ」とか「対話的であるべきだ」という固くて熱い信念に囚われてしまうことがあります。しかし，たとえば対話的な場面では緊張感が高まってしまう子供や，他の子供のスピード感についていけない子供も存在します。「主体的・対話的で深い学び」は，今

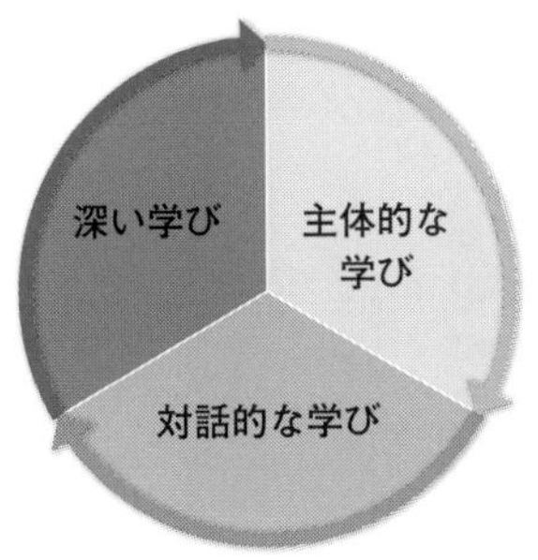

図 4.2 それぞれの学びの円環性

後の学習指導に関して重要なありようではあるものの，そのことが一人ひとりの子供がもつ学習スタイルと葛藤を生じさせる可能性があります。少なくとも，個人個人の子供の課題を意識した上での学習のプロセスでなければ，「主体的・対話的で深い学び」は，言葉だけが上滑りしてしまいます。学習指導要領は重要な大綱ではありますが，それは教師一人ひとりの工夫や応用を否定するものではありません。

4.1.3 個人差に応じた教授と環境調整

学習の個人差に応じた教授法についても，私たちは学ぶ必要があります。上記では，さまざまな形の指導法を概観してきましたが，子供たちの興味関心や自分に合う学び方という，「子供自身の要因（素質や特性等）」を踏まえてはいません。すなわち，学習者のもつ適性と指導法との「マッチング」についてはふれられていませんでした。しかし，教授者と複数の学習者が集団で学ぶスタイルが合う子供もいれば，e ラーニングのように個人のペースで学習したほうがよい子供もいるでしょう。通常の学校教育で行われているような 30～40 人という集団での学びは，施される教育の「効率」という点からみれば重要かもしれませんが，それではどうしても「耳で聞き」「手で書く」ことに学習が集中してしまうため，そうしたスタイルにどうしてもなじめない子供も存在しま

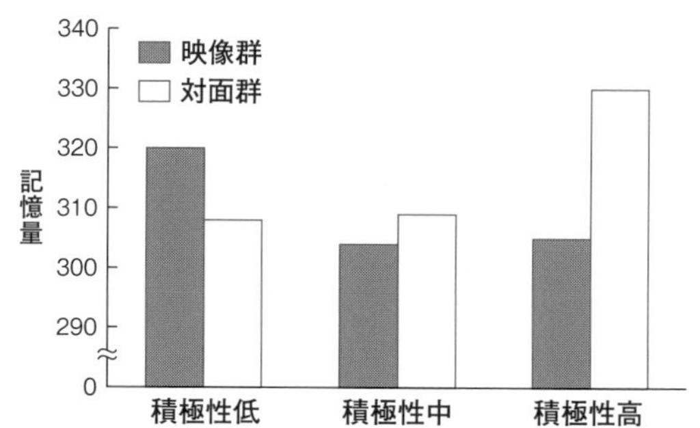

図 4.3　**スノーらによる学習の定着度に対する教授法と個人特性との交互作用**
(Snow et al., 1965)

す。

スノーら（Snow et al., 1965）は，同じ学習教材を，対面式の学習と，映像を用いた学習の2種類の教授法を用いて，学習の定着度を比較しました。その際，学習者は対人積極性によって，対人積極度が低い者，中程度の者，高い者に分けられ，それぞれの群に対してどの教授法が効果的なのかが検討されています。そして，2つの教授法（対面法・映像法）× 3段階の個人特性（積極度低群・中群・高群）の交互作用を検討した結果，対人積極性が高い者には対面式の教授法が，対人積極度が低い者には，映像による学習効果が高いことが示されました（**図 4.3**）[2]。クロンバック（Cronbach, L. J.）は，こうした教授法と学習のもつ特性との相互作用のことを「**適性処遇交互作用**（Aptitude-Treatment Interaction; ATI）」とよび，同じ教授法であっても学習者のもっている特性によって，その効果は大きく異なる可能性を示しています[3]。

近年では，限局性学習症（SLD）等の特徴をもつ子供たちが，WISC などの

[2] スノーらの実験は，この対人積極度以外にもさまざまな条件を用いた検討を行っているため，参考にしてみてください。

[3] この ATI の考え方は，カウンセリングや心理療法といった，対人的なトリートメント（治療や手当て）にも生かせる可能性が示されています（Snow, 1991）。

検査を通じて，どのような学習スタイルがより適しているかを把握することが重要視されています。また，岡田（2013）や佐々木（2011）は，子供の特性を「視覚空間有意型（身体感覚優位型）」「聴覚言語優位型」「視覚言語優位型」に分類し，それぞれの特徴を考慮した学習の重要性を挙げています。さらに，上岡ら（2018）は，実際に，視覚優位型の子供には暗唱や視覚系列を取り入れた英語の学習法を，視覚的に単語をとらえるのが苦手な聴覚優位型の子供には，単語の読みや意味を書字につなげる学習法を実施し，学習を促進するための個人の認知的特性を考慮した指導法の重要性を指摘しています。

子供が学習する環境としては，1つの学級に在籍する子供の人数と，学業成績への影響についても議論がなされてきました。わが国では，昭和55（1980）年に定められた1クラス40人が基本となり[4]，平成23（2011）年の「公立義務教育諸学校の学級編制及び教職員定数の標準に関する法律及び地方教育行政の組織及び運営に関する法律の一部を改正する法律」によって，小学1年生における学級編制の上限を35人に引き下げていますが，それでもわが国における1つの学級あたりの子供の人数は，先進諸国の中では多いことが知られています。伊藤ら（2017）は，クラスサイズと学業成績との関連を検討した研究を概観し，それらの方法的問題を指摘した上で，あらためて小学4年生から中学3年生までの子供を対象とした研究を行っています。その結果，クラスサイズが10人増加すると，国語の得点が0.07 SD，算数・数学の成績が0.10 SD低下することが示され，クラスサイズのもつ子供の学力に与える影響は，非常に大きいことが見出されています。

4.2　社会性と情動コンピテンスへの支援

4.2.1　教科学習以外の学習への注目

教科における学びと同様に，対人場面でどのように振る舞うかという視点も，

4　地方自治体独自の取組みによって，実際には40人よりも少ない上限を設けているところもあります。

認知的スキル

- 知識
- 技能
- "Visible" なスキル

非認知的スキル

- 自己制御
- 感情調整と他者との協働
- "Invisible" なスキル

図 4.4 **認知的スキルと非認知的スキルの比較**

学校で学ぶことのできる重要な側面として，新学習指導要領に取り上げられています。教科教育学習で得られるものは，いわば「**認知的スキル**」の育成であり，この章でこれまで概観してきたのは，主にこの認知的スキルをどう育むかでした。一方で，必要に応じて自分の意見や気持ちを表現したり，協調性を発揮したりする力は「**非認知的スキル**」とよばれ，この能力の育成も非常に重要になっています（図 4.4）。

経済協力開発機構（OECD）は，"*Skills for social progress: The power of social and emotional skills*"（OECD, 2015）というレポート中で，知識や思考を獲得し，それに基づく推察ができるスキルである「認知的スキル」と，他者との協働や感情をマネジメントする「**社会情緒スキル**」という 2 種類のスキルを取り上げています。前者の「認知的スキル」に対し，後者の社会情緒スキルは「非認知的スキル」と換言できます[5]。非認知的スキルは，将来の認知的スキルの上昇を予測するものの，認知的スキルは非認知的スキルの成長を必ずしも予測しないことが指摘されています。非認知的スキルは，必ずしも対人関係に関するスキルのみを示すわけではありませんし[6]，テストなどで測定される学力などの認知的スキルよりも相対的に重要であるというわけでもありません。しかし，子供

[5] 現在のところ，何をもって「非認知スキル」とするかについて明確な基準があるわけではないことに注意も必要です。

[6] たとえば，長期的な目標達成のための自己制御や，学習や目標へ向かう際の意欲も含むとされます。

の social and emotional skills（社会性と情動に関するスキル）の伸長は，学校で支援することが可能である学習の一つであり，生涯にわたって心身の健康に大きく寄与しうることが示されてきました。

実際に，たとえば「小学校学習指導要領（平成 29 年告示）解説　特別活動編」（文部科学省，2017）には，すでにこうした視点を含んだ指導のありようが記載されています。たとえば，小学校低学年児は発達上，感情的な言語等が多く，入学期に小学校生活や集団生活にうまく適応できなかったりするため，小学校における生活や人間関係に適応できるようにする指導が必要であると述べられています。実際に特別活動では，学校（ホームルーム）での活動や学校行事における活動，キャリア支援等が含まれており，「思いやり」や「感謝」「礼儀」「誠実」といった側面が取り上げられています。

日本の学校教育の特色には，学級集団への帰属意識を高めクラスが自分の居場所となるような工夫や，縦割り班や運動会などの活動を通じて，学校全体の活動に個人が関わることで，子供の社会性を育もうとする素地がすでにあります。今後はこうした素地を生かし，より幅広い「非認知的スキル」を育む試みに，心理学的な背景がより貢献していくことも求められています。

4.2.2　「感情」に着目した社会情動コンピテンス支援

子供が社会的な資質を伸長させ，多様な学びを実践していくために必要なことの一つに，自己がどのような状態であるかに気づき，また同時に他者もどのように感じ考えているかに気づくことが挙げられます。そして，このとき，特に重要となるのが感情（情動）です。人は，喜びなどのポジティブ感情と，恐怖や怒りといったネガティブ感情をもっており，それらは私たちが次に行動を起こすための，シグナルとしての役割を果たしています。たとえば，赤ちゃんが泣いているのを見た親は，赤ちゃんが何らかの不快感情を訴えていると推察します。その際，「寂しかったね」と言って抱っこをしたり，「おなかが空いて嫌だったの」と言いながら授乳したりし，赤ちゃんが出す感情とその感情が内包するサインに敏感に反応しようと試みます。また，泣いている赤ちゃんを見ると，「かわいそうだな」とか「心配だな」といったように，親自身も自らの感情をシグナルとして受け取り，利他的（向社会的）な行動に結びつけます。

感情を生活の中に生かしていく際に着目されるのが，知的能力を示す「IQ; Intelligence Quotient」のオルタナティブとしての「**情動知能**（EI; Emotional Intelligence)」です。イェール大学によって開発されたRULERというプログラムでは，この情動知能を構成する5つの要素として「感情を正しく認識すること（recognizing)」「理解すること（understanding)」「内的状態と認知とを一致させること（labeling)」「表現（expressing)」や「調整（regulation）すること」を挙げています。そして，これらの要素が，社会の中でより良く生活していくために非常に重要な能力になると考えられています。子供はこれらの要素を，養育者とのアタッチメントをベースにしながら少しずつ身につけていきます。そして同時に，幼児期以降のEIの伸長に学校が果たす役割は非常に大きいといえるでしょう。このRULERというプログラムの特徴的な点は，プログラムが子供だけを対象としたものではなく，教師自身が自らの感情をどのように日々の指導に用いることができるかという視点を提供するところにあります。教師自身が上記の5つの視点を振り返り，自らの感情を活用できるようになることを通じて，子供の感情を承認し，子供の表現を促すことができる点もまた重要だからです（Hoffmann et al., 2020)。

私たちは，ネガティブな感情を活用するばかりか，ついそれをなかったことにしようとしてしまうことも多いのが現実です。たとえば，ある子供がドッジボールに負けたときに，友人に「お前がちゃんとよけないからだ！」と言ったとしましょう。もちろん，大人からみた場合，これは不適切な発言とみなすことが可能です。もし，あなたがこの場にいたら，この“不適切”な発言をした子に対してどのように指導するでしょうか。叱責するとするならば，「そういうことを言ってはいけない！」という言葉になるでしょうか。

EIの視点を踏まえて，最初に気づきたいのは，私たち自身が，「ちゃんとよけないからだ！」という言葉を聞いたらどのような気持ちになるだろうかという点です。もしかすると，ひどい言葉を言った子を早急に指導しなければいけないという焦りの気持ちを見つけるかもしれませんし，言われた子の気持ちを考えて，悲しい気持ちになっている自分に気づくかもしれません。さらには，かつて自分が同じように言われた記憶が生起して，腹が立つかもしれません。もちろん，感情そのものに善悪はありませんので，どのような感情になっても，まずは素直にそれに気づくことが肝要です。

教師やスクールカウンセラーが，学校場面で子供を支援する際には，善悪の観点も重要ですが，同時に自らの感情について理解を深め，感情を冷静に受け入れた上で，指導する子供の感情面も把握しようとする努力が必要となります。上記の例でいえば，大人社会では「そういうことを言ってはいけない」ため，そのことを子供に伝えることは，間違っているわけではありません。しかし，子供が反省し，自らの言動が間違っていたと感じられる指導に至るためには，教師が自分の感情を冷静に受け入れ，それを活用しながら，暴言を吐いてしまった子供自身の感情にも目を向けることが肝要です。RULER といった社会情緒スキルの向上を目指すプログラムでは，教師自身の感情をみつめ，それを受け入れ活用しながら，子供の感情表現を適切に促すスキルの醸成を目指しています。

4.3　学習の評価

子供たちが学校の中でさまざまな能力を醸成していく際には，それに対する学習プロセスが正しく評価される必要があります。私たちが学習の「評価」と言われて思い浮かべるのは，通知表だったり大学入試などの試験だったりするかもしれません。もちろん，通知表も試験も，評価の一部です（結果の一部という意味だけでなく，プロセスの一部という意味も含みますが，詳細は後述します）。また，そうした評価が評価者の主観に偏り過ぎると，公正さをもちえなくなるため，評価には根拠に基づく客観性が必要となります。

では，少し視点を変えて，ある疾病 X に効くとされる新薬 Z を「評価」する場面を考えてみましょう。細かい倫理上の手続きは割愛しますが，評価にあたっての倫理上の問題はクリアしているとします。あなたならこの薬の効果を評価するためにどのような手順を考えるでしょうか。シンプルに，疾病 X にかかっている患者に新薬 Z を投与して，しばらくして疾病 X が治るかどうか確認すればいいのではないかという意見があるでしょう。しかし，それでは「疾病Xが治ったのは新薬Zのおかげではなくて，時間がたったからだ」という意見に反論できません。では，疾病Xにかかっている患者を2群にランダムに分けて，新薬Zを投与する群と，プラシーボ（偽薬）を与える群に分けて比較すればいいとなります。これだと，研究の信頼性のレベルはかなり上昇しますが，新薬Zを与える群はプラシーボ群よりも，与える側の期待が伝染しているのではないかという意見にやはり反論できません。最終的には，患者をランダムに2群に分け，さらに薬を投与する側も新薬Xを与えているのか，プラシーボの偽薬を与えているのかわからないという「二重盲検法」による「ランダム化」プロセスを用いて比較すれば，新薬Xの効果をかなり正しく評価できるという結論にたどり着きます[7]。

しかし，教育現場で行われている評価は，新薬Xのそれとはかなり異なります。たとえばAさんという個人の評価には，「算数の能力」から「反復横飛びの回数」「共感性や公正さなどの人間性」まで幅広い評価がなされます（評価の軸は多数あるはずです）。これでは，新薬Xに用いたようなエビデンスの高い方法を用いたとしても，多角的，かつ公正にAさんを「評価」することは難しいでしょう。さらに言えば，新薬Xの評価のように「良かった」とか「悪かった」だけで終わってしまっては，その評価は何のために行われるのでしょうか。

4.3.1 評価の目的

近年，**学習評価**についてのあり方が見直されています。橋本（2003）によれば，評価の目的は，「指導目的」「学習目的」「管理目的」「研究目的」の4つに大別されます。そして特に，前者2つについての目的が重要とされ，中央教育審議会初等中等教育分科会教育課程部会（2019）においても，子供たちが学習の成果を的確にとらえ，教員が指導の改善を図るとともに，子供たち自身が自

---

7 それでも年齢（年代）や性別，人種や栄養状態など，統制すべき点はまだまだあることも付記しておきます。

らの学びを振り返って次の学びに向かうことができるための学習評価が重要であるとしています。また，3 番目の「管理目的」の評価は，たとえば入学試験による選抜のための評価や，資格試験の合否決定に用いられるものです。最後の「研究目的」の評価は，教員がこれまでの指導法と新しい指導法の学習効果を比較する際に用いられるような評価であり，「指導目的」のための評価にも生かされることになります。後者 2 つの視点は新薬 X の効果を評価する点に類似しています。

このように，学校での評価は，結論を出すための評価という側面より，指導と表裏一体の関係を重視しています。それゆえ学習した（学習させた）内容が，どの程度達成されたかを把握するための評価という視点が重要です。それを基に，教師は指導の改善を図り，子供は学習を振り返りつつ次の学習に向かいます。換言するならば，評価の結果は，教員にとっても子供にとっても，学習の改善や発展につながる必要があるといえます。しかし，先の中央教育審議会初等中等教育分科会教育課程部会（2019）の資料に（良くない例として）提示される「授業中に寝たらマイナス 1 点，発言したらプラス 1 点」のような形での評価が一方的になされてしまうと，学習のための活用ツールとしての評価からは離れることになります。さらに，学力テストの結果を，教授者自身が，どのような授業をすれば学習が定着するのかに生かさなければ，その評価は「診断」になってしまいます（秋田，2004）。もし，評価が診断になってしまえば，「評価」が本来もっている，指導の改善を図ったり，子供が学習の改善や発展につなげたりするという理念を失うことになってしまいます。

4.3.2　評価の方法

新しい学習指導要領では，子供たちの「生きる力」を醸成するために，①知識及び技能，②思考力・判断力・表現力，③学びに向かう力・人間性等を取り上げています。その上で，学習評価の方法に関する現状と課題として，以下が挙げられています（文部科学省，2019）。

- 学期末や学年末などの事後での評価に終始してしまうことが多く，評価の結果が児童生徒の具体的な学習改善につながっていない。
- 現行の「関心・意欲・態度」の観点について，挙手の回数や毎時間ノートをとっているかなど，性格や行動面の傾向が一時的に表出された場面を捉える評価であるような誤解が払拭しきれていない。
- 教師によって評価の方針が異なり，学習改善につなげにくい。
- 教師が評価のための「記録」に労力を割かれて，指導に注力できない。
- 相当な労力をかけて記述した指導要録が，次の学年や学校段階において十分に活用されていない。

こうした現状は，上述した評価の目的についての達成困難さを示していますが，同時にこれらの課題に対する方向性も以下のように示されています。

- 児童生徒の学習改善につながるものにしていくこと。
- 教師の指導改善につながるものにしていくこと。
- これまで慣行として行われてきたことでも，必要性・妥当性が認められないものは見直していくこと。

かつての評価は，テストやパフォーマンスに基づき，事後的に教員が子供の評価を相対評価（偏差値含む）もしくは絶対評価によって行っていました。しかし，「評価と指導は表裏一体」という言葉に示されるように，評価は行ったら終わりという形から，評価をどのように活用するかという視点が重要になっています。

また，評価の種類として，「相対評価」は統制されている感覚が強まることから，有能感の低下に伴う学習意欲の減少を導くことが知られています。そのため，学習の継続には自らが自らを律しているという感覚を高める個人内の到達度評価を用いたり，教師評価だけでなく自己評価を用いたりする取組みも用いられることがあります。また，子供の学習意欲を高めることで学習の定着をねらい，さらに教師の指導改善に生かすために中間テストや期末テストを廃止し，「単元テスト」を行うといった，独自の取組みを推進している学校も出て

資質能力	レベル 1	レベル 2	レベル 3
礼儀面	•状況に応じた敬語が適切に使えない •挨拶ができていない	•聞かれたことに答えることができる •挨拶ができる	•自己紹介ができる •クラスと名前を言ってから職員室に入ることができる
学習面	•45 分間，机の前に座っていられない •教科書とノートを机に準備できない	•授業中，先生のほうを見ることができる •ノートをとることができる	•宿題をやってくることができる •間違えたところを自分でチェックできる

図 4.5　**ルーブリックの例**

きています。

いずれにせよ，教育における評価は，個人間の比較に終始するのではなく，個人内の変化を記述できるものであることが望ましいといえます。近年では，ルーブリックやポートフォリオを用いた多軸評価も行われています。**ルーブリック**（rubric）とは，成功の度合いを示すレベルの尺度と，それぞれのレベルに対応するパフォーマンスの程度を具体的に示した基準との対応を明確にした評価基準表のことです（図 4.5）。**ポートフォリオ**（portfolio）とは，大学教育等でも用いられるようになっていますが，学習の成果のみならず，そのプロセスを計画的に記録に残し，「アルバム」のように自らの成長や今後の課題を振り返るツールのことです。ポートフォリオによる評価では，学生はそれまで行ってきた学習を振り返り，どのような学習がなされていくべきかを自ら発見することにも寄与します。ポートフォリオは近年，e ポートフォリオとして，インターネット上で活用するものもありますし，プロのサッカー選手が「サッカーノート」をつけるような活動も，ポートフォリオのもつ機能を活用していると考えることができます。これらの評価は「診断」の意味が薄くなることで，個人内の変化を自ら追いかけながら，成長やつまずきを振り返るための取組みといえるでしょう。

復習問題

1. 教科学習の指導法における有意味受容学習について，「先行オーガナイザー」という用語を用いて説明してください。
2. スノーらが実証し，クロンバックによって提唱された適性処遇交互作用について説明してください。
3. 学習の評価は何を目的に行われる必要があるのか，いくつかの評価の方法にふれながら説明してください。

参考図書

黒柳 徹子（1981）．窓ぎわのトットちゃん　講談社

学校では，どのような「学び」への支援を行うことができるのでしょうか。“トットちゃん”の内的照合枠から追体験させてもらえれば，教育がしばしばもってしまう「未熟な者に教えてあげる」という，一種の高慢さについて反省させられてしまうかもしれません。本書によって，今一度，子供の学びを支えることの意義を再発見できると思います。

岡田 尊司（2013）．子どもが自立できる教育　小学館

国が提示している教育の目的と，現実の教育とにどのようなギャップが起きているのかを，海外の教育事情も参考にしながら概観し，その上で子供の心の自立に向けた教育のあり方について提言します。教育はもちろん，「自立」とは何かということも，心理もしくは教育の立場から再考したいところです。

太田 信夫（監修）中條 和光（編）（2019）．学習心理学　北大路書房

学習心理学の概論として，人がどのように学習を進めるのかについて，そのメカニズムを「仕組み」「記憶」「メタ認知」「意欲」「評価」「指導」といった側面から詳しく解説しています。記憶研究の第一人者による学習に関する基本的理論を扱った良書です。

5 知能のアセスメント

知能が高いというのは何を意味するのでしょうか。一般的には，学校での成績が優れているといったことを指すこともあれば，頭の回転の速さや物事に関する知識が豊富であることを示すのかもしれません。知能が何を意味するのかという知能の定義は，心理学の歴史上，もっとも論争がなされているテーマの一つです。本章では，知能とは何かという点について，まず代表的な理論的枠組みを概観します。その後，知能がどのようにとらえられているのかという点について，知能検査の歴史，および知能検査の実施，結果の解釈の際の注意点などについて解説します。

5.1 知能に関する理論

5.1.1 知能理論の変遷

知能がどのような要素から成り立っているのかという点については，さまざまな課題を子供に行わせ，その成績について因子分析を行うことにより，抽出されてきました。知能についての因子分析を初めて行ったスピアマン（Spearman, C. E.）は，小学生の学業成績の分析から，知的活動に共通する因子（一般因子；**g 因子**）と個別の課題に特異的に働く因子（特殊因子；**s 因子**）を見出し，**知能の 2 因子説**を提唱しました。この 2 因子説では，個人の知的能力の主要な決定要因は g 因子であり，g が低ければ，その人は全般的な知的能力が低いと考えられます。特定の認知的課題の成績は，g 因子とその課題特有の s 因子により説明されます。したがって，ある人の数学の成績は，g と数学的能力（s）の 2 変数により求められることになります。

スピアマン以降，知能がいくつの因子によって構成されるのかという点について，因子分析を用いた研究が多くなされました。サーストン（Thurstone, L. L.）は，実施した検査結果の因子分析と尺度生成を繰り返し，知能を7つの因子（語の流暢性，言語，空間，数，記憶，推理，知覚）からなるとする**多因子モデル**（theory of multiple factors）を提唱しました。サーストンは，スピアマンの一般因子gの存在を否定しましたが，多因子モデルで見出された因子は互いに有意な相関が認められることから，これらの因子に通底する一般的な因子の存在が示唆されます。また，性格検査でも有名なギルフォード（Guilford, J. P.）は，知能が情報処理機能であることを強調し，**知能の立体構造モデル**（structure of intellect）を提唱しました。このモデルは「内容（content）」「操作（operation）」「所産（product）」の3つの知的機能の組合せで知能を説明しようとするものです。「内容」的な側面は，与えられた情報の種類に関するもので，図形的，記号的，意味的，行動的という4種類に分けられます。「操作」的な側面は，得た情報を分析したり，再構成することに関するもので，記憶因子，認知因子，収束的思考因子（多数の候補の中から唯一の正解にたどり着く方向で思考する），発散的思考因子（さまざまな解決法を創造的に思考する），評価因子（認知した解決法が課題要求に合致しているかを評価する）の5種類に分けられます。「所産」は，操作したもののとらえ方に関する側面で，クラス，単位，関係，体系，変換，含意の6種類に分けられます。立体構造モデルでは，問題解決に必要とされる知能を，これら3側面の組合せで，120の因子に分けています。

5.1.2　CHC理論

このように，因子分析を用いて知能を明らかにするアプローチは，さまざまなモデルが提唱されてきましたが，現在のところ，**キャッテル–ホーン–キャロル（CHC）理論**が有力とされ，このCHC理論に基づいて多くの知能検査が開発されています。

CHC理論は，キャッテル（Cattell, R. B.）とホーン（Horn, J. L.）の**流動性知能**（fluid intelligence; Gf），**結晶性知能**（crystallized intelligence; Gc）理論

（Gf–Gc 理論）とキャロル（Carroll, J. B.）の 3 階層理論を統合したモデルです（McGrew, 2005）。Gf–Gc 理論では，知能を，記憶・計算・図形・推理などいわゆる頭の回転の速さに関わる流動性知能と，語彙や一般知識などに関する結晶性知能の 2 つに分けて考えます。キャッテルによって提唱されたこの Gf–Gc 理論は，その弟子であるホーンによって拡張されました。ホーンは，知能は 2 つの因子よりも多くの因子によって成り立つと考え，視覚的知能，記憶（長期的貯蔵や短期記憶），処理速度などを加え，拡張 Gf–Gc 理論に発展させました。

流動性知能の特徴として，①文化や教育の影響を比較的受けにくい，②個人の能力のピークが 10 代後半から 20 代前半という比較的早期に現れる，③加齢に伴う能力の衰退が顕著である，ことが挙げられます。一方，結晶性知能については，流動性知能とは逆に，①文化，教育の影響を大きく受ける，②能力のピークに達する時期が遅い，③加齢による衰退が緩やかである，という特徴があります。たとえば，高校生と高齢者の得意なこと，不得意なことをイメージしてみてください。数学の問題などは高校生に分がありそうですが，知識を問うクイズや語彙の量が関係するしりとりなどは高齢者のほうが得意なのではないでしょうか。このような年齢による差は，流動性知能と結晶性知能の生涯発達によって説明が可能です。

キャロルは，知能の因子分析研究を集めて再度因子分析を行い，3 層構造にまとめました。それによれば，最上位層は一般因子である g，第 2 層には上述の拡張 Gf–Gc 理論の能力因子とおおよそ一致した知能因子，最下層には 73 の個別的な知能が配置されています。

これら 2 つの知能理論を統合整理した CHC 理論は，「一般（general）」「広域（broad）」「限定（narrow）」という 3 階層の能力因子からなっています（**図 5.1**）。一般能力因子は g 因子ただ 1 つが想定されており，広域能力因子には拡張 Gf–Gc 理論に準じた 16 の因子（**表 5.1**）が存在し，下位層にはそれぞれの因子をさらに詳細に分解した因子が想定されています。

一般	広域	限定
g因子	量的知識	数学的知識，数学の成績
	読み書き能力	単語の認識，読解力，読書速度，綴字能力，英語の正書法の知識，執筆能力，筆記速度
	結晶性知能	言語情報，言語発達，語彙知識，聞く能力，コミュニケーション能力，文法的な敏感さ
	流動性知能	帰納，逐次的推論，量的推論
	短期記憶	メモリースパン，ワーキングメモリー
	長期貯蔵と検索	連合記憶，意味的記憶，自由連想記憶，観念の流暢性，連想の流暢性，表現の流暢性，問題への敏感さ/代替的解決の流暢性，独創性/創造性，命名の上手さ，語の流暢性，描画の流暢性，描画の柔軟さ
	視空間能力	視覚化，空間関係の把握，閉包関係の理解の柔軟性/速度，視覚的記憶，空間的走査，逐次的知覚統合，長さの推定，錯視への抵抗，知覚交替，想像力
	聴覚的処理	音声の符号化，聴音的要素の弁別，聴覚刺激の歪みへの抵抗，音パターンの記憶，リズムの保持と判断，音楽の弁別と判断，絶対音感，音源の定位
	認知的処理速度	知覚速度，単純な課題の処理速度，計算の速さ，読みの速度，書きの速度
	領域固有の一般知識	第二外国語としての英語の知識，手話の知識，読唇術，地理の成績，一般科学情報，機械の知識，非言語行動の知識
	反応/意思決定速度	単純な反応時間，選択の際の反応時間，意味処理速度，心的比較速度，インスペクションタイム
	精神運動速度	単純な反応時間，選択の際の反応時間，意味処理速度，心的比較速度，インスペクションタイム
	嗅覚的処理	嗅覚的記憶
	触覚能力	触覚的感応度
	運動感覚能力	運動感覚感応度
	精神運動能力	静的筋力，手足の協応，指の器用さ，手の器用さ，腕と手の安定性，制御の正確さ，目と手の協応，全体的な体位の安定

図 5.1　CHC 理論における知能の構造
（三好・服部，2010；Schneider & McGrew, 2013 を基に作成）

CHC 理論では，知能を 3 層構造でとらえています。もっとも上位層（第 3 層）には一般能力因子として g 因子ただ 1 つを，その下層（第 2 層）に 16 の広域能力因子を想定し，もっとも下位（第 1 層）は，限定能力因子として多くの具体的な知的能力因子が配置されています。

表 5.1 **CHC 理論における広域能力因子の詳細**（三好・服部，2010 を基に作成）

因子名	定義
量的知識（Quantitative Knowledge）	数学に関する知識
読み書き能力（Reading and Writing）	言葉の読み書きに関する技術や知識
結晶性知能（Comprehension Knowledge）	一般知識や語彙などの文化的な知識や技能
流動性知能（Fluid Reasoning）	新規課題を解決するために柔軟に推論する能力
短期記憶（Short-Term Memory）	短期的に，情報を符号化，保持，操作する能力
長期貯蔵と検索（Long-Term Storage & Retrieval）	長期的な情報の貯蔵，連合，およびそれらを検索する能力
視空間能力（Visual Processing）	問題解決のために，心的イメージをシミュレートする能力
聴覚的処理（Auditory Processing）	非言語的な音声刺激を検知，処理する能力
認知的処理速度（Processing Speed）	反復的な単純な認知課題を素早く流暢に行う能力
領域固有の一般知識（Domain Specific Knowledge）	特定の領域に関する知識（一般常識ではない）
反応/意思決定速度（Reaction and Decision Speed）	簡単な意思決定を素早く行う能力
精神運動速度（Psychomotor Speed）	身体運動を素早く行う能力
嗅覚的処理（Olfactory Processing）	嗅覚刺激を検知，処理する能力
触覚能力（Tactile Abilities）	触覚刺激を検知，処理する能力
運動感覚能力（Kinesthetic Abilities）	身体感覚を検出し処理する能力
精神運動能力（Psychomotor Abilities）	正確性や協調性をもって身体を動かす能力

5.1.3 ガードナーの多重知能理論

ここまでは，知能を論理的推理能力とみなす立場からの理論を概観しましたが，ガードナー（Gardner, H.）はこの考えに反対し，**多重知能理論**（Gardner's theory of multiple intelligence）を提唱しました。この理論では，一般因子 g を想定せずに，複数の知能の組合せによって機能していると考え，以下の 7 種類の知能を規定し，それぞれがそれ自体の役割に従って機能するとされています。

①**言語的知能**……話し言葉に関連する能力。

②**音楽的知能**……音による意味を想像し，伝え，理解する能力。

③**論理的—数学的知能**……行為，あるいは対象物がない状態で，関係を処理し，

正しく評価する能力。

④**空間的知能**……視覚的，空間的情報を知覚し，変形させ，再創造する能力。

⑤**身体—運動的知能**……問題解決やものを作るために身体のすべて，あるいは一部を扱う能力。

⑥**個人内知能**……自分自身の感情，意図，動機づけを弁別する能力。

⑦**対人的知能**……他者の感情，信念，意図を認識し，弁別する能力。

多重知能理論は，これまでの知能理論には含まれていなかったより広範囲の視点から人間の知能をとらえようとしているといえます。特に，個人内知能や対人的知能といった社会性に関連する能力を取り入れることにより，たとえば学業成績とその後の不一致（成績優秀な人が必ずしも社会的な成功を収めない）といった，これまでうまく説明されてこなかった問題に対する一つの回答になることが期待されます。

5.2 知能検査の歴史

ここまでは，知能の定義と構造に関する理論について述べてきました。本節では，その知能がどのようにとらえられているのかに目を向け，ビネー式知能検査とウェクスラー式知能検査に焦点をあてて概観します。

5.2.1 ビネー式知能検査の歴史

ビネー式知能検査は，1905年にフランスのビネー（Binet, A.）とシモン（Simon, T.）によって開発されました。この背景には，義務教育制度の開始により，普通教育についていけない子供の存在が明らかになったことが挙げられます。このような子供の中には，ついていけない理由として，怠学では説明がつかない知的障害児も含まれていたことから，特別な教育を施すことが必要とされました。そこで，知的障害の有無を把握し，一人ひとりの子供の個性に合わせた教育を施すことを目的として，その子供の知的な特徴をとらえるための尺度である知能検査が開発されました。

ビネーが最初に開発したのは30問からなる段階式の知能検査でした。使用された問題は，ある特定の年齢集団の50〜75%が正答できるレベルになっており，その問題が低年齢から高年齢の順に並べられています。したがって，検査対象の子供が，どの年齢の問題まで正答できるのかを調べることによって，その子供の精神発達年齢（Mental Age; MA）を測定し，発達の遅れの有無を把握できました。

フランスで開発されたビネー式の検査は，ターマン（Terman, L. M.）によってアメリカにおいて大規模に標準化され，スタンフォード・ビネー法が作成されました。スタンフォード・ビネー法の大きな特徴として，ドイツのシュテルン（Stern, W.）によって提案された**知能指数**（Intelligence Quotient; IQ）の概念が採用されたことが挙げられます。IQ は，検査によって明らかになった MA とその子供の生活年齢（Chronological Age; CA）によって以下の式で求められます。

$$IQ = \frac{MA（月齢）}{CA（月齢）} \times 100$$

したがって，たとえば5歳の子供が5歳級の課題までできれば，IQ 100（60/60 × 100），4歳級の課題まで通過できたとすると，IQ 80（48/60 × 100）となります。このように，MA と CA の比によって求める IQ は，個人の精神発達の速度を表しているといえます。スタンフォード・ビネー法では，後にこの単純な比による IQ 算出から，偏差値を基本とした**偏差知能指数**（**偏差 IQ**）が採用されています。また，1986年版では，Gf-Gc 理論モデルに記憶を加えた3つの因子で知能をとらえるモデルが導入されました。

日本において，広く使用されているビネー式知能検査は，1947年に田中寛一（かん）（いち）によって出版された田中ビネー知能検査であり，現行のものは「田中ビネー知能検査V」として2005年に出版されています。田中ビネーV知能検査の対象年齢は2歳から成人となっており，2歳から13歳までは従来通りの比による知能指数，および精神年齢の算出が可能で，14歳以上は原則として偏差IQを算出し，精神年齢は算出せず，「結晶性」「流動性」「記憶」「論理推理」の4領域について個人内差を測定できるようになっている点が特徴として挙げられます。

実際の検査では，対象児のCAと同等の年齢級の問題から始め，1つも正答できない年齢級（上限）とすべて正答できる年齢級（下限）を導き出します。そして，すべての問題が正答できる年齢級に1を足した年齢を基底年齢（3歳級にすべて正解した場合，基底年齢は4歳）として，基底年齢以上の年齢級で正答できた問題数を加算し，最終的な精神年齢を導き出します。このような評価の仕方からわかるように，田中ビネー知能検査では，発達を量的にとらえています。つまり，基底年齢が4歳の子供が，5歳級の問題に1問正解しても，たとえ，7歳級の問題に1問正解しても，その質的な違いは問われずに同等に扱われます。したがって，精神年齢のみでその子供を判断するのではなく，問題の通過の仕方（順番にできているのか，飛び飛びで通過しているのか）や不通過の場合の間違え方などを考慮して評価することが重要であるといえます。

5.2.2 ウェクスラー式知能検査

ウェクスラー式知能検査を開発したウェクスラー（Wechsler, D.）は，知能を「目的的に行動し，論理的に思考し，環境に効果的に対処する個人の総合的あるいは包括的能力である」としています。ウェクスラー式知能検査も，ビネー式知能検査と同様に臨床現場で非常によく用いられる知能検査の一つです。上述のように，ビネー式知能検査は，一般知能を測定することを目的としており，基礎的な能力を把握することに優れているといえますが，ウェクスラー式知能検査のもっとも大きな特徴は，個人内差（個人内における得意不得意の差；**ディスクレパンシー**）を測定することができる点であるといえます。特に，特別な教育的対応が必要となる障害児の指導計画を立案する際には，得意を伸ばし，苦手を補うために，個人内特性を把握することは非常に重要です。

ウェクスラー式知能検査は，1938年のウェクスラー=ベルビュー知能検査（Wechsler-Bellevue Intelligence Scale）に始まり，対象年齢により，成人版のWechsler Adult Intelligence Scale（WAIS），児童版のWechsler Intelligence Scale for Children（WISC），幼児版のWechsler Preschool and Primary Scale of Intelligence（WPPSI）に分けられます。日本においては，児童期，成人期における知能測定においてもっとも頻繁に使われています。田中ビネー式知能検査と同様に，改訂が重ねられ，現在では，WPPSI は第 3 版，WISC は第 5 版（2021 年 11 月時点で日本では第 4 版が現行），WAIS は第 4 版まで発行されています。

ここで知能検査の改訂について少しふれておきましょう。多くの知能検査は，開発されてから現在までに改訂が重ねられています。改訂の間隔は一定ではありませんが，おおむね 10 年から 20 年の間に行われることが多いといえます。改訂される理由は主に以下の 3 点です。1 点目は，文化や時代の変化によって問題がその時代の子供に合わなくなることです。その時々で一般常識が変わるのと同じように，子供が「わからない」のではなく，「知らない（触れていない）」ために難易度が変化し，標準化された当時のデータから乖離してしまうことに対して問題の置換えが行われます。置換えは，これ以外にも検査道具の操作の簡便性を向上し，検査時間を短縮させることで，子供，検査者双方の負担を軽減させることを目的としても行われます。

2 点目は，知能の理論的基盤における変化への対応です。5.1 節でみたように，知能それ自体の理論的基盤が研究の進歩によって変化すると，当然，その知能構造に立脚した検査へと作り直す必要性が出てきます。たとえば，WISC-Ⅳでは，CHC 理論の登場により，この理論への対応も改訂の一つの理由となりました。また，ウェクスラー系の知能検査では，全般的な知的水準を示す全検査 IQ（Full Scale IQ; FSIQ），主に結晶性知能に関連する言語や聴覚処理の能力を表す言語性 IQ（Verbal IQ; VIQ），主に流動性知能に関連する視空間認知や視覚—運動処理の能力を表す動作性 IQ（Performance IQ; PIQ）という 3 つの IQ を算出することができました。しかし，WISC-Ⅳにおいて，これら VIQ と PIQ はそれぞれが表す能力を正確に反映しないとして，廃止されています（**図 5.2**）。

3 点目は**フリン効果**に対する調整です。これは，文化的な進歩により，社会全体の知的水準が変化し，平均 IQ が年々上昇方向にドリフトする現象で，フリン（Flynn, J.）によって示されました。したがって，同じ問題を使い続けると，子供たちの IQ は上がっていき，結果として正確な評価を行うことができなくなるため，一定間隔ごとに標準化し直す必要があります。

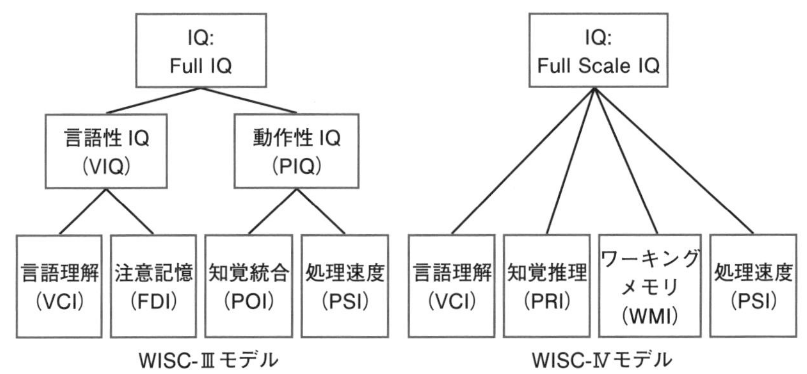

図 5.2 **WISC における概念構造の変化**（松田，2013 を基に筆者が改変）
WISC-Ⅲでは，全検査 IQ（FIQ）の下に言語性 IQ，動作性 IQ を想定し，さらにその下に 4 つの群指数を配置した 3 層構造でしたが，WISC-Ⅳでは，VIQ，PIQ の妥当性が低いとして廃止され，群指数は 4 つの指標得点として再編成されました。

5.3 知能検査を使う

本節においても引き続き，ウェクスラー式知能検査（特に WISC）を取り上げ，結果の解釈に必要となる理論的枠組みや因子構造モデルについて説明します。

5.3.1 WISC の理論的枠組み

これ以降は，ウェクスラー式知能検査の心理測定尺度としての特徴について，学校現場でもっとも目にすることが多いと考えられる，現行の児童版であるWISC-Ⅳに焦点をあてて説明します。WISC-Ⅳは国内外において，再検査信頼性，内容的妥当性，基準関連妥当性，因子的妥当性，収束的・弁別的妥当性などが多面的に検証されています。対象年齢は 5 歳 0 カ月から 16 歳 11 カ月で，この範囲よりも年長の場合には成人版である WAIS が実施されます。検査課題は 15 の下位検査から成り立ちます。15 の下位検査は，10 の基本検査と 5 つの補助検査に分けられ，補助検査は，何らかの理由（運動に制限がある，教示が十分に理解できないなど）で実施できなかった下位検査がある場合に，代替として実施することができます。代替できる種類や数には制約が設けられており，この制約を超えて補助検査を実施しなければならないような場合には，その子供に対してWISCを実施すること自体を考え直す必要があるでしょう。

検査結果は，5つの合成得点を算出し，その子供の認知プロフィールを描くことにより，知的水準や個人内差について解釈されます。5つの合成得点は，下位検査の成績を総合して得られる全般的な知的水準を示すFSIQ，および4つの指標得点（WISC-Ⅲでは群指数）からなります。これらにより，FSIQをより特化した4つの領域に分けて子供の特徴をみることができます。以下に4つの指標得点の意味を述べます。

①**言語理解**（Verbal Comprehension Index; VCI）……言語概念形成，言語による推理力・思考力，言語による習得知識。

②**知覚推理**（Perceptual Reasoning Index; PRI）……非言語による推理力・思考

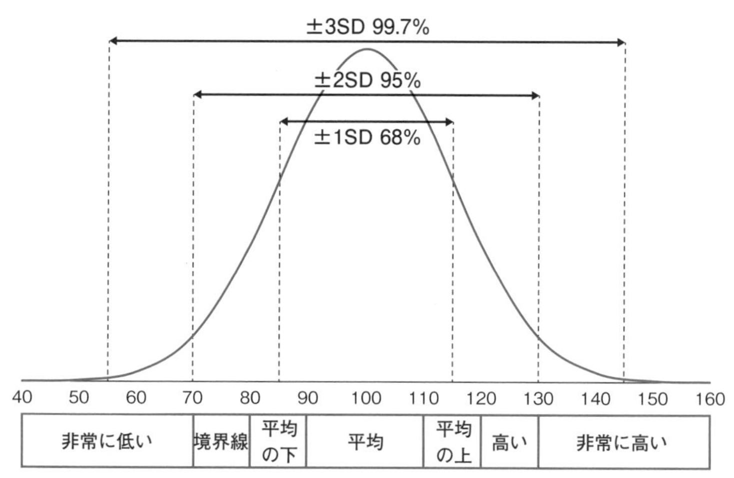

図 5.3　**IQの正規分布図と集団内での位置**

IQは平均100，標準偏差（SD）15の正規分布を形成するよう標準化されており，±1SDの範囲内に全体の約7割が位置します。

力，空間認知，視覚―運動協応。

③**ワーキングメモリ**（Working Memory Index; WMI）……聴覚的情報の一時的保持，注意・集中。

④**処理速度**（Processing Speed Index; PSI）……視覚刺激を速く正確に処理する力，注意・動機づけ，視覚的短期記憶，筆記技能，視覚―運動協応。

IQ および指標得点は平均 100，標準偏差 15 の正規分布を形成するように標準化されており，同年齢集団におけるその子供の知的水準の位置を知ることができます（図 5.3）。

指標得点の定義からわかるように，WISC-Ⅳの知能因子は，CHC 理論の影

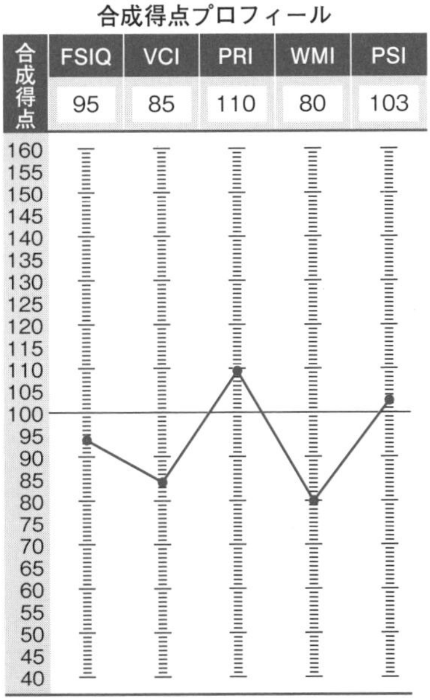

合成得点プロフィール

合成得点	FSIQ	VCI	PRI	WMI	PSI
	95	85	110	80	103

160 155 150 145 140 135 130 125 120 115 110 105 100 95 90 85 80 75 70 65 60 55 50 45 40

図 5.4　WISC プロフィールの例

言語理解（VCI），知覚推理（PRI），ワーキングメモリ（WMI），処理速度（PSI）それぞれの水準を示しています。例では，PRI と VCI，WMI の間に大きな差があることがわかります。したがって，視覚的な流動性知能（目で見て判断する力）が得意さを生かし，視覚的な手がかりを増やすことで，言葉の理解や短期記憶を補う支援が考えられます。

響を受けています。特に言語理解は結晶性知能，知覚推理は流動性知能と深く関連しています。これら4つの指標得点について，それぞれの得点間に統計的に有意な差があり，その差の程度が非常に稀に出現する場合（たとえばVCIとPRIの得点差が20点ある子供は全体の8.6%しかいない），その子供にとって意味のある差として解釈し，不得意な特徴であれば，それに対する支援を考えることになります（図5.4）。

5.3.2　結果解釈のための新たな視点

近年では，4つの指標得点だけでなく，新たな指標得点を用いた解釈やCHC理論の広範能力因子に依拠した解釈もなされるようになってきています。

新たな指標得点は，一般知的能力指標（General Ability Index; GAI）と認知熟達度指標（Cognitive Proficiency Index; CPI）という2つの指標得点です（Prifitera et al., 1998）。GAIは，VCIとPRIの下位検査に基づいて算出され，結晶性知能と流動性知能を合わせた全般的な能力を反映すると考えられています。一方で，CPIは，短期記憶や反応速度，処理速度など，情報を流暢に処理する能力と関係します。これら2つを分けて考えることにより，その子供の困難さがより全般的な能力の低さによるものなのか，情報を効率的に処理することの困難さによるものなのかを切り分けることができると考えられます。たとえば，CPIは，人の話を聞きながら作業をしたり，流暢に読み書きする能力との関わりが強いと考えられるため，学校生活など集団への適応を予測する指標となりえます。

松田（2013）は，CHC理論の広域能力因子に依拠した解釈やCHC理論に依拠した臨床クラスター（理論的に類似の能力を測定すると仮定される下位検査のまとまり）による解釈を提案しています。検証的因子分析を用いてWISC-Ⅳの因子構造を検討した繁桝・リー（2013）も，CHC理論に基づく因子構造がWISC-Ⅳの因子構造よりもあてはまりがよいことを報告しており，今後はこのようなより詳細な解釈が可能になると考えられます。

5.3.3　知能検査を実施する

個別式知能検査は，対象児の認知特性を正確に把握することができるツールですが，一方で，結果が数値で出されるため，その子供を強力に決定づけることになり，場合によっては，その数値や評価が一人歩きしてしまう危険性もはらんでいます。したがって，実際に検査を実施する際には，このような危険性を認識し，①その子供がもっている能力が最大限発揮されるよう配慮すること，②検査結果に関して正確に説明すること，が重要になります。

子供がもっている最大パフォーマンスが発揮されるようにするためには，検査環境におけるさまざまな要素に対して配慮する必要があります。実施場所として，部屋の広さ，子供の身体に合った大きさの机や椅子，検査者との距離なども考慮し，部屋の中の刺激についても注意を払う必要があります。たとえば，子供をリラックスさせようとして玩具などを用意した場合，検査に対する抵抗感は弱まるかもしれませんが，課題に集中して取り組むことを阻害してしまいます。聴覚的な刺激に対しても同様で，聴覚的な記憶を測定する課題中に騒音があれば，正確な成績を得ることができなくなってしまうことが予想できます。

さらに，検査者との関係も子供のパフォーマンスに影響を及ぼします。中山（1982）は，検査者との関係性を変化させ，子供の課題成績を比較した結果，初対面の検査者よりも，親密度を高めるためにコミュニケーションをとった検査者が課題を実施した場合に，有意に課題成績が高いことを見出しています。このことは，検査者に対する子供の好意度という点から考察されており，好意度が上昇することにより，教示への注意が高まり，課題要求に従った行動が可能になると説明されています。したがって，認知検査を行う場合には，子供との間に信頼関係（**ラポール**）を形成した後に検査に臨むことが必要となります。

検査者は，検査器具の操作方法や教示の仕方などに精通しておくことが求められます。知能検査は，いわば知能を測るための“ものさし”であり，教示や操作方法が標準的な実施手続きから外れてしまった場合は，もはや同じものさしを使用して測定されたものとしては扱うことはできず，結果を歪めてしまうことにつながります。また，検査に不慣れな場合は，検査時間が長引く傾向にあり，それによって，子供の疲弊を招くため，知的水準を過小評価してしまう危険性があります。

検査結果の説明にあたっては，検査によって伝えることのできる情報が異なるため，それぞれの検査マニュアルに従って行う必要があります。数字の一人歩きを防ぐためには，単に数値を報告するのではなく，検査の目的，数値の意味，検査中の行動観察から得られた認知特性などとともにフィードバックすることが求められます。

5.3.4　知能検査でみえないもの

知能検査は，医療機関や支援機関，学校などさまざまな機関で，障害の診断や就学判定，個別の支援計画の策定などを目的として実施されます。知能検査の結果は，知的レベルの判定にのみ用いられるべきではなく，その子供の強みを伸ばし，弱みを補うような個別の指導計画をはじめとする教育的対応を考える際の重要な資料となります。しかし，一方で，これまでみてきたように，知能検査は非常に強力なツールであることから，結果による選別や差別が生じてしまうことも考えられます。

知能のみで子供をとらえることで生じた問題の一つの例として，1960 年代後半のアメリカにおける，いわゆる「6 時間の精神遅滞児」問題が挙げられます。「6 時間の精神遅滞児」とは，家庭生活や地域社会生活においては問題や困難さを抱えていないにもかかわらず，小学校入学の際に行われた知能検査のスコアの低さから，学校にいる 9 時から 15 時までの 6 時間だけ精神遅滞児として扱われた子供たちです。この「6 時間の精神遅滞児」の多くは黒人であり，当時の精神遅滞の定義（IQ 85 以下のみで，適応機能を加味しない）と黒人の教育水準の低さが原因といえます。このような社会的背景も手伝っていますが，ここには，子供を数値だけで判断する弊害をみることができます。

IQ（特に FSIQ）と学業成績との関連については，多くの研究がなされています。アメリカでは，日本のように全国的な学習指導要領がなく，州ごとに教育システムが異なるため，統一的に学力を把握するため，個別式知能検査と同時に個別式学力検査も開発されています。ウェクスラー式知能検査においては，ウェクスラー個別式学力検査が同時に開発されており，知能と学力の標準化されたデータを使用することによって，知能から学業成績を予測することが可能です。一般的に，FSIQ と学業成績との相関はおおむね，.55 から .70 ほどの高い正の相関がみられます（Canivez, 2013）。

しかし，前述のように，知能がどのような能力で構成されているのかという点も議論の余地があり，また，一般的に使用されている知能検査もすべての知能因子を測定できるわけではありません。したがって，すべての子供の学業成績を IQ で完全に予測することはできず，IQ から予想される学業成績とのズレが生じることがあります。小学校 6 年間の知能指数と学業成績との関連について調べた先行研究によれば，約 7 割程度の子供は，知能指数と学業成績のズレがないバランスドアチーバーとよばれる子供でしたが，残りの約 3 割にはズレが生じていました（都築ら，2013）。ズレが生じる方向によって，知能指数から予測されるよりも学業成績が高い場合には，**オーバーアチーバー**（OA），逆に成績が低い場合には**アンダーアチーバー**（UA）とよばれ，特に，UA については，子供が本来もっている力を最大限発揮できるよう教育的対応を工夫する必要があります。

子供の学力を規定する心理的な要因は知的能力と人格特性とされており，OA や UA など知的能力と学業成績との齟齬は，人格特性による影響であると考えられます。これらの一群にあてはまる子供たちがどのような特性をもっているのかという点については，主に帰属傾向と動機づけによる検討がなされてきました。

ある出来事や行動の結果の原因を推測することを**原因帰属**といい，その原因が，どのような要因（自身の能力や時の運など）によるものなのかを考える傾向を**統制の所在**（Locus of Control; LOC）といいます（Rotter, 1966）。LOC は，その原因をコントロール可能な自身の内的な要因に帰属させるか（内的統制），コントロール不可能な外的な要因に帰属させるか（外的統制）に大きく分かれ，この帰属傾向が，その後の行動が大きく変化すると考えられています。内的統制は，主に自分が行ってきた努力や自身の能力に帰属させ，外的統制は，運や他者による要因に帰属させることを指します。たとえば，数学のテストの点数が悪かったときに，なぜ悪い点数をとったのかという理由について，「勉強時間が足りなかったから」や「数学が苦手だから」といった理由を挙げる場合には内的統制，一方で，「山勘が外れたから」「先生の教え方が下手だったから」という理由は外的統制に分類されます。これらの具体例からもわかるように，内的統制を行った場合には，「もっと努力しよう」といったように事態を改善させる方向に向かいやすいですが，外的統制に分類される帰属を行った場合には，事態を改善しようとする方策に結びつきづらいと考えられます。

実際に，OA と UA の子供たちの帰属スタイルの違いを検討した先行研究（速水，1981; 神田，1999）では，内的統制が群によって異なることを明らかにしています。つまり，OA 群の子供たちは，UA 群に比べて努力などの内的統制を行う傾向が強く，そのため，成功体験に対しては誇りを，失敗体験に対しては恥を強く感じ，それがその後の学習行動に結びついていることがわかりました。さらに，内的統制が強い場合，物事に対して自身の力で対処し，やればできると考える傾向が高いため，目標を達成しようとする積極的で適切な行動をとることができ，結果として高いパフォーマンスを示すとされています。

一方で，UA 群の子供たちは，内的統制を行う傾向が弱いため，成績が悪くても自分の行動に対する責任を感じづらく，恥や悔しさを基にした動機づけが成立しにくいと考えられます。また，自分の統制下にない事柄に帰属させる傾向が強いことから，物事に対して自分ではどうにもならないと考えて目標を達成しようとする努力を怠る傾向にあり，学力向上につながらないと考えられます。また，UA の子供たちにみられる興味深い特徴として，努力を能力と同一視し，内的統制要因が未分化である状態が指摘されています（速水，1999）。このことは，内的統制の弱さや，学習に対する無力感から，UA の子供たちは，本来，自分の統制下にあるはずの努力や能力についても，固定的で不変なものとしてとらえてしまっていると考えられます。

このことに対する裏づけとして，松浦（1972）は学習意欲と学業成績との関連について，OA と UA の学習動機の違いを明らかにしています。それによれば，OA 群の子供たちは，自発的，自主的な学習意欲が高く，自ら進んで学習に取りかかり，積極的に問題を見つけ出し，それを解決することに喜びを見出そうとする傾向が高いとされています。反対に，UA 群の子供たちは，ほめられる，叱られるといった自分以外の外的な要因による他律的な意欲が高く，学習そのものではないことを背景として学習を行っていることが明らかになりました。

子供の帰属スタイルは，良い成績をとった，できない問題ができるようになった，といった学業上の達成経験だけで形成されるわけではなく，それ以外の学校生活や家庭生活，友人との関わりなどさまざまな経験を通して形成されていきます。したがって，内的統制を高めるためには，子供たちに自主的な活動の場を提供し，統制感を高めること，またそのような状況における成功体験を蓄積させることが必要であるといえます。

「6時間の精神遅滞児」が判定されたように，知能検査を用いて就学状況を予測しようとすることは完全に間違っているわけではありません。しかし，本節で述べたOA，UAを考えれば，知能指数はその子供の全体像のうちのほんの一部にすぎず，完全に理解するためには，それ以外の情報を的確に把握し，多面的に評価することが重要であるといえます。

復習問題

1. 以下の文章のうち間違っているものを選んでください。
   ①ギルフォードの立体構造モデルでは，内容，操作，所産の3つの知的機能の組合せで知能を説明している。
   ②流動性知能の特徴として，文化からの影響を比較的受けやすいこと，能力のピークが比較的早く，衰退も早いことが挙げられる。
   ③ CHC理論では，知能を3層構造でとらえている。もっとも上位層にはg因子が想定され，第2層として16の広域能力因子が存在する。
2. 田中ビネー式知能検査とウェクスラー式知能検査のそれぞれの特徴をまとめてください。
3. 以下の文章のうち，アンダーアチーバーの特徴を示しているものを選択してください。
   ①知的能力水準に比べて学業成績が良い。
   ②原因帰属の傾向として，外的統制をしやすい。
   ③自発的，自主的な学習意欲が高く，自分から学習に取り組む。

参考図書

ディアリ，I.　繁桝 算男（訳）（2004）．知能　岩波書店

g 因子や加齢による知能の変化，知能についての心理学的な論争の一つである遺伝と環境の影響などについて研究知見をわかりやすく紹介しています。

ピアジェ，J.　波多野 完治・滝沢 武久（訳）（1998）．知能の心理学　新装版　みすず書房

子供の認知能力や知的発達の規則性や順序性について，体系的な理論を提唱したピアジェの著書。本章でふれた IQ は，子供の知的水準をどう測定するかでしたが，その知能がどのように発達してきたのかに関する理論を理解することができます。

フラナガン，D. P.・カウフマン，A. S.　上野 一彦（監訳）（2004）．エッセンシャルズ WISC-Ⅳによる心理アセスメント　日本文化科学社

ウェクスラー式知能検査の歴史，WISC-Ⅳの実施法，採点法，解釈や研究者が作成した報告書が含まれており，これ一冊で WISC-Ⅳの全体像を把握することができます。

第 II 部

学校適応に関する理論と支援の実際

不登校

「病気」や「経済的理由」以外の理由で登校しない（またはできない）状態は不登校とよばれ，小中学校では近年増加傾向，高校では一定の割合でおおむね横ばい状態が続いています。不登校はスクールカウンセラーが学校に配置されるきっかけの一つであり，現在でも教育領域で働く心理職にとって重要な課題となっています。この章では，不登校の定義的説明や現状，関連する法律や制度，そして心理学的な観点からの理解と支援について解説します。

6.1 不登校の定義と現状

6.1.1 長期欠席と不登校

文部科学省は毎年，「連続または断続して30日以上の欠席」の**長期欠席**について，「病気」「経済的理由」「不登校」「その他」のいずれに該当するか調査しています（各定義は表6.1を参照。なお授業日数は200日前後）。したがって「**不登校**」とは，病気や経済的理由でなく連続または断続して30日以上欠席しているものが該当します（うつ病や小児心身症などの診断を受けている場合は

表6.1　文部科学省の「長期欠席」の定義（概要）

病気	心身の故障やケガなどで入院，通院，自宅療養。
経済的理由	家計が苦しく教育費が出せない，本人が働いて家計を助けているなど。
不登校	「病気」や「経済的理由」以外の何かしらの理由で登校しない（できない）こと。
その他	上記いずれにも該当しない。

病気に該当するため，不登校には含まれません）。なお「その他」については，保護者の教育への考え方や無理解・無関心，外国での長期滞在や国内外への旅行，理由が 2 つ以上あり主な理由が特定できない場合などが例示されています。令和 2（2020）年度の調査では，「その他」の人数は小学生 1 万 7,606 人，中学生 8,649 人，高校生 1 万 1,144 人となっており，学校を長期欠席していて何らかの心理社会的支援を必要としている児童生徒数は，「不登校」の数よりさらに多いと考えられます。

6.1.2　不登校児童生徒数の推移

小中学校の不登校児童生徒数の推移が図 6.1 です（文部科学省，2021）。少子化の影響を考慮するため折れ線グラフに注目すると，小学生は，以前のピー

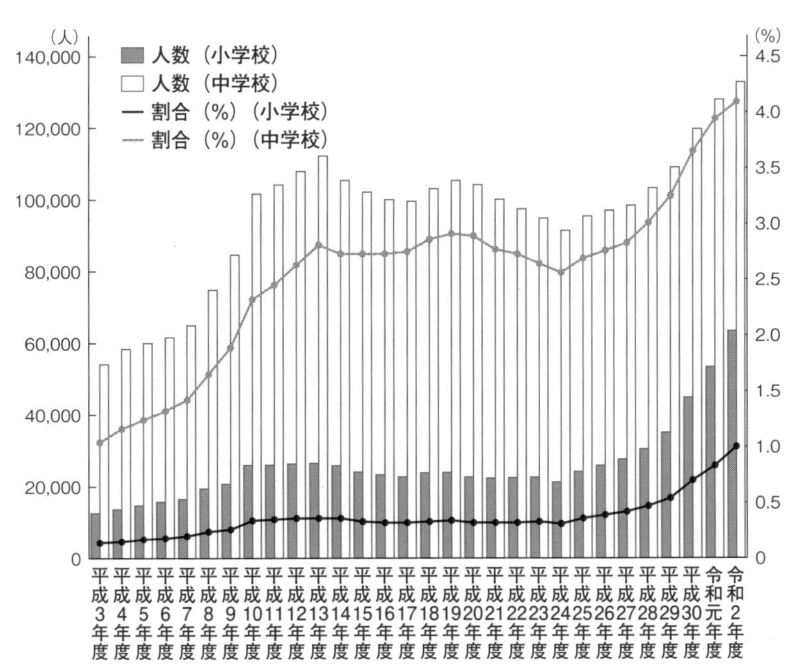

図 6.1　**小中学校の不登校児童生徒数および割合の推移**（文部科学省，2021 を基に作成）

クは平成12～14（2000～2002）年度の0.36％，その後平成25（2013）年度から増加傾向となり，令和2（2020）年度は1.00％（100人に1人）となっています。中学生は，以前のピークである平成19（2007）年度の2.91％以降減少傾向だったのが，やはり平成25（2013）年度に再び増加に転じ，令和2（2020）年度は過去最高の4.09％（24人に1人）となっています。ちなみに保健室登校や相談室登校などの別室登校，遅刻や早退は欠席ではないことから，実際の欠席が30日以上でなければ「不登校」には含まれません。なお，後述する適応指導教室などの外部機関で相談・指導を受けている場合は「不登校」に含まれますが，学校長の判断で指導要録上は出席扱いとなることがあります。

次に，令和2（2020）年度の学年別のグラフが**図6.2**です。これを見ると，学年が上がるにつれておおむね不登校児童生徒数が増加しています。特に小学6年生と中学1年生の大きな差は**中1ギャップ**とよばれ（神村・上野，2015），進学という環境移行事態における支援の必要性がうかがわれます。ただし，中学1年生で不登校になった生徒の問題は小学校時代から始まっているという指

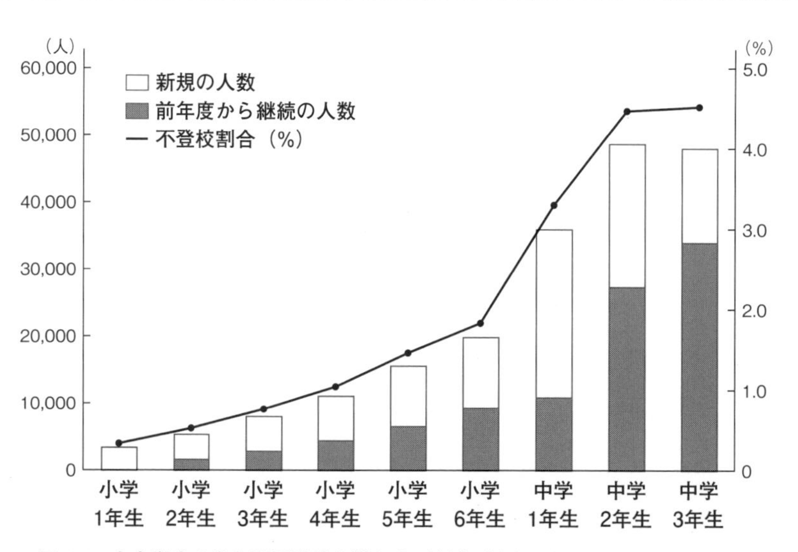

図6.2　小中学生の学年別不登校人数および割合（文部科学省，2021を基に作成）

摘もあり（国立教育政策研究所，2014），現象面だけにとらわれない理解が必要でしょう。また，中学1年生と中学2年生の間にも1.3万人弱という大きな差がみられることから，中2ギャップとでもよべそうな実態もうかがえます。

ところで図6.2の棒グラフは2色に分かれていますが，青い部分は不登校が前年度から継続し，白い部分はその年度中に不登校になった児童生徒数を表しています。年度によって割合は多少異なりますが，多くの学年で前年度からの継続が半分以下，つまり半数以上はその年に不登校になっています。そのため不登校への取組みでは，長期間不登校状態である子供への対応とともに，魅力ある授業や学級経営，人間関係づくりのサポートや教育相談体制の充実などを通した未然防止や早期対応という観点も必要になってきます。

高校については文部科学省資料で平成16（2004）年度からの値が参照できますが，不登校生徒数・割合とも，多少の増減を繰り返しながらほぼ横ばいで（図6.3），学年が上がると減少します（令和2（2020）年度；図6.4）。また，

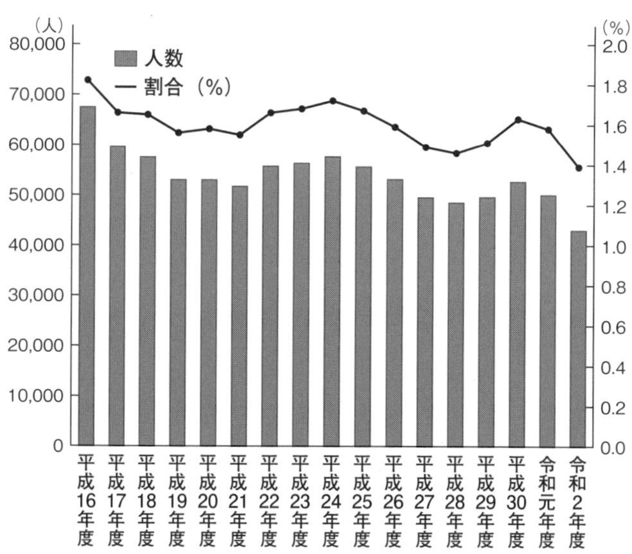

図6.3 **高校の不登校生徒数および割合の推移**（文部科学省，2021を基に作成）

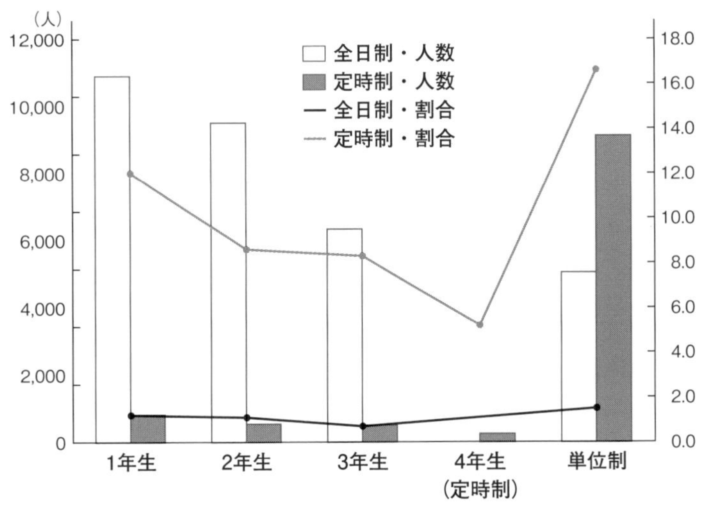

図 6.4 高校における学年（課程）別不登校生徒の数および割合
（文部科学省，2021 を基に作成）
4 年生は定時制にしか存在しないため，全日制の折れ線グラフは 4 年生を結んでいません。

同資料によると，前年度から継続している不登校生徒の割合は，学年が上がるにつれて増えています（1 年生 13.9％，2 年生 22.5％，3 年生 30.6％，4 年生 48.0％，単位制 40.5％）。高校は義務教育ではなく，不登校になる前に退学という選択がありえることも関係しているでしょう。なお，令和 2（2020）年度の不登校生徒のうち，中途退学になった者は 19.7％，原級留置（留年）は 7.1％となっています。

6.2 不登校支援に関する法律や制度，支援機関

ここまで，不登校の定義と現状についてみてきました。不登校支援には，国の法律や文部科学省の施策，さまざまな支援機関があります。ここでは，それらの概要についてみていくことにします。

6.2.1 法律や国の施策について

平成28（2016）年に**教育機会確保法**が成立しましたが，この法律の目的の一つは不登校支援です（もう一つは夜間中学の充実です）。その中で，教職員と心理・福祉等の専門家との情報共有の促進，不登校特例校（不登校児童生徒を対象に特別の教育課程を編成して教育を行う学校）や教育支援センター（適応指導教室）の充実，学校以外の場における学習状況の把握や支援などが謳われています。また，法律には「個々の不登校児童生徒の休養の必要性を踏まえ」「学校以外の場」といった文言も盛り込まれました。

さらに文部科学省（2019a）は，不登校施策を整理した「不登校児童生徒への支援の在り方について（通知）」を出しています。その中では，「『学校に登校する』という結果のみを目標にするのではなく，児童生徒が自らの進路を主体的に捉えて，社会的に自立することを目指す」「教育支援センターや不登校特例校，ICTを活用した学習支援，フリースクール，中学校夜間学級（夜間中学）での受入れなど，様々な関係機関等を活用し社会的自立への支援を行うこと」に加えて，「フリースクールなどの民間施設やNPO等と積極的に連携し，相互に協力・補完することの意義は大きい」と明記されています。そのため心理職は，必ずしも学校復帰を第一義的に目指すのではなく，当事者の心理的・社会的適応の向上についての長期的な視野を保ち，関連する公的あるいは民間機関・団体等との連携も視野に入れ，多角的な視点から支援を行っていくことになります。

6.2.2 不登校支援に関係する相談機関

1. 教育支援センター（適応指導教室）

教育支援センター（適応指導教室）とは，文部科学省（2019b）によると「不登校児童生徒等に対する指導を行うために教育委員会等が，教育センター等学校以外の場所や学校の余裕教室等において，学校生活への復帰を支援するため，児童生徒の在籍校と連携をとりつつ，個別カウンセリング，集団での指導，教科指導等を組織的，計画的に行う組織として設置したもの」となっており，都道府県や市町村の教育委員会が設置する公的な教育相談機関です。文部科学省（2019b）の調査によると，都道府県で27，政令指定都市や中核都市で142，その他の市町村で1,126が設置されています。

センターでは主に，学習の時間やスポーツ，レクリエーション，美術工芸や園芸などのスケジュールをあらかじめ立てて活動します。教員免許をもったスタッフが中心となり，活動によっては外部講師が携わります。心理職もカウンセラーとして相談にあたったり，活動に参加したりします。また所属校の校長の判断によって，指導要録上の出席扱いとすることができます。

2. フリースクール，サポート校

フリースクールは，学校教育法が定める法律上の学校ではありません。主に不登校状態の子供の居場所を提供する活動や，その中で学習支援や相談対応，自然体験などの体験活動などが行われることもあります。平成27（2015）年の文部科学省調査（474の団体等に調査票を送付し，319が回答）によると，法人格を有するものが7割弱（NPO法人は5割弱），在籍する小中学生が約4,200人（1施設平均13.2人），月額会費は平均で約3.3万円となっています（文部科学省，2015a）。

サポート校も法律上の学校には該当しませんが，主に通信制高校に通う生徒の学習（レポート等の課題作成など）をサポートするといった，修学上の支援を行っています。

両者とも，個別にカウンセラーを配置していることもありますが，それぞれの理念や方針によって，教育の考え方や活動内容が大きく異なります。また，これらについても，校長の判断で指導要録上の出席扱いとなることがあります。

3. ICT等を利用した学習活動

ICT等を利用した学習活動は，保護者と学校が連携でき，訪問指導なども適切に行われていて，計画的な学習プログラムであることなどの要件を満たしている状況で，パソコンなど（郵送やFAXなども含む）を活用した学習活動のことを指します。主にひきこもりがちな子供の学習支援と位置づけられるもので，こちらも校長の判断で，指導要録上の出席扱いとしたり，その成果を評価に反映させたりすることができます。

6.3 不登校状態の理解と支援

6.3.1 不登校状態の理解

筆者は以前，不登校生徒を多く受け入れている高校でスクールカウンセラーとして活動する機会がありました。相談室に遊びに来ていた生徒たちに，不登校になった，あるいは立ち直ったきっかけを時々聞くと，回答は十中八九，「今でもよくわからない」「自分でも不思議」というものでした。

このように，不登校の理由はさまざまで，本人にもよくわからないことが少なくありませんが，不登校のきっかけや立ち直り方をどのようにとらえたらよいでしょうか。この点に関連して本間（2000）は，生徒を学校へ積極的につなぎ止める力＝引力と，学校から離れようとする力＝斥力という観点を導入しています。この観点を援用して，学校の引力≒登校へのアクセルと，学校の斥力≒登校へのブレーキととらえ，不登校の要因を考えてみたいと思います。

図 6.5 は，ある生徒が学校に行けている状態を表しています。アクセル要因として，好きな授業がある，友達がいるといったプラスの理由のほか，サボる

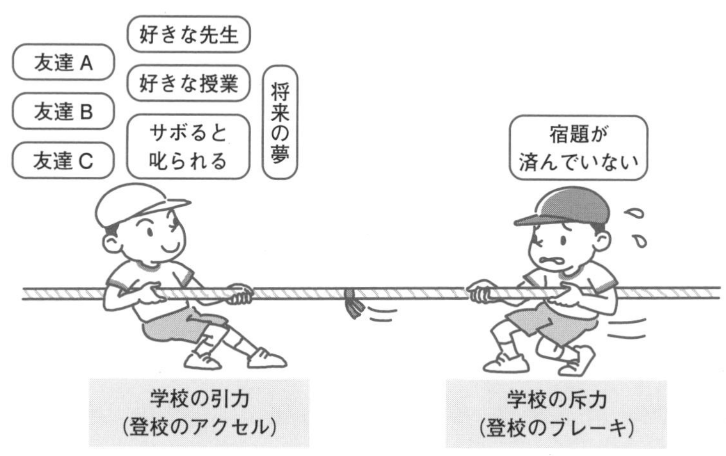

図 6.5　学校の引力が勝っている状態

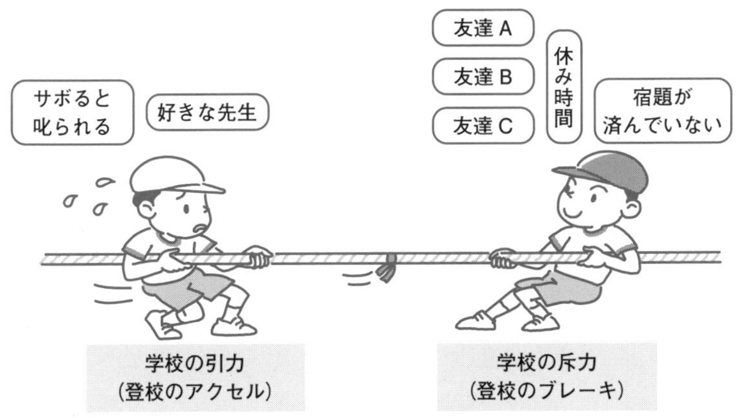

図6.6　学校の斥力が勝っている状態

と叱られるといったマイナス回避のものもあります。ブレーキ要因は，宿題が済んでいないという1つのみです。「サボると叱られるし，好きな授業もあるし，先生や友達にも会えるし，将来の夢に向かって頑張りたいから，宿題が済んでなくて叱られるだろうけど，学校に行こう」ということでアクセルが勝り，登校に至っています。

それが図6.6に変化したとします。宿題が済んでいないだけでなく，友達とけんかをして顔を合わせづらくなったと想定します。友達というアクセルが減り，むしろ顔を合わせると気まずい，会いたくないというブレーキが増えることになります。特に思春期の子供は1人でいることへの抵抗感や不安感が高くなりがちなので，こういう状況での休み時間の潰し方は大きな悩みの種となります。さらに，親に「夢みたいなことばっかり言わず真面目に進路を考えなさい」と言われ，それまでもっていた将来の夢（アクセル）もなくなったとします。加えて好きな授業もない場合，ブレーキがアクセルを上回ってしまいます。こうなると学校を欠席し，この状態が続くと学校復帰も難しくなりそうです。

アクセルとブレーキという観点に立つと，当事者が「原因がよくわからない」と言うのも納得できます。いじめのように大きな原因がある場合を除き，複数の要因が絡み合って影響していると，本人でさえ特定の原因が思い浮かばないのかもしれません。人の思考は単純化しやすいため，唯一の原因による結果というシンプルな枠組みで考えてしまいがちですが，多くの不登校では，たとえば成績が振るわないところに友達とのトラブルや家庭のストレスが加わるなど，複数の要因が絡み合っています。このため不登校の理由に関しては，唯一のものというニュアンスの「原因（cause)」より，「要因（factor)」という言葉がよく使われます。

このように，不登校になる要因が多様であるならば，解決の道筋も多様ということになります。いじめなどのケースを除き，原因を特定し解消しないと不登校状態から抜け出せないとは限らず，本人が元気になるために必要なことを考え，増やせそうなアクセル要因を増やし，減らせそうなブレーキ要因を減らす努力をする，といった多面的な支援が必要となります。

ところで，欠席が「断続」的，つまり来たり来なかったりしながらトータルで30日以上欠席している不登校のケースもあります（**五月雨登校**とよばれます)。この場合，つい「欠席する理由は何か」というブレーキ要因に目が向きがちですが，同時に「学校に来られる日の理由は何か」というアクセル要因の探索も重要です。人にはネガティビティ・バイアスが働いてマイナス要因に目が向きがちですが，プラス要因（アクセル）に着目することで，解決のヒントが得られることも少なくありません。

6.3.2　不登校の家庭訪問

先にみたように，不登校の定義は「病気や経済的理由を除いて30日以上の欠席」ですが，学校現場では当然，30日を待たずに何らかの対応が図られます。先述の文部科学省（2019a）には，連続欠席3日目から担任や養護教諭等が児童生徒をチェックし管理職へ状況報告すること，そして文部科学省（2015b）では，病気やケガなどでなく7日以上連続して欠席し児童生徒本人の状況が確認できない場合は，学校の設置者（公立学校では教育委員会）に報告すること，となっています（なお，いじめの影響が疑われる場合は重大事態に該当しますので，重大事態と判断してから7日以内に学校の設置者から地方公共団体の長等へ報告した上で，重大事態としての調査を行うこととなっています)。

不登校の状態やその要因などにより支援の方向性や働きかけ方は変わってきますが，学校側からの主要なアプローチの一つが**家庭訪問**になります。休み始めの時期（不登校初期）では多くの場合，可能であれば学校復帰を目指すことを目標とした家庭訪問がメインとなります。一方で，中長期化している場合は，当面は本人や家庭と学校が信頼関係を築いてそれを保つこと，そして本人が次第に元気になり，その後の人生の選択を主体的にできるようになることが主な目標となります。そこで，家庭訪問のねらいや関わり方の例を，かしま・神田橋（2006）や田嶌（2010）を参考に**表6.2**にまとめてみました。

休み始めの家庭訪問では，本人や家族等の負担にならないことを前提になるべく毎日訪問し，学校に来やすくなるよう，アクセルやブレーキ要因の情報収集と対応を具体的に話し合ったり提案したりすることが多くなります。

この「太く短く」との対比で考えると，中長期化したケースは「細くとも長く」が原則となります。ここで重要なのが家庭訪問の負担です。訪問する教員と対応する本人・家族双方の負担に配慮して，たとえば週に1回，10分ほどで定期的に訪問することが考えられます。何とか早く改善させたいという思いから本人のペースに合わない働きかけがなされ，逆に事態がこじれることがあ

表6.2 **不登校の家庭訪問の例**（かしま・神田橋，2006；田嶌，2010を基に作成）

	休み始め	中長期
ねらい	登校しやすい環境づくり	学校（教員）との関係づくり 本人が元気になるための支援
頻度の目安	できれば毎日	週に1回程度
1回あたりの時間	長くなりすぎない程度	10分程度
主な話題	アクセルを増やす手立て ブレーキを減らす手立て	雑談 本人が好きな活動を一緒にする

るので注意が必要です。また中長期化している場合，変化はゆっくりということも少なくありません。家庭訪問されても変化がみられないことへの心苦しさ，学校の話題に反応のないことを報告するつらさ，学校の話題を出されても応えられない本人の大変さに思いをめぐらし，学校の話題は機が熟すまで待つのが肝要です。話題としては雑談が中心となりますが，雑談であれば話しやすい上，特に好きなものやハマっているものの話題に乗ることは，関心の共有による信頼関係の構築や，本人の元気を引き出すきっかけにもなります。

家庭訪問においては有言実行が重要です。家庭訪問では本人に会えないことも珍しくありませんが，「無理やり連れ出されたらどうしよう」「学校の話題を出されても嫌だから会いたくない」といった思いを抱いている場合があります。こういった思いを払拭するには，たとえば「家庭訪問するけど，会いたくないなら無理に会わなくていい」「学校の話はしない」などと明確に宣言して訪問し，それを必ず実行することが有効です。この姿勢を粘り強く示すことで，無理強いしないスタンスが本人に実感をもって理解され，約束は守られるという安心感につながり，ひいては本人に会える可能性も高くなります。逆に，訪問時に本人のいる部屋からリアクションがあるとついつい欲が出て，「せっかくだから会わないか」と誘ってみたくなります。しかしこれが落とし穴で，相手としては閉じこもっていていいという約束が反故にされた形になり，信頼関係が崩れてしまいます。急がば回れの精神で，じっくり関わる姿勢が求められます。

なお，本人と接触できない場合は家族と話をすることになりますが，基本的には同じスタンスが有効と考えられます。家族への約束を守ることで有言実行の姿勢が本人に伝わりますし，家族との雑談は家族の気持ちを和らげることにもつながります。先がみえない不安，変化のないことへの焦り，社会から取り残された感覚など，さまざまな思いが家族にも生じてきます。これが不登校の子供へのプレッシャーになるといった悪循環にもつながりやすくなるため，不登校支援に際しては，家族へのサポートも重要となります。

このようにして形成された信頼関係の上で，たとえば田嶌（2010）は，まずは嫌なことを避けて元気になること，その次に嫌なことに少しずつふれても元気でいられることを不登校支援の目標として提案しています。この点に関しては，後述するエクスポージャー法や行動活性化を用いた取組みが考えられます。

また，通常家庭訪問は担任が行いますが，担任と関係が良好でない場合は他の教員が，あるいは学校との関係が悪化している場合にはスクールカウンセラー等が対応することもあります（虐待死の事案を受け，教職員の目視による子供の生存確認を求めている自治体もあります）。近年では，家庭訪問に関する事業（訪問支援員など）を独自に行っている自治体もあります。

6.3.3 登校刺激

繰返しになりますが，学校復帰を必ずしも第一の目標としないという視点は重要です。一方で，学校に復帰すると進路などでの選択肢が多くなるのも確かです。心理職はこのあたりの俯瞰的視点も重要ですが，学校復帰を目指す支援においては，登校への誘いかけ，つまり**登校刺激**を，どのタイミングでどの程度与えるかについても考える必要があります。

以前は，不登校児童生徒に対して登校刺激を与えてはいけないとされていました。これは主に相談機関やクリニックなど，学校外で子供と接する専門家によって主張されたものです。学校外の相談機関を利用する事例の多くは学校の対応が奏功しなかったり悪化したりしたもので，登校刺激が逆効果になったケースも多かったため，登校刺激を与えてはならないといった主張がなされました。統計学でいうサンプリングの偏りが生じ，登校刺激がうまく作用した事例を知る機会が少ない中で失敗したケースだけで判断した主張だったのです。そして学校現場で登校刺激を控えるようになった結果，登校刺激を与えていたら改善していたはずのケースまで不登校になってしまい，不登校増加の一因となったという批判が起こりました。

現在では，適度な登校刺激を与えることも選択肢の一つという考え方が主流です（もちろん節度のないものはNGですが）。とはいっても，その線引きはなかなか難しいところです。この点に関して小澤（2003）は，①登校刺激は小出しにする，②まずいときはすぐに提案を引っ込める，③効果については翌日確かめる，という3つを提案しています。そして小澤（2006）は，不登校のタイプを心理的要因・教育的要因・福祉的要因と急性・慢性の組合せで6つに分類し，それぞれのタイプに応じた働きかけを提案しています。また前兆期・初期（不安定で混乱がみられやすい時期）・中期（膠着やある種の安定が保たれやすい時期）・後期（回復期，さまざまな試行がなされやすい時期）・社会復帰（活動期，自立の時期）といった段階に分けた登校刺激や支援のあり方を提案しています。

6.3.4 不登校支援における取組み

不登校支援においては，それぞれの事例における目標によって，多様な支援のあり方が考えられます。ここでは，支援の視点としてスモールステップを，具体的な支援の方略としてエクスポージャー法と行動活性化を取り上げます。

スモールステップとは，小さな変化の積み重ねによる支援を意味し，心理的支援全般で重要な視点の一つです。子供たちの自己治癒力が再び動きだせば，不登校をはじめとする不適応状態が劇的に変化することも少なくありません。そのためにも，支援の初期には無理の少ないスモールステップでの変化を意識した関わりが重要です。

スモールステップに関しては，支援者側が対象者の変化を想像する能力も求められます。もちろん変化を完全に予測することは不可能ですが，現状を踏まえて対象者の変化の道筋を推測し，支援の方向性を考えていきます。そこで演習として，認知行動療法のトレーニングで用いられることの多い図6.7で考えてみます。現状を「朝，制服を着ようとすると強い不安感に襲われ，それ以上の準備ができずに欠席する」，ゴールを「朝，特に何事もなく準備をすることができ，一人で教室まで行ける」とします。その間の1枠に1つずつ，スモールステップでの変化を記入してみましょう。当然ながら答えは1つではないので，いろいろな変化を想像してみることが重要です。もし3つでは足りないと思えたら，より「スモール」で考えることができているという良いサインです。本人のスモールステップでの変化を想像できれば，次は，それぞれのステップで心理職や周囲ができる支援を考えることになります。

不登校支援における具体的支援方法の一つに，**エクスポージャー法**がありま

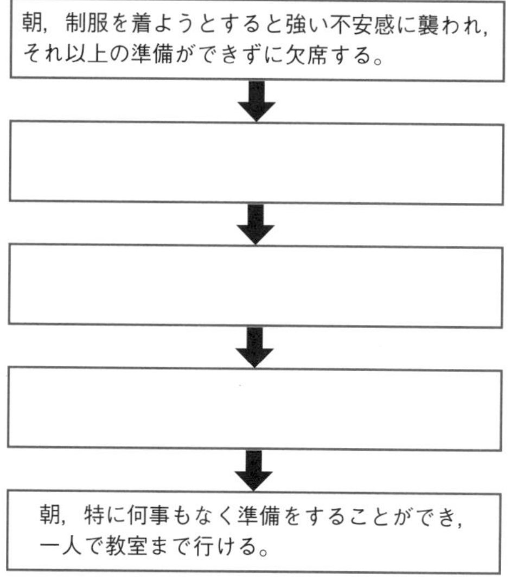

図 6.7　スモールステップの変化（ワーク）

す。これは認知行動療法の手法の一つで，対象者が不安を感じ回避的な対応をとりやすい状況にしばらくさらし，回避的なことをしなくても不安が下がるのを実感することで，不安な場面に少しずつ慣れていく方法です。不登校支援においては，一般的に登校への不安を感じるもののうち比較的軽いものから取り組んでいく，段階的エクスポージャー法が用いられます。たとえば「学校に行きたいけど行くのが怖い」事例で，まずは制服を着る→玄関まで行く→通学路の途中まで行く→学校が見えるところまで行く→校門まで行く→校舎の中に入ってみる……と，少しずつ登校への不安な状況に慣れていくことを目指します。「人と接するのが苦手」なら，支援者と短時間話す→支援者と長時間話す→支援者と一緒にコンビニへ行く→支援者が見守る中，一人でコンビニへ行く……といったステップが考えられます。当然ながら対象者の改善意欲が重要ですし，状況ごとの不安の強さを丁寧に分析することも必要です。また，不安が生じた際にリラクセーション技法を実践するもの（拮抗条件づけ）や，現実状況でなくイメージの中で試してみる方法など，いくつかのバリエーションがあります。

次は**行動活性化**です。これも認知行動療法の手法の一つで，認知（解釈や思考）・感情・行動・身体反応がそれぞれ影響し合っているという認知行動モデルに基づき，日常生活におけるポジティブ体験（満足感や達成感，心地良さ，高揚感など）が得られる活動を段階的に増やしていくことを支援するものです。そのために，まずはアセスメントとして日常生活を振り返り，ポジティブ体験ができそうな活動の候補をたくさん探すことから始めます。このとき，ネガティブ体験を回避することで間接的にポジティブ体験を得ている活動がある，と気づくこともあります（登校の不安を回避できてほっとした，など）。こういった活動の中には，長期的にはマイナスの影響を及ぼすものもあるため，エクスポージャー法などによる改善のターゲットとなることもあります。行動活性化は主に直接的なポジティブ体験を増やすことに主眼が置かれ，小さな体験でも数を増やすこと，これまでにしていた活動の中で再びトライしたいものや未経験だがチャレンジしたいものを多く挙げるなどして，段階的に活動のレパートリーを増やして行動範囲を広げていくことを支援します（神村，2019が参考になります）。

6.3.5　ひきこもり

KHJ全国ひきこもり家族会連合会の調査（2019）によると，**ひきこもり**の平均年齢は36.8歳，ひきこもりになった平均年齢は20.4歳です。また内閣府（2019）が40～64歳を対象に行った抽出調査では，ひきこもりのきっかけ（複数回答）は退職（36.2％）や職場になじめなかった（19.1％）など仕事に関係するものが多くなっています。そして文部科学省（2014）の不登校生徒の追跡調査では，中学3年時に不登校状態だった生徒が20歳になったとき，就学や就業をしていない割合は18.1％となっています。このことから，不登校を経験した児童生徒の多くが必ずしもひきこもりになるわけではないものの，一部は社会との接点がもてないままひきこもりになっている可能性がうかがわれます。

ひきこもりについては，就労などを含む社会復帰に向けたさまざまな支援制度があります。ひきこもりの相談を受ける組織としては，都道府県や指定都市が設置するひきこもり地域支援センターがあるほか，子ども・若者育成支援推進法第13条に基づき地方公共団体が設置する，子ども・若者総合相談センターがひきこもりの相談を受けることもあります。また若者を中心とした就労支援に関しては，厚生労働省が設置する地域若者サポートステーションが携わるほか，ひきこもりに発達障害が関係している場合，都道府県・政令指定都市が直接運営または指定された社会福祉法人等が運営する発達障害者支援センターが，発達障害支援の観点から対応することもあります。

復 習 問 題

1. 以下の文章について，正しければ○，間違っていれば×をつけてください。

①不登校とは，病気や経済的理由を除いて連続した欠席が30日以上続いている状態である。

②現在の国の施策では，不登校の子供の学校復帰が重要視されている。

③不登校支援に際しては，登校刺激を与えてはならない。

2. 教育支援センター（適応指導教室）の概要について述べてください。

参 考 図 書

増田 健太郎（編著）(2016)．学校の先生・SCにも知ってほしい　不登校の子どもに何が必要か　慶應義塾大学出版会

不登校の支援を考えるにあたって必要な情報や視点，実際の手法などが，①不登校の子どものこころと不登校支援，②学校，教師やスクールカウンセラー（SC）の対応，③不登校について医学的知見と対応という3つの章でコンパクトに解説されています。学校の先生向けでもある本書は，SCなどが学校の先生方にわかりやすく説明する際の参考にもなります。

田嶌 誠一（編）(2010)．不登校――ネットワークを生かした多面的援助の実際――　金剛出版

金剛出版の雑誌『臨床心理学』の不登校の特集を基に再編成・加筆修正された一冊です。不登校に関する理論的視点，学校教育を中心とした支援の実際，学校教育以外の多様な支援の実際など，幅広くふれられています。随所に散りばめられている，現場での関わり方の工夫も，とても参考になります。

滝川 一廣（2012)．学校へ行く意味・休む意味――不登校ってなんだろう？――

日本図書センター

児童精神科医でもある筆者が不登校理解の観点から著した一冊です。そもそも教育とは何かから始まり，近代における公教育や戦後の就学率と不登校との関係など，臨床的な観点から，あらためて学校へ行くこと，学ぶということについて考えることのできる，中身の濃い一冊です。

7

いじめ

いじめは子供たちの間で日常的に生じやすい一方で，自死という悲惨な結果を招く可能性もあります。命に直結するという意味で，国が学校現場でのいじめの件数を調査するようになった昭和60年度から現在に至るまで，教育現場や子供に関わる専門家すべてが対応すべき重要な課題であり続けているといえます。この章では，いじめに関する法律上の説明や定義の変遷，件数の推移，そして心理学的な観点からの理解と支援について解説します。

7.1 いじめの定義と現状

7.1.1 いじめ防止対策推進法

平成23（2011）年に起きた中学生のいじめ自死事案を受け，平成25（2013）年に**いじめ防止対策推進法**[1]が施行されました。罰則規定はないものの，これは子供のいじめについて初めて定めた法律です。この法律でいじめは，「児童等に対して，当該児童等が在籍する学校に在籍している等当該児童等と一定の人的関係にある他の児童等が行う心理的又は物理的な影響を与える行為（インターネットを通じて行われるものを含む。）であって，当該行為の対象となった児童等が心身の苦痛を感じているもの」と定義されています。定義の主なポイントは3点で（**表7.1**），何らかのつながりのある子供から何かされて嫌な

[1] いじめ防止対策推進法については，3年をめどに検討を加えることが附則に謳われています。しかし，令和3（2021）年11月現在では，罰則規定の導入その他の議論が煮詰まっていないため，改正案の提出といった具体的な動きには至っていません。そのため，法律の改正の動向など，最新の情報を入手するよう留意してください。

表 7.1 いじめの定義のポイント

対象となる人間関係	何らかのつながりのある子供同士（学校外の人間関係も含む）
候補となる行為	広範囲のコミュニケーション行為
認定される要件	受け手の子供が「嫌だ」と感じること

気持ちになればいじめ，となります。

このように，この法律は被害者の主観のみをいじめの構成要件としています。本法を受けて国が定めた「いじめの防止等のための基本的な方針」（以下，国の方針）には「いじめられた児童生徒本人や周辺の状況等を客観的に確認することを排除するものではない」とありますが，一方で本法に対する衆参両院の附帯決議には「『心身の苦痛を感じているもの』との要件が限定して解釈されることのないよう努めること」とあります。これは，この法律が第 1 条に定められているように被害者保護の観点に立っているためです。なおインターネット上の悪口を本人が知らない場合，本人が苦痛を感じていないわけですが，国の方針は法の趣旨を踏まえた適切な対応を求めています。

本法では国や自治体，学校におけるいじめの防止や早期発見の責務を定めています。たとえば，学校は，関係者との連携と迅速な対処（第 8 条），学校いじめ防止基本方針の策定（第 13 条），いじめ防止の教育活動の推進（第 15 条），相談体制の整備（第 16 条），いじめの防止等の対策組織の設置（第 22 条）が求められています。この第 22 条の組織には心理，福祉等の専門家も加わることとなっていることから，各学校のスクールカウンセラーはこの組織に所属し，学校の基本方針のもと，教員と連携していじめ問題にあたることとなります。

7.1.2 いじめの定義の変遷

社会的に大きな注目を集めたいじめ自死事案などをきっかけに，国の調査におけるいじめの定義は数回の変遷を経ています。初めての調査となる昭和 60（1985）年（4 月～12 月分）は定義自体がなく，昭和 61（1986）年度から平成

5（1993）年度までは「①自分より弱い者に対して一方的に，②身体的・心理的な攻撃を継続的に加え，③相手が深刻な苦痛を感じているものであって，学校としてその事実（関係児童生徒，いじめの内容等）を確認しているもの。なお，起こった場所は学校の内外を問わないもの」と定義されていました。

その後，愛知県で発生したいじめ自死事案をきっかけに，平成6（1994）年度から，定義のうち「学校としてその事実（関係児童生徒，いじめの内容等）を確認しているもの」が削除され，「いじめにあたるか否かの判断を表面的・形式的に行うことなく，いじめられた児童生徒の立場に立って行うこと」が追加されました。

平成18（2006）年に福岡県で発生した中2男子のいじめ自死事案は，教員の不適切な指導やネット掲示板での炎上も含め大きな注目を集めました。自死生徒へのいじめは前年度から生じていたにもかかわらず，いじめは0件として報告されていたとされ，いじめの定義が機能していないという批判が起きました。そのため，この年度分から「当該児童生徒が，一定の人間関係のある者から，心理的，物理的な攻撃を受けたことにより，精神的な苦痛を感じているもの」へと定義が大幅に変更されました。加えて学校が把握していないいじめがあることを踏まえ，発生件数から認知件数に変更されました。

そして最初に述べたいじめ防止対策推進法の施行を受け，平成25（2013）年度から「一定の人間関係のある者」は「（一部略）一定の人的関係にある他の児童等」「心理的，物理的な攻撃」は「心理的又は物理的な影響を与える行為（インターネットを通じて行われるものも含む。）」，そして「精神的な苦痛」は「心身の苦痛」へと修正され，現在に至っています。

いじめの定義にはこのような変遷の歴史があります。そして現在のいじめの定義には，以前にはみられた力関係（立場の上下），行為の一方向性，行為の継続性といった要件は含まれていません。国の方針にも，こういった過去の定義を援用しないよう注意喚起がなされています。

なお，けんかに関しては，国の方針に「けんかやふざけ合いであっても，見えない所で被害が発生している場合もあるため，背景にある事情の調査を行い，児童生徒の感じる被害性に着目し，いじめに該当するか否かを判断するものとする」とあります。しかし，国はけんかを定義していません。けんかは相手に心理的または物理的ダメージを与えるものであることから，いじめでないけんかというものは存在しないのかもしれません。

7.1.3　いじめの件数と種類

次に，小学校・中学校・高校別のいじめの認知件数等をみていきます（文部科学省，2021；平成 6（1994）年度は定義の修正のほか特殊教育諸学校が加わり，平成 18（2006）年度は定義の大幅な変更に加え国立・私立学校が含まれるようになったため，グラフが連続していません）。なお，いじめの認知件数は都道府県間で大きな開きがあることが問題視されますが，これは集計方法が都道府県ごとに異なるために生じています（定期的ないじめアンケートで 1 つでも○がついていたらカウントする場合と，学校から教育委員会へいじめの連絡があった場合にカウントする場合など。同じ都道府県内でも調査方法が変更されたことにより件数が大きく変わることもあります）。調査方法が異なるのは統計データとして致命的な欠点であり，本来こういった数値を比較しても意味がない点に留意する必要があります。

1.　小学生のいじめ認知件数の推移

小学生（**図 7.1**）は平成 17（2005）年度まで低く推移していました。平成 18（2006）年度は，先述のいじめの定義の大幅な変更などにより，大きく増えています。その後は減少傾向にありましたが，先述の法律制定のきっかけとなった事案の影響で大幅に増え，その後は急激な増加が続いていました。しかし，新型コロナウイルスの流行に伴う休校措置などの影響があったためか，令和 2（2020）年度は減少に転じています。近年の増加は文部科学省がいじめを積極的に認知するように通知していることで，以前はいじめとみなされなかったものも計上されるようになったことも理由の一つと思われます（いじめの種類別では，「冷やかしやからかい，悪口や脅し文句，嫌なことを言われる」が急激に増加しています）。令和 2（2020）年度の学年別の認知件数（**図 7.2**）では，小学 2 年生をピークにその後の学年で減少すること，すべての学年で女子より男子の件数が多いことがわかります（ほぼ毎年，同様の傾向を示しています）。

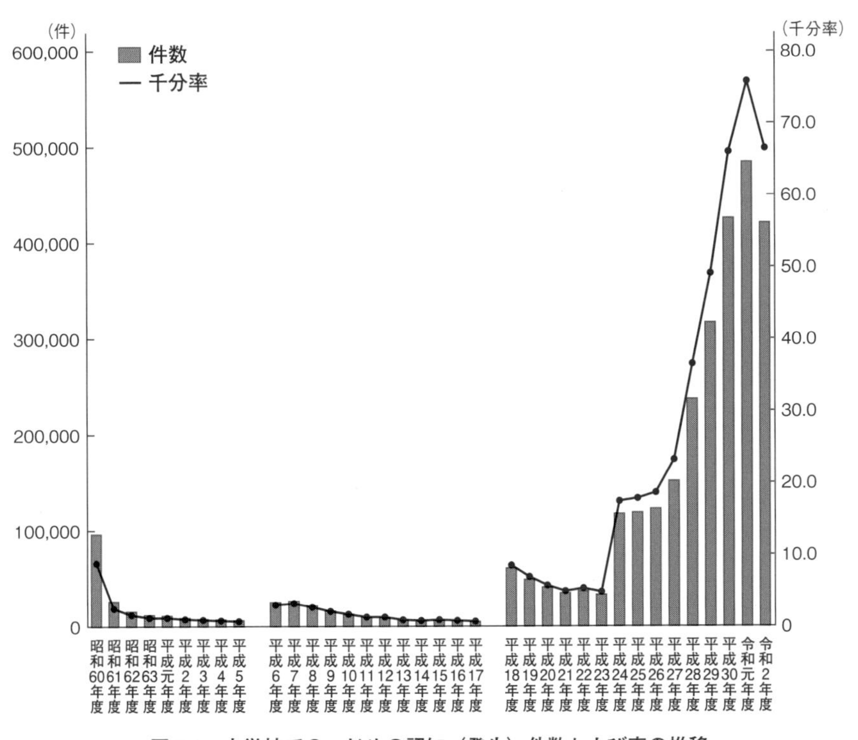

図 7.1 **小学校でのいじめの認知（発生）件数および率の推移**
（文部科学省，2021 を基に作成）

2. 中学生のいじめ認知件数の推移

中学生（**図 7.3**）も小学生同様，平成 18（2006）年度に急増しその後やや減少傾向となっていたのが，平成 24（2012）年度から大幅に増え，令和元（2019）年度まで増加傾向が続いていました（小学生と同じく冷やかしやからかいといったいじめの増加が顕著です）。割合は令和 2（2020）年度で 1,000 人あたり 24.9 件であり，小学生の 66.5 件よりは低いものの，約 20 人に 1 人の割合で認知されている身近な問題といえます。令和 2（2020）年度の学年別件数（**図 7.2**）を見ると，中学生は 1 年生が最多で，学年が上がるにつれ減少しま

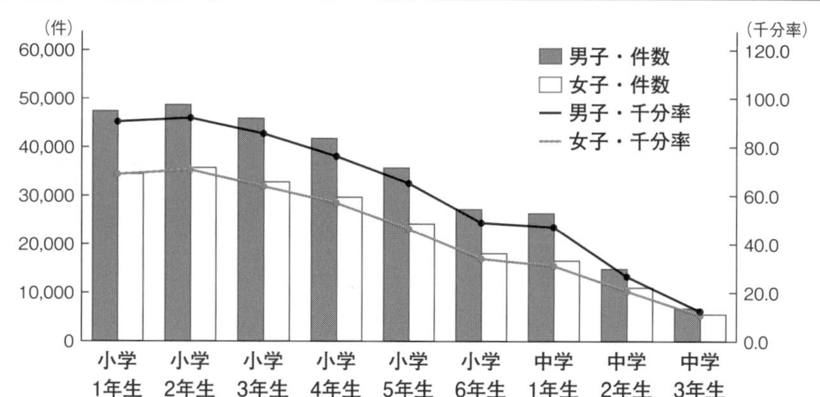

図 7.2　**小中学生の学年別および性別のいじめの認知件数・認知率**
（文部科学省，2021 を基に作成）

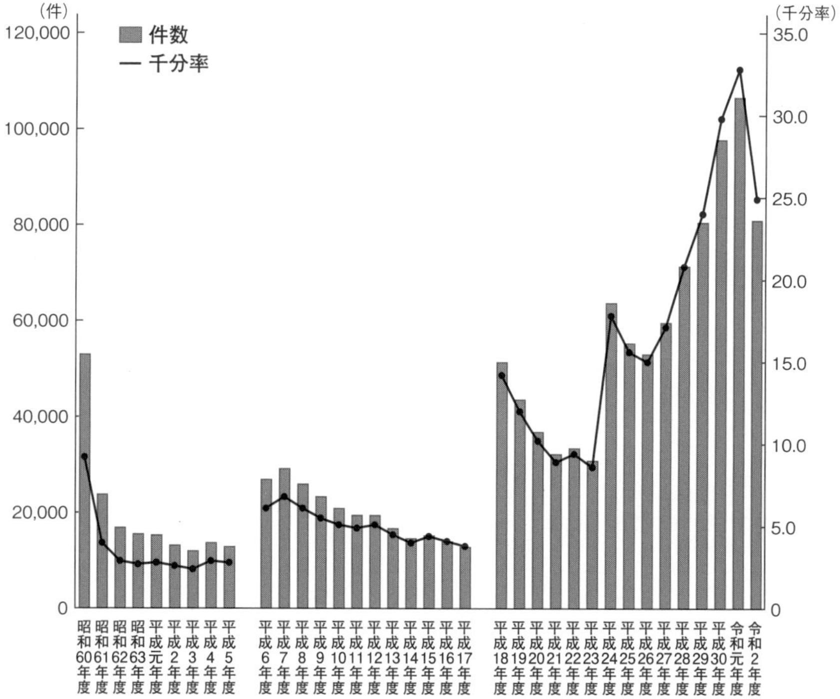

図 7.3　**中学校におけるいじめの認知（発生）件数および率の推移**
（文部科学省，2021 を基に作成）

す。女子より男子の件数が多い点は小学生と共通しています。なお，以前は小学6年生より中学1年生の件数が多かったのですが，その差は年々小さくなり，令和2（2020）年度には，ついに逆転しました（平成27（2015）年度は1万900件，平成28（2016）年度は約8,100件，平成29（2017）年度は約5,600件，平成30（2018）年は約1,500件，令和元（2019）年度は約600件の差がありました）。

3. 高校生のいじめ認知件数の推移

高校生（図7.4，図7.5）の増減傾向も，小中学生とおおむね共通していま

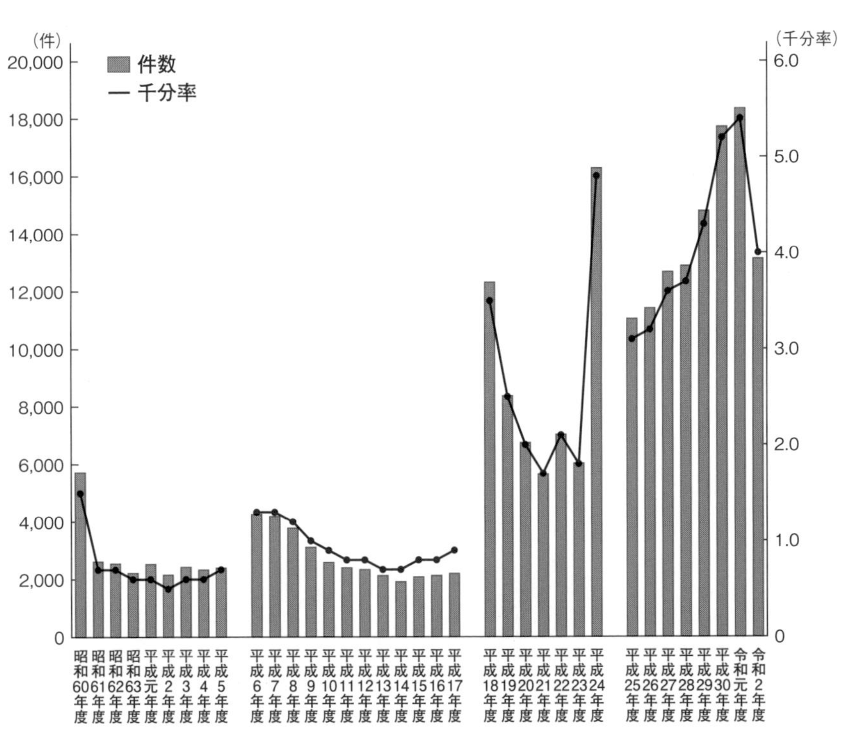

図7.4 高校におけるいじめの認知（発生）件数および率の推移
（文部科学省，2021を基に作成）
平成25（2013）年度からは通信制課程が含まれています。

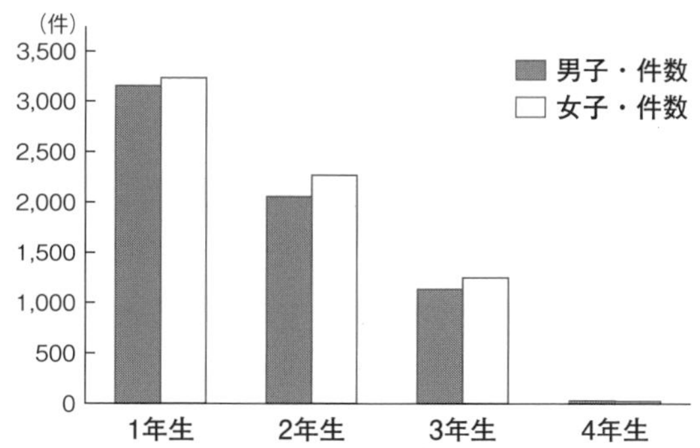

図 7.5　**高校生の学年別および性別のいじめ認知件数**（文部科学省，2021 を基に作成）
高校における割合については，一部の学年別人数が統計資料から参照できず算出できないため，表示していません。

すが，件数・割合ともかなり低く，令和 2（2020）年度の割合は 1,000 人あたり 4.0 件と，中学生と比較してかなり低くなっています。成長に伴っていじめを行わなくなる可能性もありますが，高校には教科としての道徳がなく，いじめについて考える機会が少ないことが影響しているのかもしれません。また，認知件数はあくまで学校が把握した件数です。たとえば高校生の 93.4％がスマホを通じてインターネットを利用していますが（内閣府，2019），こういったインターネット上のいじめを学校が把握できていない可能性も考えられます。

4.　いじめの被害・加害の経験率——いじめ追跡調査から

ところで，いじめ被害者・いじめ加害者というのは，一部に限定されるものでしょうか。この点に関連するものとして，国立教育政策研究所の生徒指導・進路指導研究センターが小学生と中学生を対象に行ったいじめ追跡調査の資料が参考になります（国立教育政策研究所，2021）。この資料の中で，たとえば「仲間はずれ・無視・陰口」のいじめについては，小学 4〜6 年の 3 年間での被害経験率は 80％，加害経験率が 69％に上り，中学校の 3 年間においても，被害経験率は 68％，加害経験率は 64％であったという結果が示されています。このようにいじめの被害・加害の経験はかなり多いといえることから，誰もがいじめの当事者になりうるということを前提とした対応が求められます。

7.2 いじめの理解と対応

7.2.1 いじめの理解①——いじめの4層構造

日本のいじめ研究の嚆矢となった『いじめ——教室の病い——』（森田・清永，1986）は，直接の当事者であるいじめられっ子（被害者；第1層）といじめっ子（加害者；第2層）に加え，いじめ場面における周囲の反応に着目しています。周囲の子供たちはさらに2層に区別され，第3層はいじめをはやしたて面白がって見ている「観衆」，そして第4層はいじめを見て見ぬふりをしている「傍観者」となります（図7.6；いじめの4層構造）。こういった観衆や傍観者の存在が，いじめを止める人がいない≒許容されているという誤解のもと，いじめ加害者の行為をエスカレートさせてしまいます。そのため，傍観者の一部から仲裁者が出現したり，いじめに否定的な反応をしたりするといった

図7.6 いじめの4層構造

ことがいじめの抑止につながりうる，といったことが論じられています。

なお，同書ではすでに，被害者・加害者という関係性は単純に区別されるものではなく，被害者かつ加害者である子供が存在することも指摘しています。現代では，いじめ被害者が固定化しないロシアンルーレット型いじめ（増田，2013）や，現実世界での被害者がインターネット上で加害者を攻撃しているケースなど，加害と被害の関係がますます複雑化しているといわれています。

7.2.2　いじめの理解②――いじめの“政治学”

精神科医の中井（1997）は，人には食欲，睡眠欲，情欲などさまざまな欲があり，その中に権力欲もあるととらえています。この権力欲には満足がなく，人間のさまざまな活動においてみられること，そしていじめにも権力が関係していることから，そこには政治学的力動が働いている，という観点を基に，いじめの過程を権力の影響を受けた政治的隷従（奴隷化）のプロセスとしてとらえています。

このプロセスには3つのステップがあり，最初のステップは孤立化です。いじめられるターゲットが決まると，いじめられる理由を加害者側が周囲にPRします。これには周囲の差別意識に訴える力があり，次第に被害者もいじめられる原因を自分に帰属しがちになります。こういったプロセスを経て，被害者は自分が孤立無援な存在であることを痛感させられていきます。

次が無力化です。被害者側からの反撃には，たとえその兆候レベルであっても激しい「懲罰」で対応されます。そして次第に被害者は自分の無力感を思い知らされ，自分が劣った人間だから，と自分のせいにしていきます。

最後は透明化です。これは選択的非注意によって，いじめが日常風景の一部となって注目されなくなる（見えなくなる）過程です。被害者は自分の誇りを自分で掘り崩したり，加害者からのささやかな恩恵（例：今日はいじめられずに済む）のために加害者と仲良く振る舞ったり，加害者から搾取されたりします。そして被害者は最終的に，自分のことを資産と権利を失った奴隷にして罪人であると感じてしまう，と中井は述べています。

表7.2 いじめ解消の判断のための要件

判断のための期間	いじめ行為がやんでいる状態が相当期間（少なくとも3カ月を目安）継続していること。
判断のための要件	被害者が心身の苦痛を感じていないこと（本人と保護者に対し面談等で確認すること）。

7.2.3 国の方針等で求められているいじめ対応

先述の国の方針は，国や自治体，各学校が実施すべき施策などをまとめています。ここでは，学校に求められる取組みについて述べます。

各学校はまず，学校いじめ防止基本方針の策定と，7.1.1項でもふれた学校いじめ対策組織の設置を行わなければなりません。そして，年間の学校教育活動全体を通じて多様な取組みが体系的・計画的に行われるよう具体的な取組みを定めた学校いじめ防止プログラムの策定，いじめに関するアンケートの実施方法やいじめの通報・情報共有・対処等についてまとめた早期発見・事案対処のマニュアルの策定を行います。そして学校いじめ対策組織を中心に，これらの取組みをPDCAサイクルで点検していきます。なお，対処のうちいじめの解消に関しては，国の方針には2つの要件が挙げられています（表7.2）。さらに「単に謝罪をもって安易に解消とすることはできない」とも書かれており，いじめ事案への対応には，丁寧な経過観察も必要となってきます。また，悪質な事案への対処を念頭に，犯罪行為として取り扱われるべきいじめは警察へ相談や通報することも求められています。

7.2.4 心理職に期待される役割

1. 生活アンケートや学校アセスメントツールの活用や分析

生活アンケートは学校で定期的に実施され，学校生活やいじめの可能性のあるトラブル等について尋ねるものです。忙しい学校現場で比較的簡便に実施できるような工夫，質問の仕方の配慮などが求められます。たとえば，心理学の立場からの項目の洗練や，質問文の工夫に関する提案などが考えられます。

表 7.3　学校で使われる主な学級アセスメントツール

名称	作成者	質問紙の構成
Q-U	河村，2006	①学級満足度：承認・被侵害 ②学校生活意欲尺度：友達関係・学習・学級（中高生版では教師・進路も）
学級風土質問紙	伊藤・宇佐美，2017	学級活動への関与・生徒間の親しさ・学級内の不和・学級への満足感・自然な自己開示・学習への志向性・規律正しさ・リーダー
アセス	栗原・井上，2019	生活満足感・教師サポート・友人サポート・向社会的スキル・非侵害的関係・学習的適応

また，学校で使われる学級アセスメントツールとして**表 7.3** のものなどがあります。この中にはいじめの早期発見に役立つ項目も含まれており，こういったツールの適切な結果の読みとりや活用への関与も期待されます。

2. 応用行動分析からみたいじめ理解

これまでの研究で，いじめる理由として，「相手への制裁」「自分がされたことへの反撃」「遊びやふざけ」「友達グループを維持するためのスケープゴート」「ストレス発散」「嫌い（苦手）な人の排除」など，実に多様なものが挙がっています。いじめる理由（得られる結果）が異なるのであれば，対応も異なってきます。ここでは，心理学的な理解の一例として，**応用行動分析**（第 2 章参照）の観点から説明します。

応用行動分析では，ABC 分析として，ある具体的な行動（Behavior）が生じるきっかけとなる直前の状況や背景要因（Antecedent），そして行動することで得られる結果（Consequence）を含めた一連の流れの中で考えます。行動（B）と結果（C）の関係については，プラス（好子）／マイナス（嫌子）の結果を，得る（出現）／失う（消失）の 4 つの組合せから考えます。プラスの結果が得られる場合（好子出現）やマイナスの結果を避けられる場合（嫌子消失）は，似た状況で同じような行動が生じやすくなります。逆に，プラスの結果を失ったり（好子消失），マイナスの結果を得てしまう（嫌子出現）と，次の機会にその行動は生じにくくなります。応用行動分析ではこの組合せを考慮したA→B→Cのプロセスで行動をとらえ，AやCを変えることでBを減らす（または増やす）ことを目指したり，Aが同じでもBを変えることで同じCが得られるように支援します。

たとえば，遊びやふざけタイプのいじめは，面白さが欲しい状況（A)→ふざけタイプのいじめを行う（B)→面白さが得られる（C)，という，プラスの結果獲得のプロセスがみられます（好子出現の強化)。一方，ストレス発散のいじめでは，ストレスが溜まっている（A)→ストレス発散のいじめを行う（B)→ストレス解消（C）という，マイナス解消のプロセス（嫌子消失の強化）と理解できます。A→B→Cの流れが異なっているため，いじめ行動（B）を変える働きかけも異なってきます。たとえば前者であれば，面白さをいじめでない他の行動で得られるようにする支援，後者であればいじめ以外のストレス発散方法の習得を支援するといった方向性が考えられます。

3. 子供の集団力動の理解

いじめの4層構造で挙げた加害者・観衆・傍観者の関係性や集団力動は，いじめに大きく影響します。自分がターゲットにならず加害にも加わらないせめてもの手段で見て見ぬふりをしていること，こういった心理的葛藤（認知的不協和）を解消するために被害者に原因帰属をしてしまいがちであること，といった心の揺れを理解することが，傍観者を仲裁者（教師への情報提供など）に変えていくために大事な一歩となります。

この他にも，同調圧力や集団の凝集性，集団間葛藤（外集団／内集団）といった集団力学の知見，リーダー／フォロワー研究，悪意のある噂の伝搬メカニズム（流言やデマに関するもの）といった社会心理学のトピックがいじめの理解に活用できます。また近年，「**スクールカースト**」研究が注目を集めています。スクールカーストとは，主に学級内で形成される友人関係を中心としたグループについて，特に強い／弱い（上下関係）といった関係性をインドのカースト制度になぞらえて表したもので，近年では学術的な研究も増えつつあります。たとえば，スクールカーストの高いグループは活発で気が強く，異性からの評価が高いといった特徴があるとされています（鈴木，2012)。スクールカーストを維持するためのいじめと理解できる事案もあり，こういった集団力動に対する理解は，教師の学級経営にも非常に役立ちます。

4. 教師が行う聴き取りへのアドバイス

いじめ問題に関しては，具体的で即時的な対応が求められることも少なくありません。たとえば，いじめ被害者がいじめの実態を語ってくれた場合，まずは大変な経験を語ってくれたことをしっかり受け止めねぎらった上で，どうしてほしいか，要望を確認します。このとき，いじめの悪化を恐れて「何もしないでほしい」と訴えるかもしれません。こういった被害者の心情にも配慮しつつ，同時に被害者をしっかり守る具体的手立ても提案していく必要があります。また，いじめの可能性がある場合，学校いじめ対策組織が中心となって組織的に対応する必要があります。被害者が誰にも話してほしくないと言う場合も，原則としてその心情も含めてこの組織で情報を共有し対応を検討します。その上で，情報源を伏せながらいじめの事実を複数の教員で確認したり，事案の状況や深刻度などを考慮して具体的な対応を図ったりしていくことになります。これらの点について，俯瞰的な立場から，心理職として教職員にアドバイスすることが役に立ちます。

なお，いじめ問題は早期の発見・対処が求められることから，つい聴き取りが詰問のようになりがちです。平時から職員研修などで子供役と聴き取りの教師役を体験する機会があると，子供が安心して話せるための聞き方を教師が考える一助になります。

5. いじめ予防の心理教育

いじめ予防に関しては，道徳・人権教育や法律的な観点からのもの（弁護士の授業や裁判例を用いるもの）をはじめとして，多くの取組みがなされています。ここでは，教育相談や心理学の観点からなされている，比較的最近のものに絞ってご紹介します。

オルヴェウス・いじめ防止プログラム（Olweus et al., 2007 小林・横田監訳 2013）は，ノルウェーにおいて1970年代に始まり，現在では世界20カ国以上で実施されています。学校における組織体制の構築，児童生徒個人への働きかけやクラスミーティングなど全体に対する働きかけ，保護者や地域との共同・

共通のアンケートの実施など，体系化された取組みが行われています。教育制度の違いから日本において導入するのが難しい部分があるかもしれませんが，もっとも体系だったいじめ防止プログラムの一つといえます。

栗原（2013）は，聞き方の違いの体験，いじめ被害者の気持ちの理解，いじめ加害者の気持ちの理解，怒りへの対処・問題解決支援，いじめをしない宣言などからなるいじめ防止プログラムを実践しています。

増田（2013）は，いじめの4層構造の理解を促す実践に取り組んでいます。子供たちが立つ位置で被害者・加害者・観衆・傍観者を表現するのですが，観衆・傍観者の立ち位置をはじめは加害者周辺に，その次に被害者周辺に置くことにより，その影響力を，視覚を通じて体験的に理解するというものです。

本田（2017）は，援助要請，すなわち困っているときに周囲に相談するという点に焦点をあて，いじめに対する援助要請の心理教育を展開しています。そこでは，問題が生じていると思うか，生じていると思った場合に自分一人で解決できると思うか，解決できないと思う場合に誰かに相談したいか，相談したいときに身近な人に相談するか，相談したいときに専門家に相談するか，という観点から対象者を5つのタイプに分け，各タイプに対する心理教育の授業案や個別支援の演習を提案しています。

筆者は中学生を対象に，いじめのとらえ方（いじめ認識）を深める目的の授業を行ったことがあります（下田，2018）。いじめの可能性がある対人トラブルが書かれたカードを班ごとに1セットずつ配り，それぞれに書かれているトラブルが，いじめかそれともふざけ・けんかか，という視点で，話し合いながら分類してもらいます。終了したら班ごとの結果を発表してもらい，班の中でも意見が分かれることなどを共有します。次に，その中で犯罪の可能性があるものを新たに仕分けしてもらい，こちらがあらかじめ準備したプリントと照合し，多くの行為が犯罪に該当する可能性があることを確認する，というものです。

なおインターネット上のいじめは大人から特にみえにくく，学校の管理外ということもあって対応がさらに難しくなります。ネット上のいじめは当事者以外の目にふれにくく周囲が特に気づきにくいこと，現実のいじめのような時間や場所の区別がない（安心できる逃げ場がない）といった特徴があります。また，書き込みが残る場合も多く，一度きりのものでも，それを何度も目にすることで継続的に書き込まれるのと同じインパクトをもつといった特徴があります。

心理学的観点からの取組みとして，西野ら（2018）を挙げておきます。この中では，子供のSNS利用と友人関係，情報モラル教育，道徳性，ネットいじめに関してエビデンスを踏まえた解説を行っているほか，こういった知見を子供たちに伝える教育や，道徳教育と絡めターゲットスキルを選定して取り組むソーシャルスキルトレーニングの授業を紹介しています。

7.2.5　いじめ被害者・加害者（観衆）・傍観者への対応

1. いじめ被害者に対して

いじめはストレス反応，抑うつ傾向，孤独感，身体症状，希死念慮といったメンタルヘルスのさまざまな側面のほか，学習意欲の低下や欠席といった学業上の問題，人への不信感やひきこもり傾向，インターネット依存傾向といった社会性などにもマイナスの影響が及びます。これらの影響はいじめから時間がたっても残り続けるほか，過去にいじめ被害の経験がある子供の攻撃性が高まったり，新たないじめ加害者になる可能性があることもわかってきています。

心のケアは外的環境が落ち着いた後になされるのが大原則です。そのため，いじめ事案がわかった場合には，いじめを止めるための対応がまず図られます。国の方針では，学校はいじめの事実を把握したら，家庭訪問をするなどして被害者の保護者に，いじめがあったこと，被害者を徹底して守り通すこと，秘密を守ることを伝え，その上で見守りや寄り添いの体制を整えることなどが求められています。被害者に希死念慮が高まっている場合には，被害者の命を守るために医療との連携を含んだ対応を図る必要があるほか，いじめによりPTSDを発症している場合には，PTSDに対するケアも求められます。

なお，しばしば「いじめられる側にも問題がある」といった主張がなされますが，これは「理由があればいじめてもよい」という考えと表裏一体のものです。国の方針にも「いじめられている児童生徒にも責任があるという考え方はあってはならず，『あなたが悪いのではない』ことをはっきりと伝えるなど，自尊感情を高めるよう留意する」とあります。仮に被害者の言動がいじめを誘発していると見立てられても，いじめの解消と被害者に変化を促す支援は，はっきり区別して考える必要があります。

2. いじめ加害者（観衆）に対して

いじめ加害者に関する調査研究では，彼らは仲間関係は良好である一方，排他性やストレス反応，攻撃性，劣等感などが高く，社会的スキル，学校適応感，共感性などが低いことが指摘されており，加害予防としてこういった側面への支援も考えられます。また，過去のいじめ被害者が現在のいじめ加害者となっていることも多く，いじめ加害者の一部には児童虐待の被害者もいます。そのためいじめの問題は，被害者と加害者を単純に分けて考えるのではなく，いじめ加害者の中の被害性にも注意する必要があります。なお，加害者の被害性に着目する（加害者の心のケア）ことでいじめ行為を不問に付すように思われがちですが，決してそうではありません。加害者の抱える傷やつらさといった心情はしっかり傾聴しつつ，一方で，してしまったいじめ行為についてはしっかり向かい合うことが重要です（国の方針には「いじめた児童生徒が抱える問題など，いじめの背景にも目を向け，当該児童生徒の安心・安全，健全な人格の発達に配慮する」とあります）。カウンセリングにおける受容と許容の区別や，感情と行動を分けて対応する視点は，加害者対応においても重要です。

国の方針には，いじめの解消の目安として3カ月という期間が挙げられています。この期間中，教員やスクールカウンセラーなどが，加害者に話を聞いて経過を確認する場合があるかもしれません。経過を確認すること自体が抑止力であり，加害者が自分のした行為の大きさを実感することに役立つかもしれません。また，いじめ行為がやんでいる場合，そこには加害者なりの努力や改善の意図が表れているので，その部分をしっかり認めることも，再発防止やいじめ以外の行動習得など，加害者の成長という観点から重要といえます。一方で国の方針は，被害者保護の観点から，必要に応じて加害者を別室で指導したり出席停止制度を活用したりすること，そして警察と連携した毅然とした対応も求めています。

観衆については，直接加害に加わっているわけではなく，アンケート等でも浮かび上がりにくいこともあってか，研究知見が乏しいのが現状です。観衆としての態度もいじめに加担する行為であるという理解を促し，場合によっては加害者に準じる対応や傍観者と同様の対応が必要と思われます。

3. いじめ傍観者に対して

いじめ傍観の理由としては，自分が次のターゲットにならないための自己防衛，自分とは無関係，深刻だと思わない，被害者にも原因があると理解してしまう，などが挙げられます。そのため，心理教育等の機会を通じ，自己防衛したくなる気持ちは自然な感情であること，一方で傍観者の存在がいじめ加害をエスカレートさせてしまうことを理解させ，傍観する以外に自分ができる行動を具体的に考えさせることが重要になります。

また，過去の研究によると，傍観的態度は大人への信頼感や学校適応感，共感性や援助志向性などと関連を示しています。そのため，教師と子供たちとの信頼関係構築や全般的な学校適応感を向上させる取組み，共感性や援助志向性を育む教育的取組みや心理的サポートも必要となってきます。

7.3 いじめ重大事態について

7.3.1　いじめ重大事態とは

子供の自死や不登校といった重大な事態にはいじめが影響している場合があり，いじめ防止対策推進法の第 28 条に「**いじめ重大事態**」として規定されています（**表 7.4**）。なお，これはあくまで重大な結果の要因にいじめの可能性の「疑いがあると認める」レベルであり，実際のいじめ事実の有無や影響は，いじめ第三者調査委員会が判断します。また，不登校重大事態に関しては，欠席日数として 30 日を目安とするものの，一定期間連続して欠席しているような場合や転校した場合も調査を行うよう求められています。また**表 7.4** の例について，国の方針では「これらを下回る程度の被害であっても，総合的に判断し重大事態ととらえる場合があることに留意する」となっています。

表 7.4 いじめ防止対策推進法第 28 条に規定されている「いじめ重大事態」の種類

1号事案	いじめにより当該学校に在籍する児童等の生命，心身又は財産に重大な被害が生じた疑いがあると認めるとき。(生命心身財産重大事態) 【例】 生命：自死・自死未遂（自死の企図)。 心身：リストカット，骨折，PTSD，多くの生徒の前で裸にされた，わいせつ画像等をインターネット上に拡散された。 財産：金品として1万円を強要され渡した，スマートフォンを壊された。
2号事案	いじめにより当該学校に在籍する児童等が相当の期間学校を欠席することを余儀なくされている疑いがあると認めるとき。(不登校重大事態)

7.3.2 いじめ第三者調査委員会

いじめの重大事態が生じた場合，弁護士，精神科医，学識経験者，心理や福祉の専門家等からなる**いじめ第三者調査委員会**による調査が行われなければなりません。この委員会は，学校の設置者（公立学校であれば教育委員会）が設置する場合と，学校が設置主体となり，学校いじめ対策組織に第三者を加える（または第三者のみで立ち上げる）場合などがあります。

調査は，国の「いじめの重大事態に関するガイドライン」に基づいてなされます。なお，いじめの有無にかかわらず子供の自死が生じた場合は「子供の自殺が起きたときの背景調査の指針」に基づく基本調査と必要に応じて詳細調査が行われますが，詳細調査がいじめ重大事態の調査に対応しています。不登校重大事態については「不登校重大事態に係る調査の指針」が策定されています。

第三者調査委員会は，学校が有する既存の資料（学校の聴き取り調査の結果や定期的な生活アンケートなど）と，第三者調査委員会が独自にアンケート調査や聴き取り調査で収集した情報について分析し，いじめの事実認定，いじめから重大事態への影響の認定，学校側のいじめへの取組みや事案への対応等の検証を行います。そして，これらを踏まえた再発防止策の提言がなされます。

復習問題

1. 以下の文章について，正しければ○，間違っていれば×をつけてください。
   ①子供のいじめに関する法律がある。
   ②いじめの被害者には特定の子供がなりやすいため，注意しておく必要がある。
   ③いじめ重大事態は，いじめ被害者の生命・心身・財産に対する重大な被害や，被害者が不登校状態に陥った原因にいじめがあると確定したときに認められる。
2. いじめの4層構造の概要を述べてください。

参考図書

森田 洋司・清永 賢二（1994）．いじめ――教室の病い――　新訂版　金子書房

1986年に出版された同タイトルの書籍のうち，イントロダクションの40ページほどを書き換えた新訂版です。実態調査や事例を基にした教育学・社会学的観点からの論考が中心となっています。いじめの4層構造の概念をはじめとして，日本のいじめ問題を考える際の最重要書籍の一つといえるでしょう。

本間 友巳（編著）（2008）．いじめ臨床――歪んだ関係にどう立ち向かうか――　ナカニシヤ出版

いじめ問題に関して，（臨床）心理学的な観点からバランスよくまとめられた本です。第1部は解説編として，総説，臨床心理学的理解，関係性攻撃について書かれています。第2部は関連する課題として，発達障害，不登校，ひきこもりに関する解説があります。そして第3部では，取組みの実際として，スクールカウンセリングや教育相談機関での取組みなどが挙げられています。

第二東京弁護士会子どもの権利に関する委員会（編）（2019）．どう使うどう活かすいじめ防止対策推進法　第2版　現代人文社

学校現場でのいじめに対する取組みは，本文でふれたようにいじめ防止対策推進法やそれに基づく国・地方自治体・学校のいじめ防止等の基本方針によってなされています。そのため子供に携わる専門職がいじめ問題に対応する際には，いじめ防止対策推進法に関する理解が不可欠です。本書は法律の専門家である弁護士による同法の解説本で，関連する法律や国の指針との対応もわかりやすく書かれています。法律用語の解説（たとえば法律上の「保護者」の定義・解釈など）も勉強になります。

暴力と非行

成長期はイライラしやすく，周囲に対し怒りや攻撃が向くことも珍しくありません。しかしそれが行きすぎると暴力となりますし，法にふれた場合には非行となります。自他を傷つける暴力や非行は，学校現場において重要な課題の一つです。この章では，暴力や非行の現状，これらの背景要因の一つである「怒り」を含めた心理学的な観点からの理解と支援について解説します。

8.1 学校における暴力の現状

8.1.1 学校における暴力の種類

文部科学省調査（2021）では，**暴力行為**をケガや被害届の有無などは問わず「自校の児童生徒が，故意に有形力（目に見える物理的な力）を加える行為」と定義し，対教師暴力，生徒間暴力，対人暴力，器物損壊の 4 種類について集計しています。暴力行為が発生した学校数の割合は，小学校で 30.0%，中学校で 41.6%，高校で 34.2% であり，学校現場では身近な問題となっています。

8.1.2 学校における暴力件数の推移

上記の 4 種類の暴力行為のうち，件数の少ない対人暴力を除く 3 つについて，国立・私立学校ともに調査対象となった平成 18（2006）年度からの件数（棒グラフ）と，1,000 人あたりの発生率（折れ線グラフ。平成 22（2010）年度から参照可能）をみていきます（高校には，平成 25（2013）年度から通信制課程が含まれています）。

図 8.1 は対教師暴力のグラフです。小学生は令和元年度までは増加傾向にあ

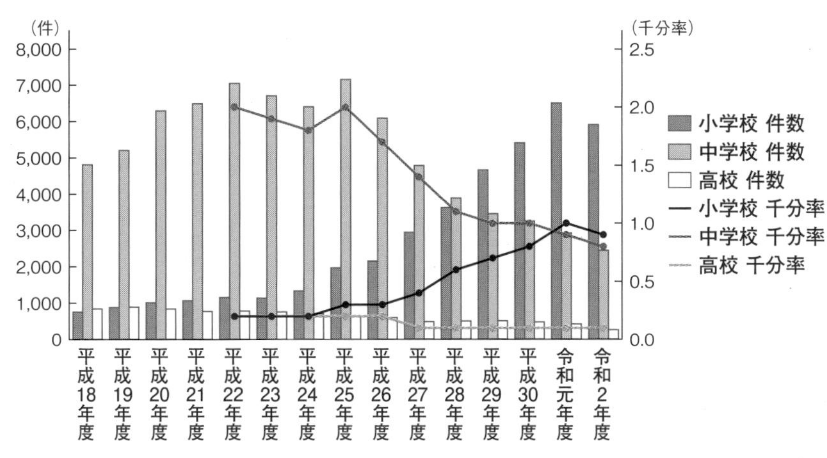

図 8.1　**対教師暴力の件数・発生率**（文部科学省，2021 を基に作成）

り，令和元（2019）年度は平成 18（2006）年度の 8 倍以上となっています。令和 2（2020）年度は減少に転じていますが，これは新型コロナウイルスの流行に伴う休校措置などが影響していると考えられます。中学生は平成 25（2013）年度をピークに減少し，令和 2（2020）年度はピーク時の 3 割強となっています。高校生は小中学生ほど多くはなく，平成 19（2007）年度をピークにおおむね減少傾向にあります。同じ資料内にある措置の件数によると，停学や警察の補導などは，増えていないかおおむね減少傾向にあることから，中高生については実際の件数が減っている可能性が考えられます。以前と比べて反抗期が質的に変容していたり，中高生における教師生徒関係が変容していたりするのかもしれません。

図 8.2 の生徒間暴力は，小中高すべてにおいてもっとも多い暴力行為ですが，小学生は増加が著しく（もっとも多かった令和元（2019）年度は平成 18（2016）年度の約 15 倍），高校生はおおむね減少傾向という点は共通しているようです。一方の中学生については，多少の増減はありながら，新型コロナウイルスの流行に伴う休校措置などが影響していると考えられる令和 2（2020）年度を除き，

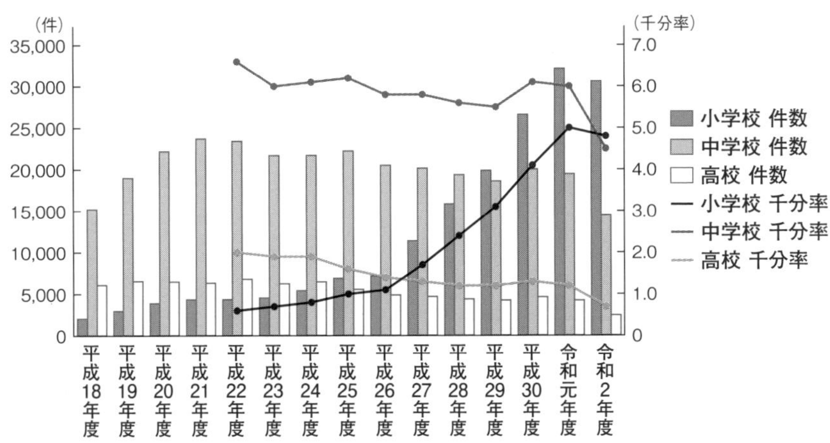

図 8.2 **生徒間暴力の件数・発生率**（文部科学省，2021 を基に作成）

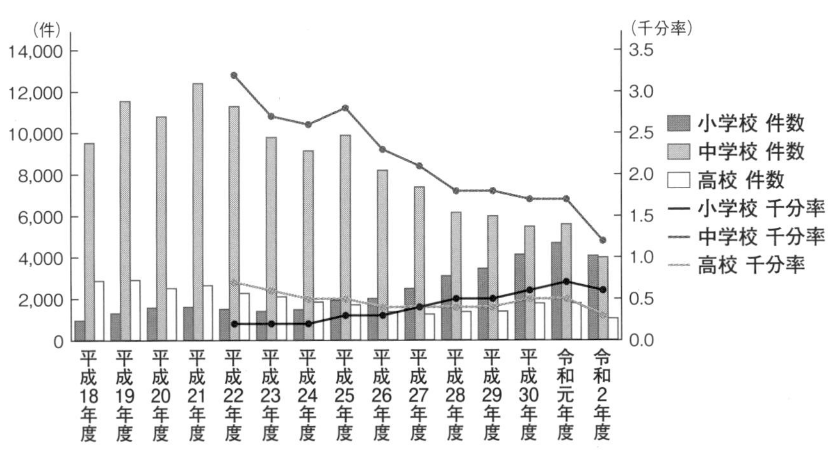

図 8.3 **器物損壊の件数・発生率**（文部科学省，2021 を基に作成）

近年はおおむね横ばいといえそうです。

図 8.3 は器物損壊です。小学生は増加傾向にあり，もっとも多かった令和元（2019）年度は平成 18（2006）年度の 5 倍となっています。中学生は近年おおむね減少傾向にあります。高校生は，平成 27（2015）年度に最少だったのが，

令和2年度を除く近年は，やや増加傾向にあります。なお平成19（2007）年度の調査までは，器物損壊の損害額も掲載されていました。それによると，1万5,718件の器物損壊で2億2,970万円となっており，経済的な損失も無視できない大きさとなっています。

暴力行為全体として，小学生については令和2（2020）年度を除いて増加し続けている点は一貫しており，こういった傾向に歯止めをかけるための対策が必要です。中高生については，対教師暴力，器物損壊は以前に比べると減少しており，思春期における学校との関係性が変化してきているのかもしれません。これが一時的な傾向なのか社会の変化や他の影響によるものなのか，今後の研究が待たれるところです。

最後は暴力行為の加害児童生徒の学年および性別の人数です（図8.4；令和元（2019）年度以降の調査結果には男女の内訳の記載がなくなっているため，平成30（2018）年度のものを提示しています）。いずれの学年でも男子が圧倒的に多くなっています。また学年が上がると小学生は増加，高校生は減少となっており，この傾向は近年おおむね共通しています。一方で中学生の学年によ

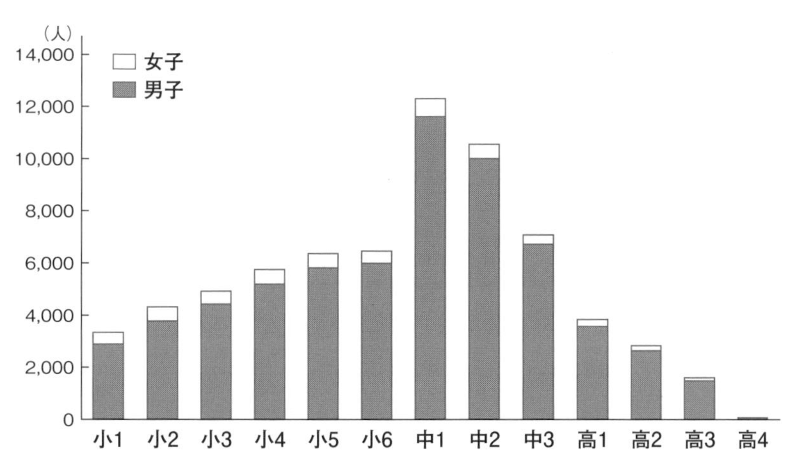

図8.4　**学年別加害児童生徒数**（文部科学省，2019を基に作成）

る違いは年度によって異なっていて，一貫した傾向は見出せません。

8.2 非行の現状

8.2.1 非行の定義

非行とは，未成年（少年法第2条「20歳に満たない者」）が行った反社会的なルール違反を指します（少年法関係では男女を問わず少年と表現し，児童福祉関係の法律では，18歳未満を児童と表記します）。そして少年法第1条では「少年の刑事事件について特別の措置を講ずる」と定められており，成人の刑法犯罪とは異なる経過をたどります。

少年法第3条には，家庭裁判所の審判に付す非行少年として3種類が挙がっています（図8.5）。まず，法律を犯した少年のうち14歳以上を「犯罪少年」，14歳未満は「触法少年」として区別します。14歳で分けるのは，刑法第41条に「14歳に満たない者の行為は，罰しない」とあるからです。もう一つは，性格や環境から将来罪を犯したり刑罰法令にふれる行為をしたりする虞（おそれ）のある「虞（ぐ）犯少年」で，要件として①保護者の正当な監督に服しない性癖のあること，②正当の理由がなく家庭に寄り附かないこと，③犯罪性のある人若しくは不道徳な人と交際し，又はいかがわしい場所に出入すること，④自己又は他人の徳性を害する行為をする性癖のあること，の4点が挙がっています。なお，令和4（2022）年施行の民法の改正により，成人年齢が18歳に引き下げられました。それに伴い，令和3（2021）年に少年法も改正されました。この改正により，18～19歳の少年は成人でありながら引き続き少年法の適用対象となる「特定

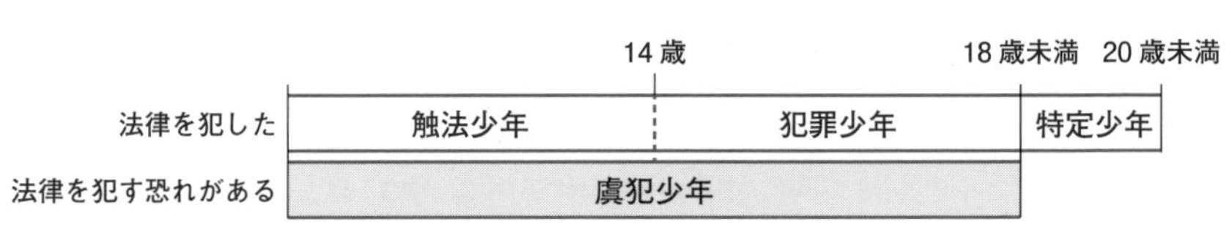

図8.5 非行少年の種類

少年」と位置づけられました。特定少年については，後述する原則的に逆送の対象となる事件が拡大され，逆送決定後は20歳以上の場合と原則同様に取り扱われるようになりました。また，起訴後の実名報道も可能となったほか，虞犯を理由とする保護処分は行われなくなりました。

ところで，いじめ行為（第7章参照）の多くは法にふれる行為ですので（たとえば叩く・蹴るはケガをしなくても暴行罪，嫌なあだ名でよぶのは侮辱罪や名誉毀損罪，物を隠す行為は器物損壊罪に該当する可能性があります），いじめの多くは犯罪，つまり非行に該当する可能性があります。

なお，精神医学的な診断の中には非行に関連するものがあります。人や動物への攻撃，物を壊す，嘘や窃盗，重大な規律違反といったカテゴリーからなる**素行症**，怒りっぽい，挑発的な行動が多い，執念深いといったカテゴリーの診断基準を用いる**反抗挑戦症**が該当します。

8.2.2 非行の件数と推移

図8.6は，昭和55（1980）年から令和2（2020）年までの刑法犯（犯罪少年），触法少年，虞犯少年の推移です（内閣府，2021）。なお，図中の特別法とは，刑法・道路交通法・自動車運転処罰法以外の法に関するもので，少年犯罪で多いのは軽犯罪法，青少年保護育成条例，大麻取締法，銃砲刀剣類所持等取締法の違反です。棒グラフが検挙少年数，折れ線グラフは人口比（1,000人あたり）となっています。図中の（1）～（3）を見ると，いずれも昭和にピークがあり（刑法犯は平成10年代後半にもピークがあるものの），その後はほぼ一貫して減少傾向にあるといえそうです。折れ線グラフも下降していますので，少子化の影響を差し引いても少年犯罪は減少傾向にあるといえます。なお法務省の『犯罪白書』によると，少年による刑法犯においては男子が多くなっています（最新の令和元（2019）年の人数比は女子の約6倍となっています）。

次に犯罪種類別の件数ですが，法務省（2020）によるともっとも多いのは窃盗で，56％を占めています。内訳としては万引きがもっとも多く66％，次いで自転車盗が21％，オートバイ盗が8％となっていますが，これらも減少傾向にあります（**図8.7**）。なお万引き，自転車盗，オートバイ盗に占有離脱物横

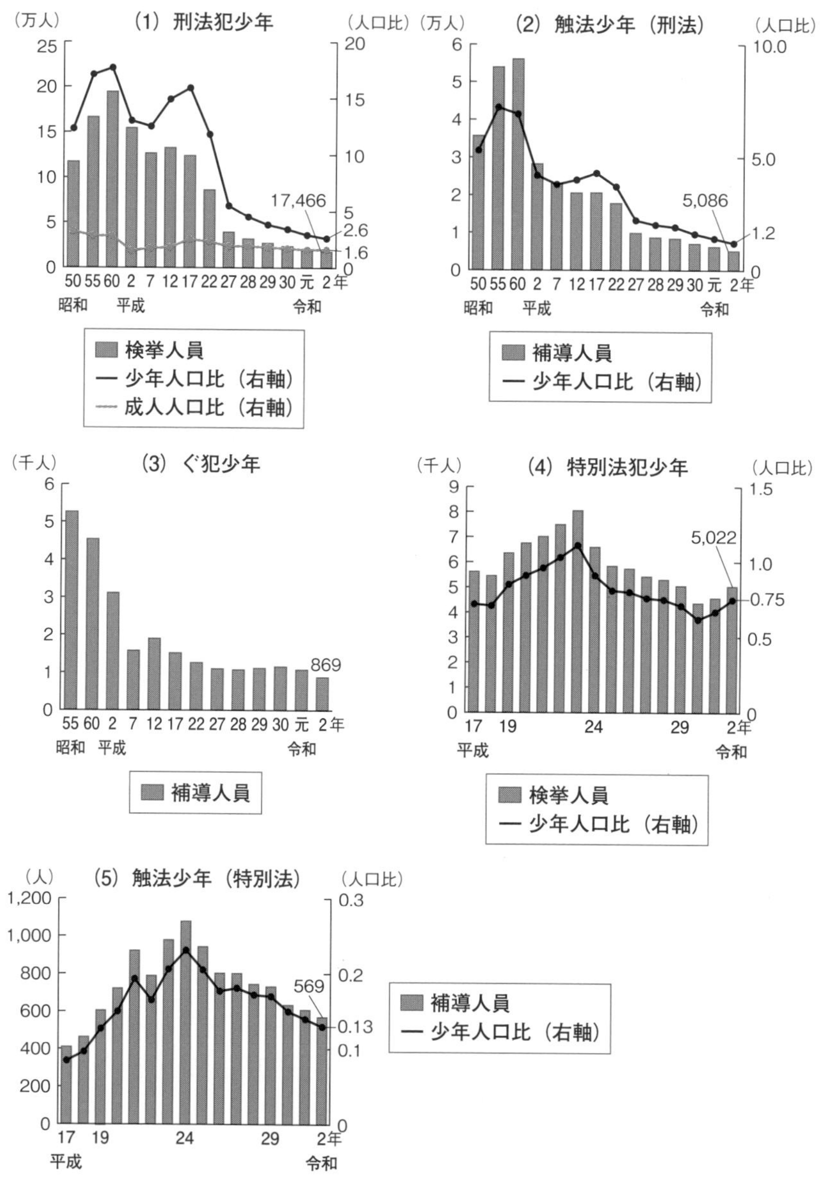

図 8.6 **刑法犯少年等の検挙・補導人員**(内閣府, 2021)

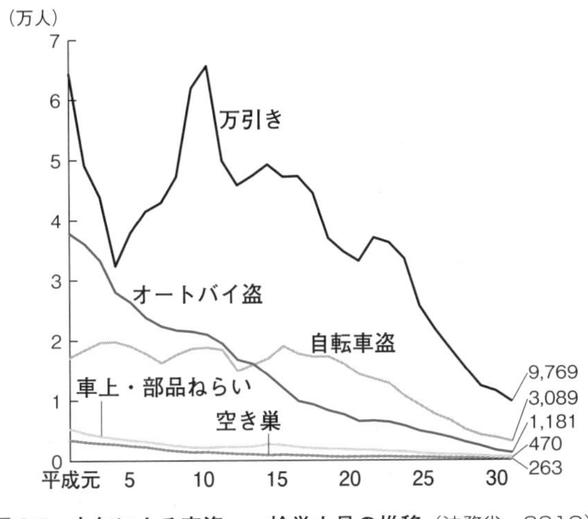

図 8.7 **少年による窃盗——検挙人員の推移**（法務省，2019）

領（または遺失物等横領。買い物でお釣りを多くもらったことに気づいても返さなかった，拾った財布を自分のものにした，放置自転車に乗る，など）を加えたものは初発型非行とよばれ，非行がエスカレートしないよう，この段階で食い止めるための関わりが重要とされます。

図 8.8 は，法務省（2019）の「平成における犯罪・少年非行の動向」に掲載された窃盗以外の検挙人数の推移です。これをみると，多くの犯罪は平成 10 年代にピークを迎えた後は減少傾向にある一方，詐欺や強制わいせつは明らかな減少傾向にあるとはいえないようです。

なお『犯罪白書』は，非行に該当しないものの，飲酒，喫煙，深夜徘徊その他自己又は他人の徳性を害する行為をしている不良行為少年についても補導人数の推移を公表しています（図 8.9）。これも平成 19（2007）年をピークに，近年は減少傾向にあるようです。ちなみに未成年者の喫煙や飲酒は，未成年者喫煙禁止法と未成年者飲酒禁止法で禁止されています。吸うため・飲むためにタバコやお酒を持っていたら没収されたり，吸う・飲むのをわかっていながら止めなかった親権者への科料（1,000 円以上 1 万円未満の金銭の没収）の規定

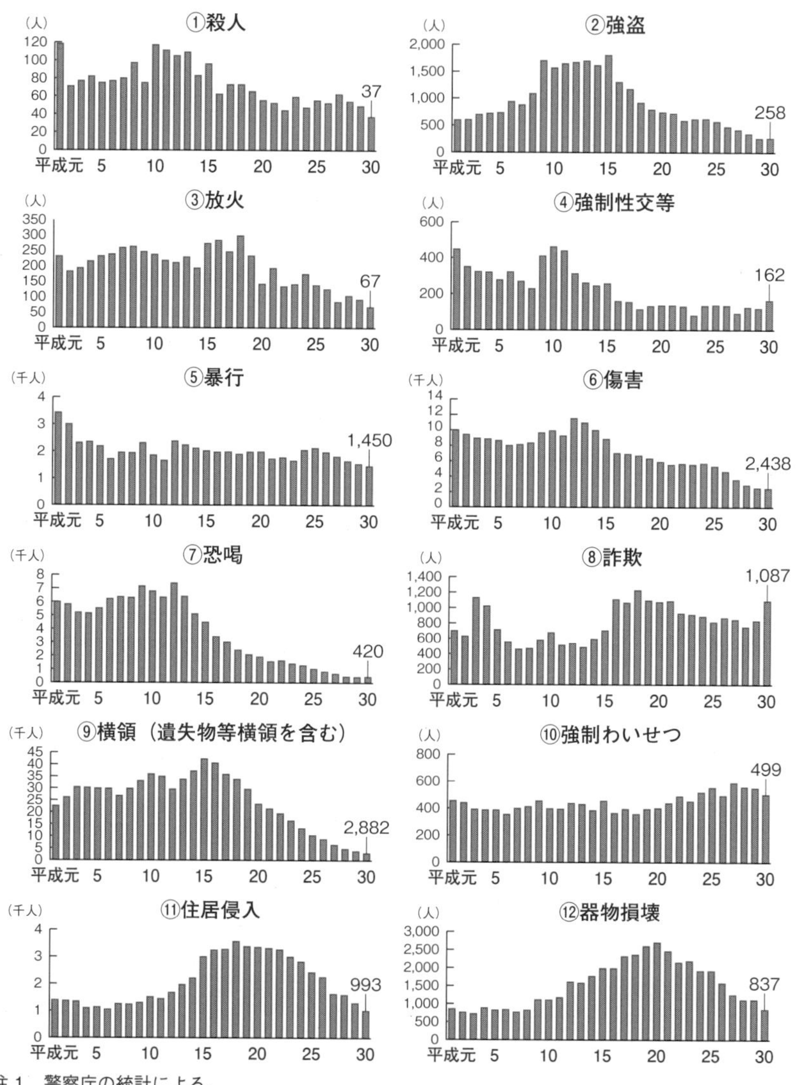

注1　警察庁の統計による。
　2　犯行時の年齢による。ただし，検挙時に20歳以上であった者を除く。
　3　触法少年の補導人員を含む。
　4　「強制性交等」は，平成28年以前は平成29年法律第72号による刑法改正前の強姦をいい，29年以降は強制性交等及び同改正前の強姦をいう。

図8.8　少年による窃盗を除く刑法犯——検挙人員の推移（法務省，2019）

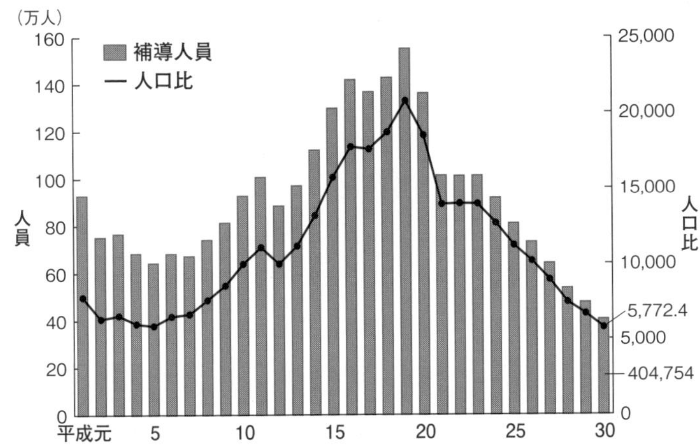

注 1　警察庁生活安全局の資料及び総務省統計局の人口資料による。
2　「不良行為少年」は，犯罪少年，触法少年又はぐ犯少年には該当しないが，飲酒，喫煙，深夜はいかいその他自己又は他人の徳性を害する行為をしている少年をいう。
3　「人口比」は，少年 10 万人当たりの補導人員である。なお，人口比算出に用いた人口は，14 歳以上 20 歳未満の人口である。

図 8.9　**不良行為少年——補導人員・人口比の推移**（法務省，2019）

はありますが，本人を処罰する条文はなく，未成年者本人が検挙されたり刑事罰が科されることはありません（ただし親権者からの注意をまったく聞かないような場合，虞犯少年に該当することがあります）。

8.3　怒り，暴力や非行の心理的理解と対応

8.3.1　怒りの心理学的理解

攻撃や暴力の背景要因の一つに怒りがあります。まず大事なことですが，怒り自体は基本的な感情の一つで，脅威に対する行動を促す機能，表情などを通して相手に警告する機能，社会的ルールからの逸脱への懲罰行動を引き起こす機能などがあります（Evans, 2003 遠藤訳 2005 などが参考になります）。

一方，怒り感情が強くなりすぎたり感じる頻度が多くなると，他者への暴力

的な攻撃行動を誘発したり，非行に走らせる要因となることがあります。周囲に対する攻撃性や反社会的行動の表出は**外在化問題**とよばれ，逆に抑うつや不安，周囲との接触をもたないといった非社会的行動は**内在化問題**とよばれます（Achenbach, 1978; Achenbach & Edelbrock, 1979）。一見すると正反対ですが，怒りは両方に関連することがわかっているため，怒り感情が強く（または経験頻度が多く）なりすぎないことが重要といえます。

臨床心理学では，人を感情面，認知面，行動面，身体面からとらえる認知行動モデルがよく用いられますが，怒りにもこれに準じた**AHA モデル**があります（感情面；Anger（怒り感情），認知面；Hostility（敵意），行動面；Aggression（攻撃行動）；Spielberger et al., 1988）。ただし，攻撃行動に関しては，怒り感情に由来しないものがあります。たとえばドッジ（Dodge, 1991）は，攻撃行動を大きく反応的攻撃と能動的攻撃に分けています。このうち反応的攻撃は怒り感情によって誘発され，自分を守ったり相手にダメージを与えることを目的に行われるものです（例：ムカつくことを言われたから殴った）。一方の能動的攻撃は道具的攻撃ともよばれ，怒り感情を必ずしも伴わず，何らかのプラスの結果を得るために行われます（例：お金が欲しくてカツアゲする）。

怒りの，特に子供における認知プロセスに関するモデルとして**社会的情報処理モデル**（social information-processing model）（Crick & Dodge, 1994）が有名です。このモデルは，個人に貯蔵されている記憶やそれに基づく認知的スキーマ（信念体系），個人に定着しているルールなどからなるデータベースとのやりとりを含む6つのステップから成っています（**図 8.10**，**表 8.1**）。ステップ6の結果が直接的に，あるいは周囲（仲間）からの評価や反応を経由して，次のステップ1に影響を与えます。このモデルでは，相手からの行動のほとんどを自分への悪意と解釈してしまう**敵意帰属バイアス**（hostile attribution bias）が重視されています。このバイアス傾向が強いと，怒り感情が強まったり攻撃行動の頻度が高まったりすると想定されています。

怒りに関する心理学的理解としては，これ以外にも学習理論からとらえるもの，ストレス研究に基づくもの（たとえばキャノン（Cannon, W. B.）の闘争・逃走反応（または緊急反応）やラザルス（Lazarus, R. S.）とフォルクマン

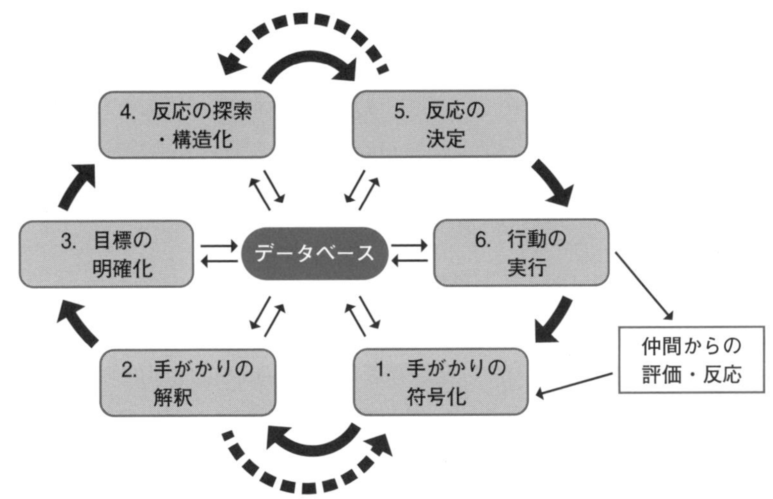

図 8.10　**社会的情報処理モデル**（Crick & Dodge, 1994 より作成）

表 8.1　**社会的情報処理モデル 6 つのステップ**

各ステップ	説明
1. 手がかりの符号化	周囲または自分の内部に生じる手がかり（cue）に気づき，受け止める。自分の注意をそちらに集中させる。
2. 手がかりの解釈	自分の「データベース」を参照して手がかりとなるものを解釈し，意味づける。符号化との相互作用あり。
3. 目標の明確化	その状況で自分が望む結果や目標となるものを選ぶ。その場から離れるか，相手をやっつけてやるか，といった判断など。
4. 反応の探索・構造化	目標の明確化に基づいてどのように反応（行動）するかをこれまでの記憶を基に考えたり，新たな対応を考えたりする。
5. 反応の決定	反応の探索・構造化の結果への期待，自己効力感など多様な要因からの影響を受けつつ反応（行動）を選ぶ。
6. 行動の実行	反応の決定で選ばれた行動を実行する。

（Folkman, S.）の心理社会的ストレスモデル），精神分析などの精神力動的な枠組みに依拠するものなどがあります。さらに近年では，後述するアタッチメント（愛着）スタイルとの関係性も注目されています。

なお，ここまではある出来事への直接的な反応について説明してきましたが，恥ずかしい思いをしてそれが怒りに変わるといったように，ある感情が他の感情を生起させるなど，複雑なプロセスによる場合もあります。こういった感情の概念として，メタ感情や派生的感情，グリーンバーグが提唱したエモーション・フォーカスト・アプローチ（Greenberg, 2011 岩壁ら監訳 2013）における2次感情などがあります。

8.3.2 非行・暴力に関する心理学理論

非行の心理学的研究のうち，個人要因に注目したものとしてハーシ（Hirschi, 1969 森田・清永監訳 1995）の**社会的絆理論**（social bond theory；社会的ボンド理論，社会的コントロール理論）があります。これは，反社会的な行動の抑制要因を4つの観点でとらえるものです（**表 8.2**）。

また，近年では**アタッチメント**（attachment）も注目されています。アタッチメントとは，子供がアタッチメント対象（親などの特定の養育者）に抱く情緒的結びつきを指します。単なる結びつきにとどまらず，良好なアタッチメントによって，子供は不安や恐れを感じる場面でアタッチメント対象との距離を詰める行動（泣く，後を追う）をとり，アタッチメント対象に不安や恐れを和らげてもらうことで安心感を得て，再び周囲への探索行動に出ていきます。こ

表 8.2 社会的絆理論の概要

絆（結びつき）	概要
愛着（attachment）	大事な他者との結びつき。期待に沿ったり裏切らないといった情緒的なもの。
投資（commitment）	自分の過去や未来との結びつき。勉強などこれまで投資したものと逸脱行為との「損得勘定」。
巻き込み（involvement）	時間的な結びつき。社会的な活動への参加が多いほど逸脱行為をする時間がなくなるという側面。
規範観念（belief）	社会（的ルール）との結びつき。内在化された規範意識や遵法精神など。

表 8.3　アタッチメントスタイルの 4 類型

アタッチメントスタイル	分離場面	再会場面
安定型	苦痛を示す。	落ち着く。再び探索行動を始める。
回避型	反応に乏しい。	あまり興味を示さず探索行動を行う。
アンビバレント型	反応が激しい。	反応が収まりにくい。
無秩序／無方向型	一貫しなかったり矛盾した行動をとる。	

ういった経験を重ねる中で，マイナスの感情を自分で収められるようになり，安心して他人に関わるといった対人関係の基盤ができていきます。アタッチメントの研究では，アタッチメント対象との分離や再会時の反応の違いで 4 つのスタイルに分けますが（**表 8.3**），工藤・淺田（平野）（2017）は，このうち特に無秩序／無方向型が外在化問題や非行・犯罪のリスク要因であることを指摘しています。

続いて，犯罪の環境要因に着目したウィルソンとケーリングによる**割れ窓理論**（broken window theory）（Wilson & Kelling, 1982）があります。これは，建物の窓ガラスが割れたまま放置されていると，監視の目がなく誰も気にしていないという雰囲気が広まって空き巣が増える，といった形で犯罪がエスカレートしていくプロセスに着目し，軽微な違反にしっかり対応することが重大な犯罪の抑止につながる，という考え方です（地下鉄の落書きを消すなどしたニューヨーク市の取組みが有名です）。割れ窓理論を参考に学校現場で取り組まれているものに**ゼロトレランス**（zero tolerance）があります。これはアメリカで始まった取組みで，校則違反などに適用するペナルティの基準や内容をあらかじめ明確化しておき，違反行為があった場合にはそれを例外なく厳格に適用することで学校の規律を維持するものです。日本では文部科学省（2005）の「新・児童生徒の問題行動対策重点プログラム（中間まとめ）」でふれられた後に，現場での実践も行われてきました。しかし，人権侵害や教師と生徒の信頼関係への悪影響，画一的対応になり問題行動の背景要因を考慮しない点などについての批判もあります。

8.3.3　問題となる行動への対応

1. 怒りに対する対応

暴力の背景に強すぎる怒り感情や不適切な表出が関係している場合は，怒りへの対応が必要となります。ここでは先のAHAモデルに基づき，ベースとなる概念教育と，感情面・認知面・行動面へのアプローチ例を紹介します。

概念教育としては，まず怒り自体は大事な感情であること，強すぎる怒りが自分や相手に悪影響を及ぼすことへの理解があります。その上で，怒りと身体のつながりを考えるために，腹が立ったときの身体の変化を無地の人型に色を塗って表現するもの，感情の語彙を増やすために木のイラストを用いて，怒りを表す言葉を葉っぱとして書き込んでいくもの，怒りを表す言葉を強い順に並べて他人の結果と比べることで人それぞれの表現の違いを理解するもの，怒りを感じそうな出来事での怒りの強さを温度計の高さで示すものなどがあります。

感情面への働きかけは，怒り感情のクールダウンが中心となります。感情は喚起された直後の数秒間に最初のピークを迎えることから，腹が立ったら10秒数える，深呼吸を繰り返す，（可能であれば）その場を離れる，グーパーを繰り返すなどして身体をほぐすことで怒りを和らげるといった簡便なリラクセーション技法を適用します。怒り場面でこれをいきなり実践するのは難しいので，普段から練習することが望まれます。また，怒りの気持ちの切り替えはなかなか難しいので，他の気持ち（やりたいことを我慢して勉強に向かう，など）でうまく切り替えられたらほめる，といったことも重要です。

認知面への働きかけとして，エリス（Ellis, A.）の論理療法，ベック（Beck, A. T.）の認知療法，マイケンバウム（Meichenbaum, D. H.）の自己教示訓練を応用したものなどがあります。先述の敵意帰属バイアスをターゲットに，出来事の解釈の仕方が1つでないことに気づく練習や，怒りを強める思考パターン（頭の中でのつぶやき）を変えていくタイプの取組みが多くなります。

行動面へのアプローチのうち，怒り感情への対処以外のものとしては，相手にも配慮しながら自分の思いを表現する方法を練習するアサーショントレーニングや，攻撃的でない振る舞いを身につけるソーシャルスキルトレーニングなどがあります（9.2.3項参照）。また，自分が怒りを感じやすい場面やそこでの行動パターンに気づくことで異なる行動パターンの実践を支援するものもあります。パターンを知るためにアンガーダイアリーとかアンガーログとよばれる日記形式の記録をつけてもらうことが多くなります。

2. 非行に対する対応

非行への取組みについては，押切（2001）が参考になります。その中で，非行予防のエクササイズとして「犯罪（非行）さがし」が紹介されていて，マナー違反から犯罪レベルも含むいくつかの行動が列挙されています。それらを①悪くないこと，②悪いこと，③（悪いことの中で）犯罪（非行）にあたるもの，に分類し，グループで話し合うというものです。何が犯罪（非行）になるかを知りながらやるのと知らずにやるのとでは大きな差がありますので，まずは何が非行に該当するのかを知ることが重要になります。

押切（2001）はさらに，非行の予防として12カ条，対応として5カ条を挙げています（**表8.4**）。これらの内容は先にふれた社会的絆理論とも整合的で，第9章で述べる学校での支援の3層モデルとも合致するものとなっています。

表8.4　押切（2001）による非行予防・対応

予防12カ条	①子どもたちの居場所づくり
	②むなしさの克服
	③適度にポジティブな自己イメージづくり
	④ストレスに耐える力
	⑤コミュニケーションの鍵としてのあいさつ
	⑥表現する力と聴く力
	⑦被害者の気持ちに対する想像力
	⑧親が壁になれるためのサポート
	⑨親が虐待に走らないためのサポート
	⑩（周囲の大人と）子どもとのつながり
	⑪非行を防ぐためのネットワーク
	⑫教師自身のメンタルヘルス
対応5カ条	①特効薬はないと知る
	②少年とのつながりを作る
	③家族関係と友達関係に注目する
	④ショックな場面を大切にする
	⑤先を見据えて「損得勘定」させる

非行に対しては他にも臨床心理学のさまざまな理論が適用可能ですが，第7章に引き続き応用行動分析による支援を考えます。行動（Behavior）を直前のきっかけや背景要因（Antecedent）と，行動で得られる結果（Consequence）を含めたA→B→Cの流れでとらえるABC分析の視点で考えると，不適切な行動を減らすため，きっかけ・背景要因（A）や結果（C）を変えることで不適切な行動（B）を減らす方向性が考えられます。Aは主に環境調整，Cは主に非行で得られるメリットを減らしデメリットを増やす対応となります。ただし不適切な行動を減らすだけでは不十分で，同じような状況（A）で同じような結果（C）を得るために，社会的に望ましい／非行よりましな代わりの行動（B）を行えるよう支援する必要があります。男らしさを誇示したい（C）から非行をしていた（B）生徒に対し，教師が信頼関係を築いた後に一緒に筋トレをして（B），引き締まった身体で男らしさを誇示できるようになった結果（類似のC），筋トレ行動が増え（新しく望ましいBの増加），非行が減った（不適切なBの減少）といった対応です。応用行動分析は具体的な行動レベルで支援を考えるため，非行の問題に対しても有効です。

この他，犯罪一般に関する再発防止や社会復帰支援に関する枠組みとして，リスク（Risk；再犯リスクの水準の程度に対応して処遇の内容や頻度などを調整して実施すること），ニード（Need；対象者の犯罪誘発につながるニーズに対応した処遇を実施すること），反応性（Responsivity；適性処遇交互作用の考え方に基づいて対象者の特性を考慮した処遇を実施すること）の中核的原則などで対応するRNRモデル（Bonta & Andrews, 2007）などがあります。

8.4 少年司法

非行に対しては，司法的な対応がなされます。司法というと処罰がイメージされやすいですが，矯正や健全育成という観点から，**少年司法**は成人とは異なる部分も多くあります。非行の内容等によりたどる経過が多様ですので，ここでは法務省（2021）の資料（図8.11）を基に主要な部分を取り上げます。

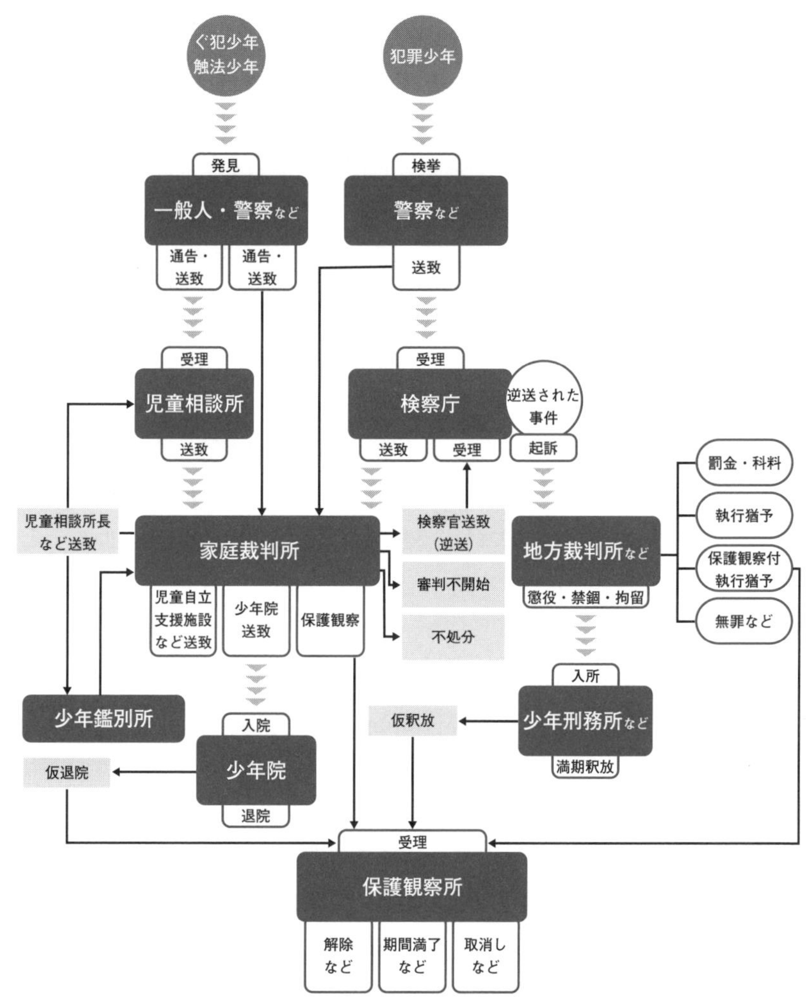

図 8.11 **非行少年に関する手続きの流れ**（法務省，2021）

8.4.1 家庭裁判所

家庭裁判所は，主に家庭内の揉め事（夫婦関係や親子関係などの紛争）の調停・訴訟・審判と，非行に関する審判を担当します。

非行のうち犯罪少年については，基本的に警察で成人とほぼ同様の捜査がなされ，罰金刑以下の犯罪の嫌疑（道路交通法違反で反則金納付のあるものを除く）があると家庭裁判所へ，それ以外の重たい犯罪に該当する疑いがあると判断された場合は検察へ送られます。検察の捜査でも嫌疑ありとなった場合も家庭裁判所へ送られます（つまり，犯罪の嫌疑ありと判断されると，最終的に家庭裁判所に送致されることになるので，全件送致主義とよばれます）。なお，触法少年と14歳未満の虞犯少年については，都道府県知事か児童相談所長からの送致を受けている場合にのみ審判に付されます（少年法第3条第2項）。

家庭裁判所はまず，事案に対して裁判官としての判断（審判）を下す必要があるかどうかを含めた調査を行います。調査は主に家庭裁判所調査官が担当し，少年や保護者などと面接したり，必要に応じて心理テストを実施するなどして，少年が非行をした動機や原因，生育歴や性格，生活環境の調査を行ったり，立ち直りに必要な方策を裁判官に報告するほか，反省を促し再発防止を指導することもあります（調査については少年鑑別所（8.4.2項参照）が関わることもあります）。

調査によって非行の要件に該当しないと判断された場合や，非行事実がきわめて軽かったり，家庭裁判所調査官の訓戒や警察，学校，家庭などでの教育的指導によって再非行の恐れがないと判断された場合，審判を開始せずに終わったり（審判不開始），審判の結果として不処分の判断が下されることがあります。

審判を開始するのが相当と認められた場合，非公開で審判が行われます。審判で下される処分には保護処分（保護観察，児童自立支援施設や児童養護施設への送致，少年院送致），検察官送致，都道府県知事又は児童相談所長送致（18歳未満の場合）などがあります。このうち，保護観察と少年院送致については後述します。送致先の一つである児童自立支援施設とは，不良行為をなす（おそれのある場合も含む）子供を入所させるか保護者のもとから通わせて，必要な指導を行い，自立を支援する福祉施設のことです。もう一方の児童養護施設は，保護者がいない，さまざまな理由で保護者が子育てをしづらい環境にある，虐待を受けている，といった子供を対象に，安定した生活環境を提供して養育を行う福祉施設ですが，近年は非行の処分として送致されることは少ないようです。

検察官送致は，死刑・懲役刑・禁錮刑にあたる事件のうち，その性質や情状を踏まえて成人と同じ刑事手続が相当と決定された場合になされます。先述のように，犯罪少年は警察から検察を経て家庭裁判所に送られてきますが，重たい事件を犯した場合は再び検察に送り返されることから，「逆送（逆送致）」とよばれます。

都道府県知事又は児童相談所長送致は，児童福祉機関での指導に委ねるのが適当と判断される場合です。都道府県の福祉事務所や児童相談所等が対応することになりますが，実際は主に児童相談所が対応します。児童相談所は非行相談も担っており，児童福祉司や児童心理司などが対応にあたります。

8.4.2 少年鑑別所

少年鑑別所は，**表 8.5** の業務を行う法務省管轄の施設です。ここでいう鑑別とは，医学，心理学，教育学，社会学などの専門的知識や技術に基づき，非行等に影響を及ぼした資質上および環境上問題となる事情を明らかにした上，その事情の改善に寄与するため，適切な指針を示すものです。

なお**表 8.5**（2）にあるように，少年鑑別所では鑑別を行うだけでなく，収容されている間にも支援などを行います。また，**表 8.5**（3）の役割を果たすため，各地域の少年鑑別所は法務少年支援センターとして，子供や保護者の心理相談，子供の性格・能力調査，地域の関係団体等が実施する事例検討会への参加，関係団体や地域での研修，講演活動，法教育授業などを行っています。

表 8.5 少年鑑別所の業務

(1)	家庭裁判所の求めに応じ，鑑別対象者の鑑別を行うこと。
(2)	観護の措置が執られて少年鑑別所に収容される者等に対し，健全な育成のための支援を含む観護処遇を行うこと。
(3)	地域社会における非行および犯罪の防止に関する援助を行うこと。

8.4.3 少年院

少年院とは，少年院法に基づき，送致された少年に健全な育成に向けた矯正教育や社会復帰支援等を行う法務省管轄の施設です。令和3（2021）年に法が改正され，現在は5種類あります（**表8.6**）。

少年院の中心的な役割の一つが矯正教育の実施です。生活指導（生活の基本態度や知識を身につける），職業指導（勤労意欲の向上，知識や技能を身につける），教科指導（学校の教科指導。希望者には高等学校卒業程度認定試験の受験機会もある），体育指導（健全な心身の育成に向けた運動の指導），特別活動指導（社会貢献活動や野外活動など）を，各少年の特性に応じて実施します。また，少年院のもう一つの大事な役割が社会復帰支援で，帰る場所や就労・就学先の確保といった支援がなされています。

少年院で矯正教育を受けた少年の多くは，まずは仮退院として少年院を出ます。その際，保護観察を受けることとなります（家庭裁判所の処分としての保護観察もあります）。保護観察中は日常生活（学校や仕事も含む）を送りながら，決められた頻度で保護観察所の指導や援助を受けます。そこでは保護観察官（国家公務員）と保護司（地域のボランティア）が協働して，行動や生活状況に対する指導（指導監督），衣食住・医療・職業・生活環境の改善に関する支援（補導援護）を行います。なお保護観察中は，遵守事項（定期的に面談を

表8.6 少年院の種類

	心身に著しい障害が	犯罪傾向が	およその年齢	旧少年院法で相当するもの
第1種	ない	進んでいない	12〜22歳	初等少年院・中等少年院
第2種	ない	進んでいる	16〜22歳	特別少年院
第3種	ある	—	12〜25歳	医療少年院
第4種	刑の執行を受ける			—
第5種	2年の保護観察処分を受けた特定少年のうち，重大な遵守事項違反があり，家庭裁判所が収容の決定を行った場合			—

受けたり健全な生活を保持するといった全員に共通する一般遵守事項と，学校に通ったり共犯者や被害者に接触しないといった個々の事件の内容に合わせた特別遵守事項）を守らなければなりません。

復習問題

1. 以下の文章について，正しければ○，間違っていれば×をつけてください。
   ①児童生徒の対教師暴力は全体的に増加している。
   ②社会的絆理論の「投資（Commitment）」は，社会的な活動への参加が多いほど逸脱行為をする時間が短いことを意味する。
   ③少年非行においては，原則として刑事罰が科される。
2. 社会的情報処理理論の概要をまとめてください。

参考図書

湯川 進太郎（2005）．バイオレンス——攻撃と怒りの臨床社会心理学——　北大路書房

タイトルにある通り，怒りや攻撃に関する心理学のトピックについて，語句の説明や環境要因，性格特性，怒りのコントロールに関するものなど，幅広い分野をわかりやすく解説しています。

生島 浩（2003）．非行臨床の焦点　金剛出版

保護観察所の保護官などの実務経験のある臨床家が非行についてまとめた本です。少年法の箇所は，その後の改正を読者が理解しておく必要がありますが，非行臨床についての課題やモデル，非行臨床の実際を，本人へのアプローチ，保護者へのサポート，トラウマケアなどさまざまな観点から解説しています。

小栗 正幸（監修）（2011）．行為障害と非行のことがわかる本　講談社

一般向けの書籍ですが，本章でふれた素行症（行為障害は以前の訳）と非行について，わかりやすく解説されています。具体的な対応方法も紹介されていますが，監修者の専門が特別支援教育ということもあり，特別支援教育を非行への支援に生かすという視点も学べる一冊です。

9 スクールカウンセリング

深刻化するいじめや不登校児童生徒数の増加といった教育上の諸課題への対応の一つとして，スクールカウンセラー（SC）の配置が平成７（1995）年度から始まりました。現在では中学校を中心に小学校や高校にも配置が進み，学校における教育相談の一翼を担っています。この章では，スクールカウンセラーの役割や実際，学校組織の一員として働く際に必要な「チームとしての学校」という視点などについて解説します。

9.1 スクールカウンセラーの役割

9.1.1 スクールカウンセラーの職務

文部科学省のスクールカウンセラー活用事業の説明には，**スクールカウンセラー（SC）**の役割として「児童生徒の心のケアに加え，教員のカウンセリング能力等の向上のための校内研修や児童生徒の困難・ストレスへの対処方法等に資する教育プログラムを実施する」とあります。この説明を基に，SCの職務について考えてみます。

１つ目は「児童生徒の心のケア」で，SCの名称からもイメージされやすいものです。ただし子供の場合，自分の困り事を的確につかんで説明する能力に限界がある，思春期は特に正面切って相談するのが苦手である，といった難しさがあります。また，子供本人は困っていないようでも家族が困っているなど本人と周囲との思いがずれている事例，本人も周囲も困っていないが心理職から見て気になるケースなどもあり，教育現場においては潜在的なニーズをくみとる努力が必要な場面も多くなります。また児童生徒の心のケアに際しては家

新刊のご案内

わかりやすい教育心理学

榎本博明 著　　A5判／256頁　本体2,300円

教育は，教師と児童・生徒という人間同士で行われる営みであるため，そこには心理的要因が深くかかわっています。そのため，教育心理学は，教育という行為をより効果的に行うための方法を探求し，教育の場で生じる問題について解明していく学問といえるでしょう。本書はそのような視点に立ち，わかりやすさに定評のある著者が，教育心理学のエッセンスを丁寧に解き明かします。

数学が苦手でもわかる 心理統計法入門ワークブック

芝田征司 著　　A5判／240頁　本体2,000円

本書は，『数学が苦手でもわかる心理統計法入門』の基本的な内容に対応した練習問題集です。「記述統計」においては，単純な問題をいくつもドリル形式で練習することで，理解の基礎を固めることができます。また「推測と検定」では，最初は段階を追って推定や検定を組み立てていく練習を行い，問題が進むにつれて次第に計算式を用いた検定統計量の算出を行う形で構成されています。

心理学概論

山口裕幸・中村奈良江 編　　A5判／304頁　本体2,700円

大学に入り，学問に専門的に取り組もうとする方は少なくないことでしょう。しかし，心理学については，これまで学ぶ機会がほとんどないため，大学に入ってから初めて学ぶことになります。心理学は多種多様な分野に広がりをみせる学問なので，まずは基礎をしっかりと学ぶ必要があります。本書は，そのような心理学の基礎を，各分野の気鋭の著者たちが体系的にわかりやすく解説します。

族への支援も重要ですし，学級担任や関係教員に対する働きかけや校内の教育相談関係の会議への参加も求められます。

2つ目は「教員のカウンセリング能力等の向上のための校内研修」です。SCとしては自分が直接支援することに目が向きがちですが，俯瞰的にみれば，学校全体が組織としてうまく機能し，生徒指導・教育相談的な対応を行えることが重要です。神田橋（1994）の表現を借りれば，SCが学校に必要でない状態になることが，学校におけるSCの究極の活動目標といえます。

3つ目は「児童生徒の困難・ストレスへの対処方法等に資する教育プログラム」の実施です。たとえば，平成28（2016）年に改正された自殺対策基本法の第17条第3項に，学校は児童生徒等に対し「困難な事態，強い心理的負担を受けた場合等における対処の仕方を身に付ける等のための教育又は啓発（中略）心の健康の保持に係る教育又は啓発を行うよう努める」とあり，SCはこういった教育にも関わることが期待されます。心理教育については後ほど解説しますが，これら以外にも，学年集会などでの講話も大事な啓発活動となります（子供たちにSCを認知してもらう貴重な機会でもあります）。

こういったSCの担い手は，文部科学省の実施要領には公認心理師・臨床心理士・精神科医・児童心理を専門とする大学教員などとなっています。SCの配置方式を**表9.1**にまとめていますが，配置方式や勤務時間，待遇などは自治体によって異なります。

ところで，学校現場にはSCのほかに**スクールソーシャルワーカー**（SSW）という専門職も活動しています。SSWは文部科学省事業としては平成20（2008）年から始まりましたが，その職務は「いじめ，不登校，暴力行為，児

表9.1　SCの配置方式

単独校方式	配置された学校のみで活動する。
拠点校方式	配置された学校を拠点に，近隣の学校も担当する。 （例：中学校を拠点に，要請があれば校区内の小学校に出向く。）
巡回方式	いくつかの学校を定期的に巡回する。

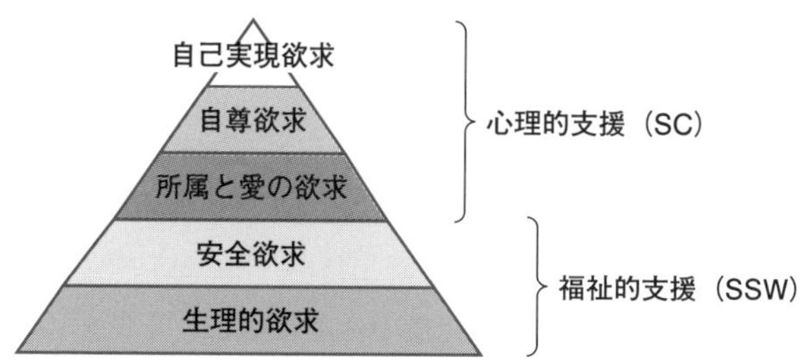

図 9.1　マズローの欲求階層説と SC・SSW の専門性

童虐待など生徒指導上の課題に対応するため，教育分野に関する知識に加えて，社会福祉等の専門的な知識・技術を用いて，児童生徒の置かれた様々な環境に働き掛けて支援を行う」とあり，SC は心の専門家，SSW は福祉の専門家という違いがあります。この違いについて，第 3 章でも取り上げた**マズローの欲求階層説**から考えてみると（図 9.1），土台をなす生理的欲求（生命維持に必要な動物としての欲求。食欲，睡眠欲，排泄欲など）や安全欲求（心身の安全や生活の安定についての欲求。衣食住の衣，住など）には福祉的な支援が必要なことがあり，SSW が専門的に対応することが多くなります。一方，所属と愛の欲求（人とのつながりや居場所を求める欲求），自尊欲求（いわゆる承認欲求。他者から認めてもらいたい欲求と自分で自分を認める欲求），最後の自己実現欲求（なりたい自分を目指す欲求）はより心理的な側面が強く，SC が専門的に役立てる部分となります。学校現場ではこういった専門性の違いを念頭に，お互いの持ち味を生かして協働していくことが求められます。

9.1.2　学校における 3 段階の心理教育的援助サービス

学校での心理的支援は，困っていたり問題を抱えている子供のみならず，すべての子供と教師や保護者が対象となります。この点について石隈（2004）は，キャプラン（Caplan, G.）の予防精神医学の概念を参考に，教育現場における**3 段階の心理教育的援助サービス**を提唱しています（図 9.2，表 9.2）。この中

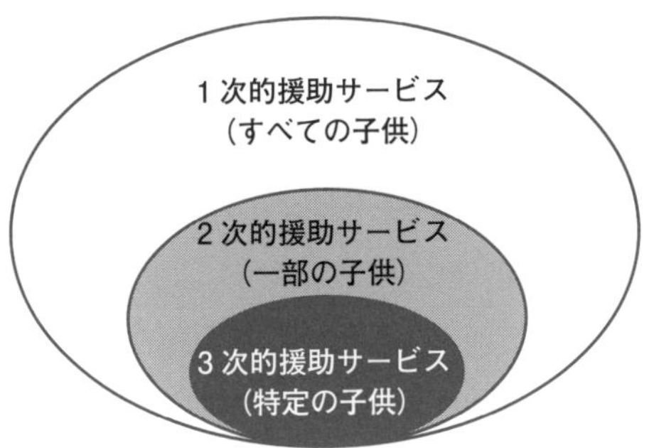

図9.2　3段階の心理教育的援助サービス

表9.2　3段階の心理教育的援助サービスの概要

3段階の心理教育的援助サービス（石隈）	
1次的援助サービス	すべての子：促進的援助（対人関係能力の育成や学習スキルの習得） 予防的援助（入学時や進級時など環境の変化への適応支援）
2次的援助サービス	一部の子：学習意欲の低下，登校しぶり，転校や両親の離婚などでの支援
3次的援助サービス	特定の子：不登校，いじめ，非行，発達障害といった，個別の援助ニーズ
予防精神医学（キャプラン）	
1次的予防	集団内での精神疾患の発生を未然に防ぐ（発生率の低下を目指す）
2次的予防	潜在的な患者や疾患の兆候を示す人を対象に早期発見と早期治療を行う
3次的予防	病気を発症した人の疾患の慢性化や障害の程度の最小化，再発の防止
アメリカのPBSにおける層別アプローチ	
第1層	ユニバーサル予防（学級単位） 行動や学業上の達成や将来の問題を予防するような働きかけ
第2層	ターゲットを絞った予防（小グループなど） 特定のスキル習得を目標としたもの
第3層	個別化・集中化した予防 アセスメントに基づいた個別の支援

で石隈（2004）は，①支援対象はすべての子ども，教師，保護者であり，個人だけでなく学級や学校（組織）といった集団も対象となること，②援助対象は狭義の問題（病理的なものや問題行動）だけでなく，すべての子どもが直面しうる発達上の課題や教育上の課題について，学習面，心理・社会面，進路面，健康面といった幅広い領域で含まれること，③SC等の専門家の役割を尊重しつつ，援助の中心的な担い手を教師と位置づけ，保護者も援助者として重視し，教師・SC・保護者らによるチーム援助を行うこと，と述べています。

この考え方に関連するものとして，**ポジティブ行動支援**（PBS; Positive Behavior Support; Intervention（介入）を含めてPBISと表記される場合もあります）があります。PBSとはアメリカで発展したもので，応用行動分析をベースとしています。好子出現の強化（正の強化）によって適応を促進する行動の習得を組織的に目指すもので，主に特別支援教育で実践されていたものが学校現場全体に広まっていきました。学校全体で取り組むPBSにおいては，公衆衛生学のモデルを参考に，サポートの3層モデルを採用しています（**表9.2**）。

SCは相談室という密室でのカウンセリングだけでなく，こういった各層・各段階に応じた専門的な心理的支援を行っていく必要があります。

9.2 SCの実際

9.2.1 カウンセリング

カウンセリング（counseling）とは，主に対話を中心としたコミュニケーションを通して，来談者（相談者）の心理面や行動面に変化が生じることを期待する営みです。狭義には，臨床心理学におけるいわば**治療的カウンセリング**を指していました。しかし，学校現場では発達段階で自然と生じる対人関係の悩みなど，治療という言葉がそぐわない相談も多くあります。したがって，従来の（治療的）カウンセリングと区別するため，**予防的カウンセリング**（問題が生じる前の予防に主眼が置かれたもの）や**開発的カウンセリング**（心理社会的発達を促す点を強調したもので，促進的または育てるカウンセリングとよばれることもあります）といった語句が使われることもあります。治療的カウンセリングがマイナスをゼロにするための支援と考えるならば，予防的カウンセリングはプラスの状態をキープする支援，開発的カウンセリングはさらなるプラスを目指す支援，と整理できるかもしれません。先の3段階の心理教育的援助サービスでは，治療的カウンセリングが2次または3次的，予防的カウンセリングが1次または2次的，そして開発的カウンセリングは1次的援助サービスに対応すると考えられます。

9.2.2 コンサルテーション

コンサルテーション（consultation）とは，一般に専門性の異なる人たちが1つの事例に対して情報を共有し対応を話し合う，専門家同士の作戦会議を意味します。学校現場では，学校教育の専門家である教師と心理学の専門家であるSC，そして事例によっては福祉の専門家であるSSWがそれぞれの専門性を生かし，支援対象がより良くなるためのゴールを共有し，そのための見立てと手立てを話し合い，それぞれが支援を実践し，その結果を確認し合い，必要に応じて次の手立てを修正する，といった循環的なプロセスとなります。SCは，どうしても自分がSCとして「学校とうまくやる」ことに意識が向きがちですが，コンサルテーションではむしろ「学校がうまくやる」という俯瞰的な視点が必要となります。

なお，コンサルテーションと似た用語に**コラボレーション**（collaboration；協働）があります。前者は主に個別事例に対するもの，後者はSC等と教職員がともに取り組む姿勢や連携のほうに焦点をあてているといった違いがあります。

学校におけるコンサルテーションやコラボレーションでは，**守秘義務**について考える必要があります。公立学校のSCは公務員としての守秘義務が適用されますが，それ以外にも，専門職として個別面接で得た情報に関する守秘義務が生じます。個別相談で得た内容をむやみに第三者に伝えてはならないのは当然ですが，一方で，教職員と情報をまったく共有しないままでは，学校で仕事はできません。この点に関して，たとえば長谷川（2003）は，集団守秘義務

（チーム内守秘義務）として，必要な情報は関係者間で共有しその中で守秘義務を徹底することなどを提案しています。その他にも，共有してもよい情報を来談者に確認したり，個別相談で得た内容の共有よりも，それを踏まえた見立てと手立ての共有に力点を置くといった工夫も求められます。ただし相談者に自傷他害の恐れがある場合には，守秘義務を超えた対応が求められます。

9.2.3 心理教育

学校における心理教育とは，主に心理学的な観点や技法を身につけることでより良い自己理解や対人関係の構築を目指すものです。SCが実践する心理教育は，主に石隈（2004）のいう1次的援助サービスに該当し（**図9.2**，**表9.2** 参照），予防的・開発的カウンセリングの一環に位置づけられることもあります。

文部科学省が出している**生徒指導提要**[1]には，「教育相談でも活用できる新たな手法等」の解説があります。これを参考に，主な**心理教育**について以下に述べます。

1. グループエンカウンター（group encounter）

子供たちがグループで楽しく取り組めるような，ややゲーム性の高い課題（例：新聞紙1枚の上になるべくたくさんの人が乗れるよう協力する）に取り組む心理教育の手法で，主に人間関係づくり，自己理解や他者理解を目的に行われます。臨床心理学の大家ロジャーズ（Rogers, C. R.）の創始したエンカウンター・グループをはじめとする集団心理療法などを参考に学校現場への適用を目指して開発されたものですが，たとえばエンカウンター・グループはフリートーク中心で，数時間から数日といった時間をかけて行われるため，そのままでは子供に適用しづらいものでした。そのため，ねらいを明確にして授業時間内に完結させるといった理由から，ゲーム性のある課題を設定して短時間で実施可能なものが行われるようになりました（課題などから構成されるため，構成的グループエンカウンターとよばれることもあります）。

---

[1] 2021年現在，生徒指導提要は改訂作業が行われています。

2. ピア・サポート（peer support）

友達に元気がないときに話を聞いたり，必要に応じて大人からの手助けにつなげるなど，子供同士（仲間＝ピア）の支え合いの力を身につける取組みの総称です。カウンセリングにおける傾聴スキル，葛藤解決スキル，ストレス対処スキルの向上を図ったりします。実際には，後述するソーシャルスキルトレーニングやストレスマネジメント教育のプログラムを，ピア・サポートという目的に合わせて実践することが多いようです。小学校における異学年交流や中学・高校の生徒会活動の一環として行われたりします。

3. ソーシャルスキルトレーニング（social skills training；社会的スキル教育）

ソーシャルスキルとは，他人と良好な関係を築いたり，社会に適応するために必要な技能の総称で，コミュニケーション（あいさつ・謝罪・断り方・傾聴など），感情調整，共感などさまざまなものが含まれます。心理教育では主に，
①教示（対象となるスキルの重要性や具体的な行動の説明）
②モデリング（手本となる具体例の提示）
③リハーサル（ペアなどでスキルを練習）
④フィードバック（ペアの相手や授業者が良かった点をほめ改善点を伝える）
⑤般化（日常生活での実践を促す）
という流れで行われます。このうち①～④は授業の中で，⑤は日常生活の中（帰りの会でターゲットスキルに関するその日の振り返りを行う，スキルに関する掲示物を教室に貼る）で取り組まれます。

4. アサーショントレーニング（assertion training）

アサーションは直訳すると自己主張ですが，日本語だと自分の意見を堂々と言うことのようにイメージされやすいため，そのままアサーションと表現されることが多いようです。他人との間で葛藤が生じる場面（相手からのお願いを断らないといけない場面など）で，自分にも相手にも配慮した伝え方を目指すものですが，たとえば三田村（2011）は，自分あるいは相手と，結果の満足度（Win・Lose）の組合せで，アサーションを 4 つに分類しています（**表 9.3**）。それぞれのタイプをアニメのキャラクターになぞらえたり，シナリオをペアで演じるなどして違いを理解したり，機能的アサーションタイプのコツを学んだ

表9.3 アサーションのタイプ分け（三田村，2011）

		相手	
		Win（勝ち）	Lose（負け）
自分	Win（勝ち）	機能的（しずかちゃんタイプ）	攻撃的（ジャイアンタイプ）
	Lose（負け）	自虐的（のび太タイプ）	破綻的

注：ドラえもんのキャラクターは筆者が追加。

りします。望ましいアサーションのコツとして，①状況の説明や描写をする（Describe），②自分の意見や思いを率直に表現する（Express），③相手への要望を提案する（Specify），④提案に対する相手の反応を受けてこちらの対応を選択する（Choose）があり，これらの頭文字をとってDESC法とよばれます。

5. アンガーマネジメント（anger management）

アンガーマネジメントとは，怒り感情（アンガー）のコントロールに関する働きかけの総称です。次に説明するストレス反応と似ていますが，ストレス反応には急性ストレス反応と慢性ストレス反応とがあり，アンガーマネジメントの対象となる怒りは，主に急性ストレス反応の一つと理解することが可能です（感情としての怒りについては，8.3節をご覧ください）。

6. ストレスマネジメント教育（stress management education）

ラザルスとフォルクマン（Lazarus & Folkman, 1984 本明ら監訳 1991）の心理社会的ストレスモデルに基づき（図9.3），ストレスの各段階へ働きかけるものです。たとえば，ストレッサーについては自分に多いストレッサーへの気づきと周囲による環境調整，認知的評価についてはストレッサーの認知的評価の変容（影響性の再評価や対処の見通しをもてるようになること），コーピングについては多様な対処方略の習得，対処の効力感や有能感を高めること，ストレス反応についてはリラクセーション技法などによる緩和，といったものがあります。ストレスについては小学校（高学年）の体育や中学・高校の保健体

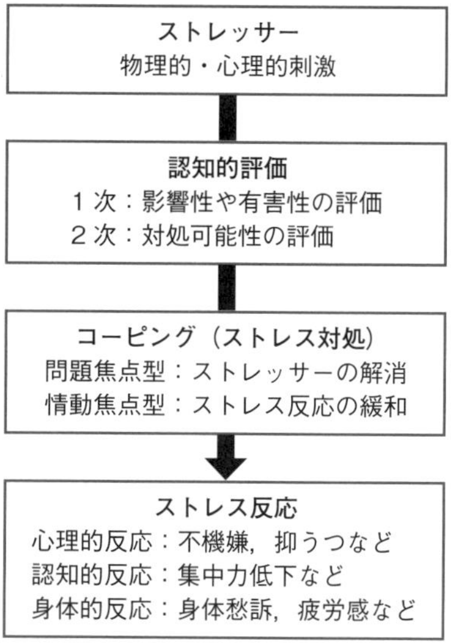

ストレッサー
物理的・心理的刺激

認知的評価
1 次：影響性や有害性の評価
2 次：対処可能性の評価

コーピング（ストレス対処）
問題焦点型：ストレッサーの解消
情動焦点型：ストレス反応の緩和

ストレス反応
心理的反応：不機嫌，抑うつなど
認知的反応：集中力低下など
身体的反応：身体愁訴，疲労感など

図 9.3　**心理社会的ストレスモデル**

育で指導すべき内容となっていますので，保健の授業などで実施されることもあります。また，後述する SOS の出し方に関する教育の一つとして行われることもあります。

7. キャリアカウンセリング（career counseling）

キャリア教育でカウンセリングの手法を活用することです。キャリア教育については，中央教育審議会の平成 23（2011）年答申に「一人一人の社会的・職業的自立に向け，必要な基盤となる能力や態度を育てることを通して，キャリア発達を促す教育」とあり，さらにキャリアに関しては同答申に「人が，生涯の中で様々な役割を果たす過程で，自らの役割の価値や自分と役割との関係を見いだしていく連なりや積み重ね」とあります。つまり職業としての仕事だけでなく，学校での係活動や地域のボランティア活動などもキャリアに含まれます。

なお同答申は，キャリア教育で育成すべき力として「基礎的・汎用的能力」

を示しています。この「基礎的・汎用的能力」は，「人間関係形成・社会形成能力」「自己理解・自己管理能力」「課題対応能力」「キャリアプランニング能力」の4つの能力によって構成される，とされます。これらの多くは心理学の専門領域と重なりますので，カウンセリングマインドを生かしたキャリア教育のみならず，対人関係スキルやICTスキルの習得の支援，自己実現の支援，問題解決スキルや問題マネジメントスキルの形成支援など，さまざまな教育場面での心理学的知見の活用が期待されるところです。

8. SOSの出し方に関する教育（自殺予防教育）

9.1.1項でふれた法律の改正を受けて，文部科学省は平成30（2018）年，厚生労働省と連名で「児童生徒の自殺予防に向けた困難な事態，強い心理的負担を受けた場合などにおける対処の仕方を身につける等のための教育の推進について（通知）」を出しました。そこでは「SOSの出し方に関する教育」を自殺予防教育の一つとして位置づけ，担任主体で養護教諭やSCとのティームティーチングなどにより，少なくとも年1回以上実施することが求められています。警察庁の統計によると，小学生は10人前後，中学生は100人前後，高校生は200人以上が毎年自ら命を断っており，自殺予防教育はきわめて重要なものとなっています。

文部科学省（2018）は，東京都教育委員会や北海道教育委員会が作成した教材を例として紹介しています。東京都教育委員会のものは，一人ひとりが大切な存在であることやストレスの概要をDVDで学んだ上で，自分がつらいときにそれを軽くするためにどうしているか，友達はどうしているかをグループで話し合ったり，大きなストレスに遭遇した場合の援助要請行動について考えたりする内容からなっています。また，北海道教育委員会のものは，中学生・高校生を対象としたプログラムで，援助要請に3時間，早期の問題認識について2時間，ストレス対処に4時間の合計9時間分の授業があります。その上で，各学年で7時間ずつ実施するモデルプランを提案しています。この他にも心理学の立場からいくつかの自殺予防教育が実践されていますし（**表9.4**），7.2.4項でふれた本田（2017）の取組みも，困ったときに周囲に援助要請を行えるようになるという意味で，まさにSOSの出し方に関する教育といえるでしょう。

表 9.4 主な自殺予防教育の実践研究

文献	主な授業内容
川野・勝又 (2018)	• マインド・プロファイリング（自分の感情に気づいたり対処できる） • マインド・ポケット（対処方法の理解や判断） • KINO（自分の感情を他者に伝えたり相談の仕方を知る） • シナリオコンテスト（話の聴き方の理解や大人へつなぐ判断をする）
阪中 (2015)	• いのちについて考える授業（自分の誕生や死と生，性について学ぶものなど） • 危機への対処を扱う授業（危機のサインやお互いの支え合い方など） • 生と死をイメージする授業（自死遺族の話を聞いたり自分の大切なものを考えたりする活動など）
窪田 (2016)	• ストレスや「消えてしまいたい」と思ったことがあるか等の事前アンケート結果の紹介 • 現時点でのこころのもやもや度のチェック • もやもや対処法を考える • 信頼できる人へ話すことの重要性 • 友達の話の聴き方や大人への伝え方 • 相談窓口などの紹介

なお，SOSの出し方に関する教育は子供を対象としていますが，当然ながら出されたSOSへの的確な受け止めと適切な対処が必要で，教職員やSCには，この点のスキルアップが求められます。

9. 生命（いのち）の安全教育

令和2（2020）年6月の「性犯罪・性暴力対策強化のための関係府省会議」において決定された「性犯罪・性暴力対策の強化の方針」を踏まえて，文部科学省は子供たちが性暴力の加害者や被害者，傍観者にならないようにするために，教育・啓発活動の充実，学校等で相談を受ける体制の強化，わいせつ行為をした教員等の厳正な処分，社会全体への啓発等についての取組みを強化しています。

その一環として，文部科学省は「生命（いのち）の安全教育」を推進しています。文部科学省が作成した教材および指導の手引は幼児期から高校まであり，発達段階に応じた内容を学ぶものとなっています。たとえば幼児期や小学校においては，他人にむやみに見せたり触らせたりしてはいけない部分の理解，嫌な気持ちになる触られ方をしたときの対応（小学校高学年はSNS使用時に気をつけることも含む）などについて，中学校や高校においては，他人との心身の距離感，性暴力の概要や例，性暴力にあった場合の対応などについて学ぶものとなっています。

9.2.4 教職員研修・PTA 等での講演

教職員研修の内容については，不登校といった特定の対象に関するものや，教育相談における話の聞き方，校内事例検討会，これまでに挙げた心理教育の実践方法についてなど，さまざまなものが考えられます。現場の教師からはすぐに生かせるハウツー的な内容へのニーズがきわめて高く，これを無視することはできません。一方で，小手先の技術にとどまらない，子供の心理的理解を踏まえた対応が求められるのも事実ですので，教職員研修では両者のバランスが大切になります。また，学校教育と心理学の専門性の違いを意識し，教職員の取組みを否定したり非難したりするような雰囲気にならないことも重要です。

なお，SC の職務には明記されていませんが，学校では PTA 等での講演も依頼されることがあります。心理学的な情報提供は保護者にとって有用であるのは当然であることに加え，こういった機会を通して SC 自身を知ってもらうことも大切です。

9.3 チームとしての学校

チームとしての学校（「チーム学校」）は，平成 27（2015）年の中央教育審議会答申ではじめて登場した言葉です。この考え方が必要となった背景として，答申には「新しい時代に求められる資質・能力を育む教育課程を実現するための体制整備」「複雑化・多様化した課題を解決するための体制整備」「子供と向き合う時間の確保等のための体制整備」が挙げられています。心理職に関しては，2 つ目の「複雑化・多様化した課題を解決するための体制整備」の中で，学校が抱える課題が複雑化・困難化しているため，心理や福祉など教育以外の高い専門性が求められること，生徒指導上の課題解決に SC や SSW を活用し，教職員がチームで問題を抱えた子供の支援を行うことが重要である，といった

表 9.5 チーム学校実現のための 3 つの視点

①専門性に基づくチーム体制の構築
②学校のマネジメント機能の強化
③教員一人ひとりが力を発揮できる環境の整備

形で言及されています。

また，チーム学校を実現するために 3 つの視点を挙げ，これらに沿って学校のマネジメントモデルの転換を図る必要があると述べています（**表 9.5**）。このうち，心理職として直接関わるものが①で，心理や福祉等の専門スタッフを学校の職員として職務内容等を明確化することや，専門性や立場の異なる人材をチームの一員として受け入れることが謳われています。SC の多くは非常勤として学校に勤務しますが，チーム学校の一員であるという自覚が必要となります。

チーム学校の一員である SC は，必然的にチームワークに寄与する動きが求められます。先述の答申はいじめを例に，「いじめへの対応について，スクールカウンセラーがカウンセリング等で関わることは，有効な機能を発揮しているが，スクールカウンセラーに全ての対応を任せるだけでは，解決につながらないことも考えられる。日常的に子供に関わっている教員，身体的不調の様子からいじめ等のサインに気付きやすい立場にある養護教諭，心理学の観点から助言や援助を行うスクールカウンセラーなど役割や専門性を異にする職員が様々な立場から，総合的に関わることで解決につなげることが可能になる」と述べています。このように，SC には常識的な社会性に加え，互いの専門性を尊重し，守秘義務に配慮しつつ積極的にコミュニケーションを図り，連携して課題にあたる姿勢が必要となります（コミュニティ心理学のフレーズ「軽快なフットワーク，綿密なネットワーク，少々のヘッドワーク」が参考になります）。

9.4 緊急支援（危機介入）

ここまで述べてきたのは平時における活動ですが，緊急事態が生じた際には，通常と異なる支援が求められます（福岡県臨床心理士会，2020）。

学校における緊急事態としては，子供や教職員の突然の死（特に自死），教職員の不祥事，子供が加害者もしくは被害者となる殺傷事件，大規模災害などがあります。こういった事態では，多くの人が心理的にも大きなダメージを負い，またショックの反動で他者への非難や攻撃が出てくるなど，コミュニティ全体が動揺し落ち着かない状況に陥ることも珍しくありません。そのため学校における**緊急支援**では，すでに生じた反応をなるべく早く収束するための支援と，不適切な対応による新たな被害（2次被害）を防ぐための支援が行われます（個人への支援に焦点をあてたものを**危機介入**，コミュニティ全体への支援を緊急支援と区別することがあります）。

学校における緊急支援の多くでは，緊急支援カウンセラーが派遣されます。緊急支援カウンセラーは，通常配置のSCや学校の管理職，教育相談担当教員などと連携しながら，状況に応じてさまざまな対応を図ります。なお，名称にカウンセラーとついていますが，緊急支援カウンセラーが個別カウンセリングの前面に立つことは多くありません。むしろ，学校コミュニティに自己治癒力を引き出すための間接的・包括的な関与が中心となります。筆者が2011年の東日本大震災や2016年の熊本地震で携わった支援では，①実施が決まっていた心の健康調査票（心身の簡便なチェックリスト）の分析をサポートする，②心の健康調査票で支援ニーズが高い子供をピックアップし個別支援につなげる（体制づくりも含む），③よくみられる心身の反応（トラウマ反応；10.1.4項参照）が特殊な状況下での当然の反応であることの説明（ノーマライゼーション），手軽なリラクセーション法などの紹介，専門機関の整理といった情報発信，④教員が実施する個別教育相談のサポート（話の聞き方や子供が示す反応などのチェックポイントの研修）などを行いました。この他にも，子供の自死事案における保護者説明会やメディア対応でのサポートなどが行われることもあります。

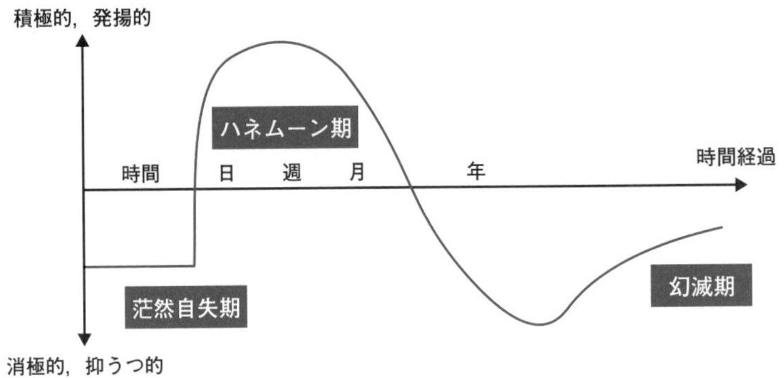

図 9.4 **被害者の心理状態の変化**（金，2006）

表 9.6 **被害者の心理状態の変化における各状態の名称，継続期間と概要**

名称	継続期間	概要
茫然自失期	数時間～数日	ショックを受け心身の状態が大きく落ち込んだ状態
ハネムーン期	数週間～数カ月	困難を乗り越えるために心身の活動性が上がった状態
幻滅期	数カ月～数年	疲れや復興への道のりの長さに再び心身の調子が落ち込んだ状態

なお，大規模災害などでは，時間経過とともに被災者の心身の調子が大きく浮き沈みすることがあります（**図 9.4**，**表 9.6**；金，2006）。個人差はあるでしょうが，たとえばハネムーン期には無理せず意図的に休息をとれるような支援，幻滅期には息の長い支援などが必要とされます。大規模災害では，この他にもサバイバーズ・ギルト（被害がなかったか少なかった人がそのことを申し訳なく思ったり，身近な人を亡くした人が，自分が助かってしまったことに後ろめたさや罪悪感を抱いてしまうこと）やアニバーサリー反応（○カ月後，○年後のように，出来事を思い出す節目に心身の調子が落ち込むこと）がみられることもあります。どちらも危機を経験した人に出てくる自然な反応であることを伝え，受容的・共感的態度で話を聞くことが重要です。

緊急支援に際しては，こういった臨床的知識を基に，支援の押しつけにならないように留意しながら，学校コミュニティが落ち着きを取り戻し自分たちの力で再び歩みだすことを手助けする動きが求められます。

復習問題

1. 以下の文章について，正しければ○，間違っていれば×をつけてください。
   ①スクールカウンセラー（SC）の業務は，学校の相談室内における児童生徒のカウンセリングに限定されている。
   ② SCが学校で行うコンサルテーションとは，教師とSCがそれぞれの専門性を踏まえて事例への対応を協議することである。
   ③ SOSの出し方に関する教育とは，ピア・サポートとして子供同士がお互いの相談に乗れるようにする教育である。
2. 予防的カウンセリングと開発的カウンセリングについてまとめてください。

参考図書

かしま えりこ・神田橋 條治（2006）．スクールカウンセリングモデル100例――読み取る。支える。現場の工夫。――　創元社

スクールカウンセリングのさまざまな場面・トピックでの実践事例が100も取り上げられています。それぞれにおける見立てと手立て，報告者のかしま先生による解説と神田橋先生によるコメントが，臨床実践について広く深く考えさせられる，刺激的な一冊です。

村山 正治（編）（2007）．学校臨床のヒント――SCのための73のキーワード――　金剛出版

スクールカウンセラーの仕事は，大学院で経験する相談室モデルと異なるところも多くあります。本書は学校臨床で必要となる知識について，キーワード形式で73項目が挙げられており，それぞれについてコンパクトでわかりやすく解説されています。

嶋田 洋徳・坂井 秀敏・菅野 純・山崎 茂雄（2007）．中学・高校で使える人間関係スキルアップ・ワークシート――ストレスマネジメント教育で不登校生徒も変わった！――　学事出版

心理教育に関する書籍は数多く出ていますので，そのうち一冊だけご紹介します。本書は中高生を対象としたストレスマネジメント教育の書籍で，多くのエクササイ

ズ（授業）が載っています。認知面・行動面・感情（情動）面それぞれのエクササイズがあるため，包括的なストレスマネジメントを知ることができます。

10 子供のメンタルヘルス

メンタルヘルス上の危機は中高年に特有のものと思われがちですが，実際にはどの世代でも生じる可能性があり，子供も例外ではありません。この章では，教育・学校心理学の主な対象となる小学生から高校生が呈しやすい精神疾患（うつ病や不安症など）や心身症（起立性調節障害など）に加え，こういった危機に関連する要因の一つとして性にまつわるトピックを取り上げ，心理学的な観点からの理解や対応について解説します。

10.1 精神疾患

本節では，子供たちにもよくみられる精神疾患について説明します。なお，この節の説明はアメリカ精神医学会の精神疾患の診断・統計マニュアル　第5版（Diagnostic and Statistical Manual of Mental Disorders, 5th ed.; DSM-5）およびトービンとハウス（Tobin & House, 2017）に準拠していますが，診断名や診断基準など主なもののみ記載しています。説明では省略していますが，基準となる症状の数や他の疾患ではないという除外基準があります。また，医学的診断は医師のみ行うことができます。

10.1.1 うつ病

DSM-5には抑うつ障害群というカテゴリーがあります（**表10.1**）。このうち重篤気分調節症と月経前不快気分障害は，DSM-5から新たに加わりました。

うつ病の診断には，抑うつ気分または物事への興味の低下，喜び感情の減退の症状のいずれかが含まれる必要がありますが，子供の場合，抑うつ気分でな

表 10.1 **抑うつ障害群の主な疾患**

疾患名	主な症状
重篤気分調節症	(6〜18歳) 激しく繰り返されるかんしゃく
うつ病	(本文参照)
持続性抑うつ障害	慢性の抑うつ状態
月経前不快気分障害	月経前の心身の不調

く易怒性（怒りっぽさ）となることがあります。それ以外に，心理面では気力の減退，自分が無価値である感覚や罪責感，思考力や集中力の減退，死について繰返し考えること，身体面では体重の減少（子供の場合は成長に伴って増加しない），不眠や過眠，動作が普段より遅いか逆に落ち着かずじっとしていられない，疲労感，などがあります。こういった症状の強さが一日の中で変化する日内変動があったり，季節によって変わる場合もあるといわれています。

有病率について，傳田（2008）が中学1年生を対象に診断面接を行った研究では，当時のうつ病関連カテゴリーのいずれかに該当した生徒が約8%，臨床心理士が中学1，2年生を対象に半構造化面接を用いた研究（佐藤ら，2008）では約5%と報告されています。抑うつの尺度を用いた調査研究では2〜3割であることが多いようです（傳田ら，2004；永井，2008など）。男女比について，成人では女性のほうが男性の2倍程度多いとされていますが，児童期は同程度か男子がやや多いといわれています（傳田，2014）。また，発達障害を有する子や非行少年においてみられやすいともいわれています。

ところで，うつ病に似たものとして適応障害があります。適応障害は後述するPTSDと同じカテゴリーに属し，ある特定の強いストレッサーによって心身の症状や日常生活などでの困難が生じるものですが，他の診断基準に合致しない場合にのみ診断されるという特徴があります。

うつ病への対応としては，環境調整で負荷を減らし，休養をとりやすい状況を整えた上で，必要に応じて薬物療法が試みられます。心理療法としては認知行動療法や対人関係療法などが推奨されています（傳田，2014；下山，2015）。

10.1.2 不安症

不安は自然な感情ですが，日常生活に悪影響を及ぼすレベルになると**不安症**と診断されます。なお不安と似た感情として恐怖がありますが，DSM-5では恐怖は現実または切迫している脅威に対する情動反応，不安は将来の脅威に対する予期的なものとされています。そして直面している恐怖から逃れる行動を逃避行動，脅威となりうるものを前もって避ける行動は回避行動として区別されます。不安症については，子供に多い3つを取り上げます（有病率はDSM-5に記載された数値です）。

不安症の1つ目は**分離不安症**です。これは愛着対象（保護者など）と離れる際の強い苦痛や，分離に伴い自分や愛着対象に良くない出来事が起こるという強い心配などを特徴とするもので，学校では特に小学校低学年での登校しぶりや保護者と離れられないケースが該当します。子供の6〜12カ月有病率は4%と推計され，女児のほうが登校しぶりを強く示すとされています。

2つ目は**選択性緘黙**で（一般に場面緘黙とよばれます），話す能力はあり家などでは話せる一方，学校などある特定の場面では一貫して話せない状態になるもので，有病率は0.03〜1%程度となっています。なお，DSMの第3版までの英語表記は“elective mutism”で「ほとんど全ての社会的状況で話すことを拒否する」（話さない場面を本人が主体的に選んでいる＝elect）というとらえ方だったのが，第4版から“selective mutism”となり「特定の社会的状況で一貫して話すことが**できない**」という，不安を中心に据えたとらえ方（特定の場面＝selectされた場面において不安のため話せない）に変わっています。

最後は**社交不安症**です。ここでいう社交とは他人からの注視を受ける場面という意味で，そこでの強い恐怖や不安が継続する点が特徴的です。具体的な場面として，雑談，よく知らない人に会うこと，他人と飲食をともにすること，人前で何かをすること（スピーチ），などが挙がっています。子供の場合は，大人だけでなく子供同士で生じることが要件となっています。子供も大人と同程度の割合でいるとされ，アメリカでは12カ月有病率が7%，他の地域では0.5〜2%という数値が紹介されています。

不安症に対しても，環境調整や必要に応じて抗不安薬などの処方がなされます。心理療法としては，不安な場面に少しずつ慣れていくエクスポージャー法，不安場面の解釈の仕方を広げる認知療法，回避・逃避行動の代わりとなる行動の習得を支援する応用行動分析による取組みなどがなされます。

10.1.3 強迫症および関連症

強迫症は，強迫観念（繰返し生じ不快感を引き起こす思考やイメージ）と強迫行為（生じた不快感を和らげるために繰り返される行動）が特徴的な精神疾患で，洗浄強迫（汚れが残っている気がして洗い続ける）や確認強迫（忘れ物がある気がして何度も点検を繰り返す）などがあります。一般有病率は1%台で，子供の頃は男子にやや多いとされています。子供の場合，強迫行為に家族を巻き込むために家族も疲弊する場合があります。日常生活への影響が大きい場合は精神医学的なケアが必要となります。心理療法としては，強迫観念を生み出す場面に段階的に慣れるエクスポージャー法と，その際に強迫行為を行わないよう支援する反応妨害法を組み合わせた取組みなどがあります。

強迫症と同じカテゴリーで子供にみられやすいものに**抜毛症**があります。これは日常生活に悪影響が出るほどに髪の毛，まつ毛，眉毛などを抜いてしまうもので，本人も意識しているがやめられない場合と無意識にしてしまう場合があります。一般人口の1〜2%にみられ，女性に圧倒的に多いとされます。抜毛の代わりとなる行動を練習したり，自分の行動や考えなどの観察記録をつけて客観的な視点を養ったり，リラクセーション技法などで抜毛の背景要因にあるストレスを和らげるといった支援がなされます。

10.1.4 心的外傷に関係するもの

犯罪被害や事故，災害，誘拐，テロ，戦争など，心理的に強いショックを与える体験は**心的外傷**体験（トラウマ体験）とよばれます（子供の場合は養育者間暴力（DV）の目撃や被虐待経験も含まれます）。こういった体験の後，**表10.2**の4タイプの症状が確認されるとストレス障害の診断がなされます。このうち症状が出現して1カ月までは**急性ストレス障害**，1カ月以上続いていると**心的外傷後ストレス障害**（Post Traumatic Stress Disorder; PTSD）となりま

表 10.2　**心的外傷に伴う 4 つの症状**

症状カテゴリー	主な変化
再体験（侵入体験）	体験した場面を繰返し思い出す。夢で見る。今生じているように体験する（フラッシュバック）。
回避行動	体験の記憶そのものを思い出さないようにする。思い出すような刺激を避ける。
気分や認知の陰性変化	体験した場面が思い出せない。自分や周囲を責める。怒り，罪悪感，恐怖などの慢性的な持続。
覚醒度や反応の変化	怒りっぽくなる。警戒心が強くなる。集中困難。睡眠障害。

す（ただし基準が一部異なります）。なお，事件事故や災害といった突発的な体験によるものを急性または単回性トラウマ，虐待経験など長期の経験によるものを反復性または複雑性トラウマとよぶこともあります。

対応としては，まずは身の安全の保障と安心感の確保が重要で，日常生活が安定してきた後に心のケアが図られます。専門技法としては，持続エクスポージャー（安全な治療的環境の中でトラウマ記憶を少しずつ思い出して恐怖に慣れる），EMDR（目を一定の速さで左右に動かしながらトラウマ記憶を少しずつ思い出して恐怖感を和らげる）といったものがあります。以前はトラウマ体験から数日以内の支援として，事実や現在の感情・反応・症状を語らせるディブリーフィングという手法が用いられていましたが，現在では推奨されておらず，代わりにサイコロジカル・ファーストエイド（psychological first aid；心理的応急処置）が実施されています。

なお，同じカテゴリー内に**反応性アタッチメント障害**と**脱抑制型対人交流障害**というものもあります。両者は安定的なアタッチメント形成の機会が乏しかったという点で共通していますが（アタッチメントについては 8.3.2 項を参照），行動の方向性が異なり，前者は養育者への関わりや他人との交流が少ないほか，ポジティブな感情表出が乏しく，状況に見合わないイライラや悲しみ，恐怖を示すといった内向的な特徴があります。後者は知らない大人へもためらわず近づいてついていこうとしたり，いきなりなれなれしすぎる態度をとるといった外向的な特徴があります。有病率などは明らかではありませんが，虐待の影響を受けている可能性もあるため，今後の研究の蓄積が待たれます。

10.1.5 自傷行為

DSM-5には「今後の研究のための病態」という箇所に，「非自殺的な**自傷行為**」というものがあります（後述するICD-11では，「症状，兆候，臨床所見で他に分類されないもの（仮訳）」の中にあります）。提案されている診断基準としては，自殺の意図がない軽度か中等度で自分を傷つける行為（切る，火傷，刺す，打ちつけるなど）を1年で5回以上しており，ネガティブな気分を和らげたりポジティブな気分をもたらしたり，対人関係の問題を解決することを期待して行われる，といったものが挙げられています。松本（2009）によると，中高生の約1割は経験しており，カッターナイフなどで手首や腕を切るリストカット，アームカットや，市販薬などを大量に飲む多量服薬が多いようです。

自傷行為は周囲へのアピールととらえられがちですが，実際には，少なくとも自傷行為が始まった当初は，ネガティブ感情の緩和（苦しい気持ちの発散や怒り感情の置換え）のために行われています。松本（2009）はこのことを，「心の痛みを身体の痛みで置き換えている（キレられない＝感情を出せないから身体を切る）」「自死行為は死への入り口，自傷行為は生への再入場口」などと表現し，その上で，自傷行為が嗜癖化すると行為がエスカレートすることや，次第に死への親和感が増すことについて警鐘を鳴らしています。

自傷行為の支援では，子供をさらに追い込んだり，安心して話せる信頼関係を損ねたりしないために，叱ったり説教するといった対応を避け，「もうしないと約束してね」といった役に立たない取り決めを交わさないことが求められます。その上で，自傷行為の背景にあるつらさに丁寧に耳を傾け，話してくれたことをねぎらい，本人なりの努力を認め，他の対処の仕方を一緒に考えていきます。その際，きっかけとなった出来事やそのときの感情，行為時に考えたり感じたりしていたこと，行為後の感情の変化などの情報が得られると，対応の方向性も考えやすくなります。ただし，自傷行為の前後の記憶が不鮮明な場合（解離状態）や傷が重たくなっている場合には，命を守るために医療機関との連携が不可欠となります。

10.1.6　ゲーム症（仮訳）

世界保健機関（WHO）による国際疾病分類の第11版（ICD-11）が，2019年の総会で承認されました。約30年ぶりとなる今回の改訂で，新たに**ゲーム症**（gaming disorderの仮訳。ICD-11日本語版は本稿執筆時点では確定しておらず，ゲーム障害も候補となっています）が加わっています（DSM-5では「今後の研究のための病態」にインターネットゲーム障害があります）。

ゲーム症は「精神，行動又は神経発達の障害（仮訳）」の章の「物質使用症群または嗜癖行動症群（仮訳）」のカテゴリーに含まれ，ギャンブル症（仮訳）の次に記載されています。オンラインとオフラインの区別はありますが，診断基準は共通しています（**表10.3**）。新しく追加されたカテゴリーということもあり，実態や治療・心理的支援に関する今後の研究が待たれるところです。

ここまで挙げたもの以外にも，子供にみられる精神疾患としては，チック症群（無意識的に繰り返される身体の動きや発声。小学生にみられやすい），統合失調症（脳の働きの変容により，幻聴や幻覚，妄想などが生じる。10代後半頃からみられる），摂食障害（極端に食べない，食べるのが止まらない，食べ吐きを繰り返すといった食のコントロールの難しさが生じる。思春期頃から出始め，女性に多い）などがあります。

表10.3　ゲーム症の診断基準

- ゲームをすることへのコントロールが欠如している。
- 生活上の利益や日々の活動よりもゲームが優先される。
- 自分への不利益が生じてもゲームを続ける。
  これがエスカレートし，個人・家族・社会的生活・教育面・職業面に大きな悪影響を及ぼす。

10.2 心身症

10.2.1 心身症とは

「『心身症は身体の病気』だが，その発症や経過に『心理・社会的因子』が大きく影響しているもの」，これが心身症の定義です（日本小児心身医学会のウェブサイトより）。**心身症**を専門に扱う医学領域は心身医学，病院における診療科は**心療内科**となります（心療内科は，名前の通り内科の一つです）。

定義にある心理・社会的因子には幅広いものが含まれますが，心身医学では特に，性格特性，環境要因，ストレスなどに注目します。このうち心身症と関連の深い性格特性の一つに**アレキシサイミア**（またはアレキシシミア；Alexithymia；失感情症や失感情言語症と訳されます）があり，これは自分の感情に気づきにくい，感情の言語化や内省が苦手，といった特徴があります。

以下に，子供が呈しやすい心身症（小児心身症）のうち，特に学校現場で接することの多い3つを，日本小児心身医学会のウェブサイトでの解説や小児心身医学会ガイドライン集（日本小児心身医学会，2015）を参考に説明します（**表 10.4**）。ただし，心身症も精神疾患同様，基準となる症状の数や他の疾患ではないという除外基準があります。また，医学的診断は医師のみが行うことができます。

なお，ストレスによって軽快・増悪するという特徴から，時に「気のもちよう」「本人の意思の問題」「病気を怠ける理由にしている」といった誤解を招くことがあります。しかし，心身症は身体の病気ですので，気合いや根性では治らず，適切なケアを受ける必要があります。

10.2.2 起立性調節障害

起立性調節障害とは，主に自律神経の機能不全による血流の不調（低血圧など）で引き起こされるものです。日内変動がみられ（午前中に症状が悪化しやすい），不登校の要因にもなります。季節（春から夏に悪化しやすいことが多い）や天候の影響も受けることもあります。有病率などは**表 10.4** に示していますが，好発年齢は10～16歳で女子に多いという特徴もあります。

表10.4　主な小児心身症

心身症の名称		有病率	男女比	主な症状
起立性調節障害		（軽症含む） 小学生：約5% 中学生の約10%	1：1.5〜2	めまい，立ちくらみ，頭痛，起床時の体調不良，食欲不振，倦怠感。
慢性頭痛 （機能性頭痛）	片頭痛	小学生： 7.5〜7.9% 中学生： 4.8〜17.2% 高校生： 9.8〜22.7%	同程度か 1：1.1〜2	①始まりと終わりが比較的はっきりしている。 ②2〜72時間程度続く。 ③心臓の拍動に合わせたズキズキとした痛みがある。 ④身体を動かすと症状が悪化する。 ⑤光や音でも誘発される，悪心や嘔吐がみられることもある。
	緊張性頭痛	小学生： 3.7〜8.4% 中学生： 7.0〜34.8% 高校生： 13.5〜26.8%		①始まりと終わりがあまりはっきりしない。 ②30分〜7日間程度続く。 ③締めつけられるような痛みがある。 ④血流が良くなっても悪くならないか軽くなることもある。
過敏性腸症候群		小学生：1〜2% 中学生：2〜5% 高校生：5〜9%	同程度か 1：2〜3	a. 反復性腹痛型：腹痛が頻回で便通が一定しない。低年齢児に多い。 b. 便秘型：便意は頻回だが排便できない。女子に多い。 c. 下痢型：便意は頻回だがトイレに行っても不快感が続く。男子に多い。 d. ガス型：おならや腹部膨満感などガス症状の苦悩が多い。女子に多い。

医学的な治療としては，疾病教育によって病気について理解してもらった上で，生活リズムを整え，立ち上がるときにゆっくり動作を行うといった日常生活での工夫を図るほか，症状によって血流を改善する薬や加圧式ストッキングといった医療具を利用することもあります。学校に求められることとしては，病気に対する理解，全校集会など起立状態が長くなる場面での配慮，こまめな水分補給，暑い場所を避ける，中等度以上の場合は体育で競争的な活動を避ける，環境調整によるストレス軽減といった対応などがあります。

なお，日本小児心身医学会のウェブサイトには，起立性調節障害に対する整骨や整体，各種サプリメントの効果に関する明確なエビデンスはないという警告声明が出されていますので，留意してください。

10.2.3 一次性頭痛（慢性頭痛）

繰り返す頭痛には，脳の病気や外傷による二次性頭痛と，そういったものによらない**一次性頭痛**（**慢性頭痛**）があります。一次性頭痛には心身症として理解できるものもあり，子供にも多い一次性頭痛（慢性頭痛）には，**片頭痛**（医学用語では偏頭痛でなく片頭痛と表記します。ただし子供の場合，頭の片方でなく両方に痛みが出ることもあります）と**緊張型頭痛**があります。**表 10.4** の有病率は慢性頭痛の診療ガイドライン作成委員会（2013）や桑原（2012）の数値をまとめたもので，調査によって値が大きく異なるようですが，いずれにせよ，子供にとって身近な心身症といえます。

治療としては，頭痛が完全になくなることはないという前提で，病気を理解し，強さと頻度を下げることを目標に生活リズムを整えながら，頭痛を引き起こす刺激を避けていきます。症状によっては鎮痛薬も利用します。学校に求められることとしては，病気に対する理解や環境調整，本人の症状の強さに応じた配慮などがあります。

10.2.4 過敏性腸症候群

過敏性腸症候群とは，腹痛や腹部不快感（痛みとまでいえない不快な感覚）があり，排便によって症状が軽減したり，発症時に排便の頻度や便の外観の変化がみられるもので，週に1回以上の頻度で2カ月以上続くもの，と定義されています。**表 10.4** には，代表的なサブタイプや，調査研究における有病率を記載しています。

トイレへ行く回数が増えることは，個室利用を知られたくない男子にとっては悩みの種となり，ガス型タイプでは静かな授業が苦痛の時間となります。そして，朝の腹痛や腹部不快感は遅刻や欠席のリスクを高めます。

治療としては，他の心身症と同じように病気に対する理解がまず必要です。そして，おなかの調子を整える食事指導をはじめとする生活指導のほか，症状に応じて薬物治療が行われます。学校に求められることとしては，これまで同様病気に対する理解がまず求められます。その上で，本人の困り具合に応じた対応や環境調整（男子生徒がトイレの個室を利用しやすいよう，職員用トイレの使用を許可するなど）を行っていきます。

10.3 性にまつわるもの

性にまつわる話題は学校では真面目に話しにくいものですが，自分が何者であるかといったアイデンティティの感覚や対人関係のもち方，自分の生き方にも大きく影響してくる大事なものでもあります。ここでは，子供における性に関係するトピックをいくつか挙げたいと思います。

10.3.1 LGBTについて

LGBTとは，レズビアン（Lesbian；女性の同性愛者），ゲイ（Gay：男性の同性愛者），バイセクシャル（Bisexual：両性愛者），トランスジェンダー（Transgender：心と体の性の不一致）の頭文字をとったものです。まず大事なのは，これ自体は個性であり，異常や逸脱ではないという点です（現在では，本人が望まない限り特に治療や矯正の対象にはなりません）。その一方で，LGBTの自認がある子供はメンタルヘルス上のリスクを抱えやすく，国の自殺総合対策大綱にも，無理解や偏見によりLGBTといった性的マイノリティの人の希死念慮が高くなっていることから，教職員の理解を促進させることが謳われています（そのため，子供のメンタルヘルスを扱う本章に入れています。なお，紙幅の都合で本節では子供に絞っています）。

さて，LGBTのうち，LGBは性的指向，つまり恋愛対象となる人が誰かを指しています。恋愛対象に関わるためか，後述する文部科学省の資料などではLGBの解説や支援は確認できません。しかし，日高（2014）は，GやBの男性のうち思春期・青年期に「ホモ」「おかま」といった言葉のいじめ被害を経験した割合が約半数にも上ること，G男性で希死念慮を抱いた割合は65%，自死未遂経験が15%に上るといった調査結果を紹介しています。また，自身

表 10.5　子供の性別違和の主な特徴の概要

- 身体の性（指定された性）と心の性（体験または表出している性）が不一致である。
- 身体の性と反対の性に定型的なおもちゃ，遊び，服装を好む。
（同じ性に定型的なおもちゃ，遊び，服装への抵抗がある。）
- 身体の性と反対の性になりたいという強い欲求がある。
- 自分の性器の構造への嫌悪感がある。
- 心の性と合う第一次/第二次性徴を望む。

の性的指向を何となく自覚した平均年齢が 13.1 歳，はっきり自覚したのが 17.0 歳であったという結果を踏まえると，中学生からの支援が望ましいと考えられます。

次に LGBT の T についてです。以前は性同一性障害（gender identity disorder）と表現されていましたが，DSM-5 では性別違和（gender dysphoria），ICD-11 では gender incongruence（仮訳：性別不合）と大きく変わりました。なお ICD-11 では，精神疾患から conditions related to sexual health（仮訳：性の健康に関連する状態）へと，カテゴリー自体が変更されています。DSM-5 における子供の T（性別違和）の主な特徴を**表 10.5** に挙げておきます。

文部科学省が平成 26（2014）年に公表した小学校から高校を対象とした調査結果によると，性同一性障害（当時の呼称）に関して 606 件の教育相談等の報告がありました。ただし，これは学校が把握している事例を任意で回答しているために実際のニーズを反映した数字とはいえない，とされていることから，潜在的なニーズのある子供はさらに多いと考えられます。

ところで，本節では LGBT と表記していますが，性的指向（Sexual Orientation）と性自認（Gender Identity）の頭文字をとった「SOGI」という表現もあります。また，性の多様性としてはこれまでに述べたもの以外にも，性自認を男女どちらかに特に決めない X ジェンダー，恋愛感情を抱く性をもたないアセクシャル（Asexual），保留を意味するクエスチョニング（Questioning）などもあります（語句や定義は個人や支援団体によって異なる場合があります）。また，おしゃれとして異性の服装を着る異性装は必ずしもいずれかに含まれるわけではなく，Tの人がLGBであるとも限りません。現在ではこういった性のあり方は多様であるという認識が広まりつつあり，この多様性を虹色（レインボー）で表現することもあります。

では，LGBTの人はどのくらいいるのでしょうか。電通ダイバーシティ・ラボが20～59歳の6万人を対象に行った2018年調査の結果（LGBT調査2018）によると，ストレート（身体の性と心の性が一致した異性愛者）でない，と答えた人は8.9%となっています。他に，釜野ら（2018）が大阪市の協力を得て市内1.5万人を対象に行った調査で，L・G・B・A・Qに該当する人の割合は8.1%（このうち最多は「決めたくない・決めていない」というQに相当する項目で5.2%），名古屋市が平成30（2018）年に市内の18歳以上の1万人を対象に行った調査では，1.6%という数値が示されています。

数値の開きについては質問項目の違いが影響するほか，電通のものはウェブ調査であり，アンケートモニターとして登録している人が回答している影響が指摘されています（統計学でいうランダムサンプリングの問題）。一方の釜野ら（2018）や名古屋市（2018）の調査は，ランダムサンプリングされた対象者に郵送調査を行っていますが，回収率が前者は28.9%，後者は47.7%と低いため，結果の解釈が難しくなっています。こういった限界はありますが，それぞれの結果を踏まえると，LGBTの方はごく少数というわけではないといえそうです。

10.3.2 LGBTへの対応

文部科学省は平成28（2016）年に，『性同一性障害や性的指向・性自認に係る，児童生徒に対するきめ細かな対応等の実施について（教職員向け）』というリーフレットを作成しています。その中では学校に求める対応として，校内支援体制の構築や医療機関との連携のほか，服装や髪形，日常生活での呼称，更衣室やトイレ，授業（保健体育のように男女別で行われるもの）や部活動，修学旅行（部屋や入浴）などにおける配慮が挙げられています。ただ当然ながら，個人個人のニーズに沿った支援を行っていく必要があります。

また，学校教育では最近，保健体育や道徳などの授業の中で，性の多様性をテーマとして取り上げることが増えてきています（文部科学省はLGBTを人権教育の一つとしてとらえています）。自分が何者であるかというアイデンティティや恋愛を含む人間関係のトピックは心理学の専門分野ですので，心理職としては機会があればこういった授業にも積極的に携わりたいところです。

ところで，LGBTにまつわる重要なトピックの一つに，LGBTであることを周囲に打ち明けるカミングアウトがあります。自分のことを周囲の人たちに理解してほしいと思う一方で，自分のことを受け止め認めてもらえるかという不安も出てきます。こういった気持ちの揺れに寄り添い，本人の納得できる方向性や打ち明ける際の範囲や方法を一緒に考えるといった伴走者の存在が重要となってきます。なお，本人の意思でなく他人に暴露されることはアウティングとよばれ，当然ながら絶対に避けなければなりません。

性のあり方は多様であると同時に，特に思春期は第二次性徴に伴う悩みや問題，一時的な揺れが現れやすい時期でもあります。大人の身体になっていくことへの戸惑いや受け入れ難さといった性自認の話題，同性の友人や先輩あるいは教師に対する憧れと好意がない交ぜになったような同性愛的話題は，学校臨床では珍しいものではありません。こういった話題をいわゆる特性的な意味でのLGBTの表れととらえるべきか，思春期危機の状態像と理解するべきか判断が難しいところです。いずれであっても，本人の思いや困っていることを重視するという心理的支援の基本的姿勢が重要です。

10.3.3　性にまつわるその他の課題

性的欲求は動物にとって自然なものです。その一方で，食欲や睡眠欲と異なり満たされなくても生命の危機に陥ることはないものの，その衝動は無視できないこともあるという，独特の難しさがあります。特に第二次性徴時には欲求自体が強まりやすいのに，衝動のコントロールを司る大脳の前頭前野は発達途上であるというアンバランスな状態にあります。

何に対して性的興奮を感じやすいかという性的嗜好には当然個人差がありますが，行為や対象によっては法律にふれる場合もあります。また，DSM-5にはパラフィリア（性嗜好異常）として，のぞき見，露出，触るといった行為や，小児性愛などが挙がっています。これらに対しては罰による行動抑制のみでは不十分な場合が多く，現在，成人に対しては認知行動療法を用いた支援が行われています（大江，2018；嶋田，2017）。

また，特に女子における課題の一つに，いわゆる援助交際の問題があります。時代によって名称や形態は異なりますが，性を利用した不適切な行為や触法行為は，思春期・青年期における大きな課題の一つです。こういった行為の背景には，欲しいものを買うお金を得るためといった理由だけでなく，家に居場所がないなど家庭的な要因によるもの，自分を求めてほしいといった承認欲求や孤独感の解消，挫折経験や空虚感の穴埋めのためといったものもあります。また，近年ではSNSの普及に伴い，見知らぬ他者とも気軽につながることができるようになりました。最初はただの知り合いだったのに援助交際を強要され断れなくなった，といった，いわば犯罪被害の側面もある事例もみられるようになってきました。援助交際関連の課題には，こういった背景要因も踏まえた多面的な支援が求められます。

加えて近年では，女子高生の妊娠に伴う退学に関する対応も図られています。文部科学省は，平成30（2018）年に「公立の高等学校における妊娠を理由とした退学等に係る実態把握の結果等を踏まえた妊娠した生徒への対応等について（通知）」を出し，その中で妊娠した女子高生が学業を継続する場合に，学校として養護教諭やスクールカウンセラー等も含めた十分な支援を行うことを求めています。

復習問題

1. 以下の文章について，正しければ○，間違っていれば×をつけてください。
   ①子供のうつ病にはイライラしやすいという症状がみられる場合がある。
   ②起立性調節障害は心身症の一つである。
   ③ LGBTは精神疾患として治療の対象となっている。
2. 子供にみられる不安症についてまとめてください。

参考図書

トービン，R. M.・ハウス，A. E. 高橋 祥友（監訳）（2017）．学校関係者のための DSM-5　医学書院

本章で参照した書籍で，DSM-5 のうち，子供に関係の深いものについてわかりやすく解説されています。診断名の説明に加え，DSM の全体像や概念の解説などもあり，DSM 自体についての理解も深まります。さらにアメリカにおける支援サービスと DSM との関係にもふれられており，アメリカでサービスを受けることと診断との関係の一端を知ることもできます。

滝川 一廣（2017）．子どものための精神医学　医学書院

第 6 章でも紹介した児童精神科医でもある著者の一冊です。心のとらえ方や精神医学などに関する第 1 部，育つ側の難しさとして発達障害の説明が中心となる第 2 部，育てる側の困難さとして親に関する第 3 部，そして現代社会と子供に関する第 4 部からなります。子供と関わるということを考えさせられる，内容の濃い一冊です。

石川 信一・佐藤 正二（編著）（2015）．臨床児童心理学——実証に基づく子ども支援のあり方——　ミネルヴァ書房

子供を対象とした臨床心理学に携わる編者らによる一冊です。児童心理学的観点から，子供の理解やアセスメントの方法，研究法の概要に触れられているほか，本章でも挙げた精神疾患のいくつかと第 12，13 章で取り上げられる発達障害について，アセスメントや介入，今後の展望などが解説されています。

第 III 部

発達障害の理解と支援の実際

11 知的障害と学習障害，境界知能

知的障害は，特別支援学校数が他の障害を対象とする特別支援学校（視覚，聴覚，肢体不自由，病弱）の中でもっとも多く，在籍児童生徒数も13万1,985人（令和元（2019）年度）であり，日本の特別支援教育の中核であるといえます。また，知的発達の水準が境界域にある子供（境界知能）や平成18（2006）年度から新たに通級による指導の対象となった学習障害は，主に通常学級に在籍する特別なニーズを必要とする児童生徒として注目が集まっています。本章では，これらの子供たちの特性や支援の実際について理解を深めることとします。

11.1 知的障害

11.1.1 知的障害の診断について

知的障害は，医学的には知的能力障害（DSM-5, American Psychiatric Association, 2013）や知的発達障害（International Classification of Diseases 11; ICD-11）という名前で診断されます。DSM-5における診断基準では，**知的機能**と**適応機能**の両面における欠陥が含まれ，これらの発症は，発達期の間であることが求められます。ここでいう知的機能とは，論理的思考，問題解決，計画，抽象的思考，判断，学校や経験による学習などを指します。これらの機能の欠陥は，標準化された個別の知能検査によって明らかにされる必要があり（診断基準A），具体的には，測定誤差を含めて，母集団平均よりも約2標準偏差またはそれ以下とされています。したがって，標準偏差が15，平均100の知能検査の場合は，IQの値として65～75（70 ± 5）が診断の際の閾値となります。

表 11.1 適応機能の例

領域	具体的な機能の例
概念的領域	記憶，言語，読字，書字，数学的思考 知識の習得，問題解決，新規場面での判断
社会的領域	他者の思考・感情・体験の認識，共感 対人的コミュニケーション技能，友情関係構築 社会的な場面での振る舞い
実用的領域	セルフケア，仕事の責任，金銭管理，娯楽 行動の自己管理 学校や仕事の課題の調整

また，適応機能における欠陥とは，個人の年齢，性別，および社会文化的背景が同等の集団と比べて，日常の適応機能が障害されることであり，個人的な自立（生活習慣）や社会的責任などが含まれます。適応機能はさらに，**表 11.1** のように概念的領域，社会的領域，実用的領域の 3 領域に分けられます。概念的領域は，特に，記憶，言語，読字，書字，数学的思考，実用的な知識の習得，問題解決，および新規場面における判断などの能力に関する領域です。社会的領域は，他者の思考，感情および体験を認識すること，共感，対人的コミュニケーション技能，友情関係を築くための能力，および社会的な場面で求められる振る舞いなどのさまざまな判断力についての領域です。実用的領域は，セルフケア，仕事の責任，金銭管理，娯楽，行動の自己管理，および学校と仕事の課題の調整といった実生活での学習，および自己管理に関する領域です。診断基準では，これらの適応機能のうち少なくとも 1 つの領域における著しい障害により，学校，職場，家庭，または地域社会のうち，1 つ以上の場面において適切な行動をとるために継続的な支援が必要となる状態であることが求められます（診断基準 B）。また，DSM-5 において，知的障害の重症度は IQ の程度ではなく，これら適応機能の状態と支援の必要性の程度から 4 つのレベル（軽度，中等度，重度，最重度）に区分されます。

特別支援教育における定義では，知的障害は，「知的機能の発達に明らかな遅れと，適応行動の困難性を伴う状態が発達期におこるもの」とされ（文部科学省，2013），おおむね医学的診断基準と同様の定義づけがなされています。知的機能については，言語や認知に関連する機能とされ，遅れの程度については，上述の医学的診断にあるような具体的な数値による判断ではなく，「精神機能のうち，情緒面とは区別される知的面に，同年齢の子供と比較して平均的水準より有意な遅れが明らかである」こととされています。もう一方の適応行動については，他者とのコミュニケーション，日常生活や社会生活，安全，仕事，余暇の利用などについて，その年齢段階で標準的に要求される水準に至っておらず，実際の生活において支障・不利益をきたしている状態とされます。

11.1.2 知的障害の評価について

上述のように，知的障害の診断は知的発達と適応機能からなされるため，知的障害の状態像の把握にあたっては，これら 2 つの困難さについて正確にアセスメントを行う必要があります。一般的に，知的発達については，標準化された個別式の知能検査（ウェクスラー式知能検査や田中ビネー知能検査など）や発達検査（新版 K 式発達検査など）によってなされます。適応行動については，標準化された質問紙（Vineland-Ⅱ適応行動尺度など）に加え，観察や保護者への聴取などにより，身辺自立（日常生活スキル），社会生活能力，運動機能などについて把握されます。

しかし，このような検査や調査，聞きとりによって得られたデータの判断には以下の理由から注意を要します。個別実施による検査は，子供にとっては慣れない検査室で，多くは初対面の検査者とのコミュニケーションが求められます。したがって，検査中にみられた子供の行動は，日常生活文脈から切り離された中での行動であり，検査者との関係性などによっても数値に影響が出ることを考慮する必要があると考えられます。また，保護者や教師への調査や聞きとりについては，その調査対象の子供に対する評価が混在していることを念頭に置く必要があります。さらに，子供本人への聞きとりを行う際，知的障害が疑われる場合には特に，問われていることの理解度や本人の**メタ認知**の程度（自分の能力についてどの程度客観的に把握できているか）により，過小評価される可能性があるでしょう。したがって，これらの可能性を鑑み，その子供を総合的に判断できるよう，総合的な情報を得ることが重要です。

さらに，知能指数や精神年齢などの知的な発達のみでその子供を判断することの危険性についても十分に考慮する必要があるでしょう。知的障害はその定義からもわかるように，精神年齢よりも生活年齢が高くなっています。このことは，同程度の生活年齢を有する子供と比較した場合には，精神発達が遅れていると評価されますが，一方で，同程度の精神年齢の子供と比較した場合は，生活年齢が高い，つまり生活経験が多いとも考えられます。したがって，その子供が生きてきた中で蓄積された社会的経験についても焦点をあて，その子供の経験の量と質それぞれを考慮して評価する必要があります。この点を考えると，知的障害児については，定型発達児（障害のない子供を指します）と同様の発達過程をたどるがそれが遅れている，という量的な発達の遅れだけでなく，発達過程そのものが質的に異なっている可能性もあると考えられます（**図 11.1**）。このような質的な違いは，課題の出来ではなく，課題への取り組み方

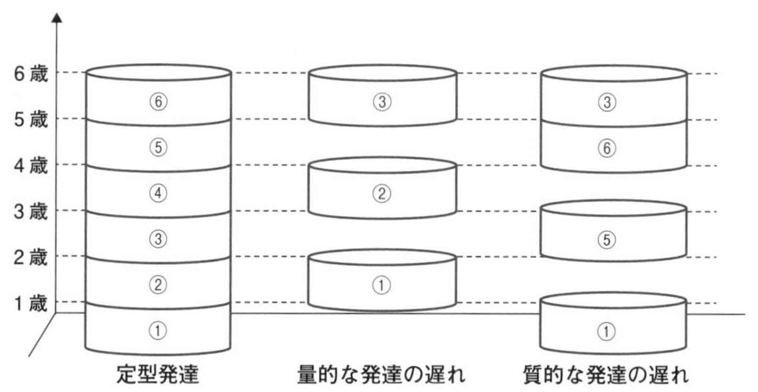

図 11.1 量的発達と質的発達の違いについての模式図

①から⑥はそれぞれある特定の能力や行動を表します。ここでは模式的に 6 種類の能力や行動がいつ可能になるのかを示しています。量的な発達の遅れでは，定型発達と発達の順番は変わりませんが，その能力が可能になる時期が遅れています。一方で質的な発達の遅れは，発達過程そのものが異なり，できることとできないことが順不同に存在します。

や課題の出来に対する評価（自分がその課題をどの程度できると思うか）などに現れてくるため，実践の中で評価を継続していく必要があります。

11.2 知的障害への支援について

11.2.1 認知面・学習面における支援

知的障害児においては，抽象的な事柄の理解が難しいことが指摘されています。また，学習したことが断片的になりやすく，積み上げ型の学習において十分な学習効果を得ることが難しい，授業で得た知識を実生活に応用することが難しいといった特徴が挙げられます。したがって，実践的，具体的な内容に関する支援を継続的に行う必要があります。

また，知的障害児の場合，必要のない反応を抑制すること，課題を柔軟に切り替えること，一度に多くの情報を保持すること，といった目的に向かって自身の行動をコントロールする能力である実行機能についての困難さを有することが指摘されています。これらの実行機能の困難さに対する支援として，活動や作業の流れを視覚的に提示することによって，活動の見通しがもて，子供が求められている行動を明確に理解できるようにすることなどが挙げられます。これらの手立てにより，目標ややるべきことを見失わずに適応的に活動することが可能になると考えられます。

さらに，動機づけの点から考えれば，学校や社会において成功体験が少ないため，自発的にさまざまな活動へ取り組もうとする意欲が育成されづらい点も特徴的です。したがって，教科学習や自立活動など知識やスキルを身につけることを目的とした支援のみならず，動機づけを高めるための支援も知的障害児に対する支援の両輪として，同時に考えていく必要があります。たとえば，内発的動機づけを高める工夫として，作業目標を子供自身が設定し，できたことに細かくフィードバックを与えながら目標を達成させることにより，有能感，自立感が高められると考えられます。また，外発的動機づけについては，作業を進めた分だけシールを貼るといったトークンエコノミー法などが取り入れられています（第3章も参照）。

これらに加え，教育的支援を行う際には，設定した学習目標の水準が子供の能力よりも低い場合には，その子供の困難さが十分に顕在化せず，問題をとらえづらくなる可能性も考えられます。したがって，支援計画を策定する際には，上述した認知機能や適応行動といった個に閉じた要因のみならず，環境的・社会的要因との相互作用の中でその子供をとらえ，環境調整を行う必要があります。

11.2.2　コミュニケーション面における支援

知的障害児におけるコミュニケーションの難しさとして，話し言葉や文法の理解の困難さ，社会的なサインを読みとり，文脈に応じて使用していくことの困難さなどが挙げられます。これらの困難さにより，コミュニケーションの量，質が制限され，年齢相応の対人関係を構築，維持することが難しくなります。このようなコミュニケーションの困難さに対する支援については，スキル習得を目指すもの，他者と関わるための態度を養うものなどが挙げられます（佐々木・野口，2015）。コミュニケーションスキルの習得では，あいさつや言葉遣いなどの対人的スキルや，作業を行う際の報告，連絡，相談など社会人としての基本的なスキルなどを中心として支援が行われます。他者と関わるための態度を養う取組みでは，他者と協力し，役割分担する力，自身の考えや思いを他者に伝える力などに焦点をあてた支援などが挙げられます。

このようなコミュニケーションの困難さに対する支援における課題としては，習得したスキルを習得した場面以外においても使用すること（**般化**）の問題が指摘されています。このことから，学校卒業後の社会を見据えた実践的な内容について学校で習得できたとしても，それが就労場面においても反映されるとは言い難く，特に習得したスキルを自発的に使用することが非常に難しいとされています。したがって，スキルを使用できるか否かという点のみならず，なぜそのスキルを使用しなければならないのかといった背景となる理由や，他者とのコミュニケーションにおける意味とともにスキル習得を促す必要があるといえます。

重度の音声・文字言語の表出や理解に障害がある場合のコミュニケーション

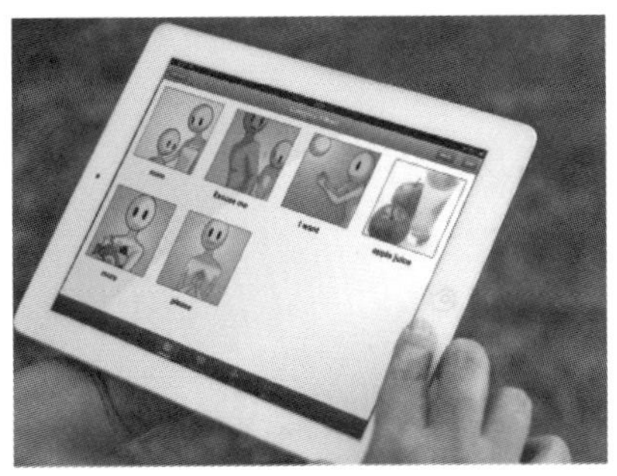

図 11.2 タブレットタイプの AAC の例（Voice4u）（Voice4u ホームページより）

手段として，AAC（Augmentative and Alternative Communication；**補助代替コミュニケーション**）が挙げられます。AAC は，一時的あるいは永続的な機能障害，活動制限，参加の制約を補償することを目的とし，絵，シンボル，サインなどさまざまな手段を活用するコミュニケーション指導法の一つとされます。知的障害特別支援学校における AAC の使用率や使用頻度について調査を行った藤野・盧（2010）によると，絵・文字カード，写真カード，身振り，手の動きと発声により意味を伝えるマカトンサインについては 7 割以上が使用していると回答しており，多くの特別支援学校において知的障害児におけるコミュニケーション方法として AAC を使用していることが明らかになりました。さらに，最近では，ICT 技術の促進に伴い，タブレット端末のアプリを使用したハイテクなものも開発されています（**図 11.2**）。ハイテクなものは，子供の状態像や状況に合わせて意図伝達に使うためのシンボルセットなどを自由に変更することができ，非常に汎用性が高い反面，適切に使用するための操作方法を習熟する必要があり，使用に際して一定の能力を子供に求める必要があることに留意しなければなりません。

11.2.3 余暇・就労に関する支援

余暇・就労に関する問題は，主に学校教育段階終了後に中心的な問題となって現れ，上述のコミュニケーションにおける知的障害の特徴が，余暇・就労における困難さに関連します。就労においては，指示理解の困難さや，業務上必要とされる処理能力の低さなど認知的特徴による困難さと，それまでの対人的な経験の少なさにより，職場で求められるコミュニケーションを適切にとることや人間関係の構築，維持などの適応機能の困難さが挙げられます。

余暇では，自分の行動を構成する力が求められます。すなわち，自分のやりたいことをやるだけではなく，多様な活動の中から自分の状態や環境の状況などを踏まえて，そのときに行うことを選び出し，構成することが必要となります。知的障害の場合，重症度によっては1人での外出が制限されたり，社会的コミュニケーションの難しさから，一緒に過ごす対象が家族や支援者に限られるため，活動のレパートリー自体が狭く，多様な活動を構成しにくいことが特徴です。また，余暇においては金銭管理やそれに関連する自己決定についても支援が必要となります。さらに，活動レパートリーが限定されることにより，運動量が極端に少なくなる傾向や，そもそも運動する意欲に乏しかったり，肥満が健康に及ぼす影響への理解が困難であるために抑制がかからずに過食してしまうため，知的障害者は肥満になりやすいことも指摘されています。

このような就労や余暇に対する困難さに対しては，生涯発達支援の視点に立ち，学校教育段階から，このような点を見据えた個別の支援計画を立案することが重要となります。

11.3　特別支援教育における知的障害

本節では，知的障害児に対する中心的な教育の場である特別支援教育について概観します。知的障害児の在籍先としては，知的障害特別支援学校，および特別支援学級が挙げられます。これらの教育の場への就学基準について，特別支援学校においては，「知的発達の遅滞があり，他人との意思疎通が困難で日常生活を営むのに頻繁に援助を必要とする程度のもの，知的発達の遅滞の程度が前号に掲げる程度に達しないもののうち，社会生活への適応が著しく困難なもの」（学校教育法施行令第22条の3），特別支援学級では，「知的発達の遅滞があり，他人との意思疎通に軽度の困難があり日常生活を営むのに一部援助が必要で，社会生活への適応が困難である程度のもの」(平成25 (2013) 年10月4日付け25文科初第756号初等中等教育局長通知) とされます。特別支援教育の形態は，これ以外に通常学級に在籍し，一部の授業のみ障害特性に応じた特別の指導を行う通級という制度があります (詳しくは第14章参照) が，知的障害は通級の対象とはなっていません。この理由として，通級の場合は週に数回という取出し型の指導となるため，学習によって得られた知識や技能が断片化しやすく，日常生活への般化が難しいという知的障害の学習面での特性が背景にあると考えられます。このことから，知的障害児に対しては，取出し型の指導ではなく，特別な教育の場を設けて継続的な指導が行われます。

特別支援学校における教育では，在籍する子供の障害特性から，日常生活や社会生活の技能や習慣を身につけるといった望ましい社会参加のための知識，技能・態度を養うことに重点が置かれます。特に特別支援学校高等部の場合には，卒業後を考慮し，より社会生活に生かせる内容に重点が置かれる傾向にあります。教育課程の区分は，各教科，道徳，特別活動，自立活動および総合的な学習の時間に分類されますが，その子供の状態像に応じて，これらの教育課程を合わせて教育を行うことも取り入れられています。領域・教科を合わせた指導としては，日常生活の指導，遊びの指導，生活単元学習，作業学習など，子供の実態に即して作成された指導計画に沿って教育が行われます。また，近年の知的障害特別支援学校には，知的障害の程度が軽度である児童生徒の増加が顕著であり，小中学校からの転入も多いため，このような児童生徒に対しては，小中学校における教育歴にも配慮して指導内容を決めることが必要となります。

特別支援学級では，地域の小中学校において特別な教育課程を編成した上で，小集団により学習環境を整備し，通常学級に在籍する子供との交流および共同学習を適切に進めたり，個別対応による指導が行われます。教育課程は，原則として小中学校の学習指導要領に基づきますが，子供の状態像に応じて，適宜特別支援学校の学習指導要領を参考として教育課程を編成することが認められています。

このように知的障害を対象とした教育においては，その障害特性から，実学的な側面が重んじられる傾向が強いといえます。一方で，教科教育には子供が属する文化を系統的に学習する意味があるため，教科学習を行うことは，知的障害児にとっても意義深いものであると考えられます。したがって，知的障害者の学びの保障という観点から，実学的な側面のみならず，教科教育や生涯教育について考えていく必要があるといえます。

11.4　境界知能とその支援について

境界知能とは，全般的な知的水準が，定型発達と知的障害の境界に位置する状態を指します。境界知能児とよばれる子供たちの特徴や支援については，知見の蓄積が少なく，その定義においても未整理な部分が大きい領域です。具体的な知的水準については，標準化された知能検査による全般的知能（IQ）が70〜85（−2 SD〜−1 SD）である状態とされます。これは人口の14％ほどの出現率であり，決して少なくありません。このような子供たちは，知的障害児に対する特別支援教育の対象とはならず，制度的な狭間に置かれることになります。つまり，通常学級に在籍し，適切な教育的対応がなされない場合が多いといえます。

境界知能児への支援に関するポイントとしては，知的障害児に対する支援との共通点が多く，アセスメントに基づいた個人の特性に応じた指導内容や教育的対応が必要とされます。アセスメントについては，全般的な知的水準のみならず，個人内の得意不得意（ディスクレパンシー）を把握することで，どのような点でつまずきやすいのかを正確に評価し，教科学習であれば，それぞれの教科に必要とされる認知的プロセスとの兼ね合いから個別の学習支援計画を策定する必要があります。また，知的障害児と同様に，学習や学校生活において効力感が得られにくいと考えられるため，動機づけを高める工夫も同時に行っていくことが重要といえます。

境界知能児への支援の特徴的な点として，養育者へのケアが挙げられます。もちろん，他の障害においても養育者へのケアは重要ですが，境界知能児の場合，明確に障害というラベリングがないことにより，養育者においても関わりに対して迷いが生じることが考えられます。養育者の子供に対する関わり方を観察したフェニング（Fenning, R. M.）らによれば，境界知能児の養育者は感受性に乏しく，否定的な養育態度を示し，子供に対する肯定的な働きかけが定型発達児や知的障害児の養育者に比べて少ないことや，実際には問題行動が少なくても子供の問題を感じやすいことが明らかにされています（Fenning et al., 2007）。このことは，養育者が子供の困難さや問題に対して説明するための理由が明らかでない（障害があるためという理由づけができない）ために，このような養育態度が形成されると考えられ，知的障害児への支援とは異なる面で難しさを抱えているといえます。

11.5 学習障害

11.5.1 学習障害とは

学習障害の定義は，文部科学省による教育上の定義と DSM や ICD などの医学上の定義が存在します。教育上の定義において，学習障害とは，「基本的には全般的な知的発達に遅れはないが，聞く，話す，読む，書く，計算するまたは推論する能力のうち特定のものの習得と使用に著しい困難を示す様々な状態を指すもの」とされます。また，その原因として，中枢神経に何らかの機能障害があると推定され，視覚障害，聴覚障害，知的障害，情緒障害などの障害や環境的な要因または学習意欲の低下や好き嫌いが直接の原因となるものではないとされています。さらに，これら 6 領域の困難さは，全般的な知的発達の遅れに起因するものではなく，学業成績，行動観察や詳細な心理検査等によって把握される必要があります。

一方，医学上の定義として，DSM-5 では，「**限局性学習症/限局性学習障害（Specific Learning Disorder; SLD）**」という診断カテゴリーが設けられています（**表 11.2**）。SLD の診断基準 A は，学業的な技能を学習することの持続的な困難さとされ，基本となる学術的技能としては，単語を正確に読むこと（診断基準 A（1）），読んでいるものの意味を理解すること（A（2）），書字表出およ

表 11.2 DSM-5における限局性学習症の診断基準
(American Psychiatric Association, 2013 髙橋・大野監訳 2014)

A. 学習や学業的技能の使用に困難があり，その困難を対象とした介入が提供されているにもかかわらず，以下の症状の少なくとも1つが存在し，少なくとも6カ月間持続していることで明らかになる。 (1) 不的確または速度が遅く，努力を要する読字（例：単語を間違ってまたはゆっくりとためらいがちに音読する，しばしば言葉をあてずっぽうに言う，言葉を発音することの困難さをもつ）。 (2) 読んでいるものの意味を理解することの困難さ（例：文章を正確に読む場合があるが，読んでいるもののつながり，関係，意味するもの，またはより深い理解をしていないかもしれない）。 (3) 綴字の困難さ（例：母音や子音を付け加えたり，入れ忘れたり，置き換えたりするかもしれない）。 (4) 書字表出の困難さ（例：文章の中で複数の文法または句読点の間違いをする，段落のまとめ方が下手，思考の書字表出に明確さがない）。 (5) 数字の概念，数値，または計算を習得することの困難さ（例：数字，その大小，および関係の理解に乏しい，1桁の足し算を行うのに同級生がやるように数学的事実を思い浮かべるのではなく，指を折って数える，算術計算の途中で迷ってしまい方法を変更するかもしれない）。 (6) 数学的推論の困難さ（例：定量的問題を解くために，数学的概念，数学的事実，または数学的方法を適用することが非常に困難である）。
B. 欠陥のある学業的技能は，その人の暦年齢に期待されるよりも，著明にかつ定量的に低く，学業または職業遂行能力，または日常生活活動に意味のある障害を引き起こしており，個別実施の標準化された到達尺度および総合評価で確認されている。17歳以上の人においては，確認された学習困難の経歴は標準化された評価の代わりにしてもよいかもしれない。
C. 学習困難は学齢期に始まるが，欠陥のある学業的技能に対する要求が，その人の限られた能力を超えるまでは完全に明らかにならないかもしれない（例：時間制限のある試験，厳しい締め切り期限内に長く複雑な報告書を読んだり書いたりすること，過度に重い学業的負荷）。
D. 学習困難は知的能力障害群，非矯正視力または聴力，他の精神または神経疾患，心理社会的逆境，学業指導に用いる言語の習熟度不足，または不適切な教育的指導によってはうまく説明されない）。

び綴字（ていじ）（A (3)，(4)），算数の計算や数的推理（A (5)，(6)）が含まれます。特に，単語認識の正確さや流暢性の問題，判読や綴字の低さがみられる場合には**失読症**（**発達性ディスレクシア**），数値情報処理，数学的事実の学習，および正確または流暢な計算の実行に問題がみられる場合には**失算症**と特定されま

す。また，これらの困難さは，経済的，環境的不利益や長期の欠席などによる教育機会の不足，不適切な教育によるものではなく，適切な学校，家庭における教育が施されたにもかかわらず6カ月以上，上記のうちいずれかの困難さが持続している必要があります。

診断基準Bは，困難さの程度に関連するものであり，障害されている学業的技能が，学業成績や同年齢集団の平均に比較して著しく低いこととされています。SLDの評価は，観察や臨床面接のみならず，学校成績（通知表），評価尺度などを用いてなされます。特に，複数の標準化された検査間や，1つの検査における下位検査間で同年代集団の平均値より1.5標準偏差以上の差がある場合には診断の確実性を高める根拠となります。診断基準Cは，発症時期に関する基準であり，通常，学校教育以降に困難さが現れます。ただし，本人の知的水準が非常に高い場合や，高度な努力をした場合は，求められる課題がその能力を超えるまでは，その困難さが明らかにならない場合もあります。上記以外の特徴として，文部科学省の定義とも関連しますが，SLDは，障害されている領域以外の認知的側面においては正常水準の機能を有し，その困難さが知的能力障害（知的障害，全般的発達遅延，感覚障害や運動障害）によらないことが挙げられます。

上述のように，SLDはその障害される学業的領域によりさまざまな状態像を示しますが，症状の認知的欠陥に関する十分な裏づけは，主に失読症（発達性ディスレクシア）のみにみられ，その他の症状（読解力，算数計算）に関連する認知的欠陥については十分に特定されていない現状があります。したがって，これ以降は特に発達性ディスレクシアに焦点をあて，その認知的特徴に関する説明モデル，および支援について詳述します。

11.5.2 発達性ディスレクシア

国際ディスレクシア協会において，**発達性ディスレクシア**は，「神経生物学的背景を有する特異的学習障害です。これは，正確かつ（または）流暢な言葉の認識と綴字や音韻符号化（デコーディング）能力の困難さに特徴付けられています。これらの困難さは，言語の音韻的要素を理解することの困難さの結果であり，教育機会やその他の関連する認知機能の困難さから予測できないとされます。また，二次的には，読解の問題や読むこと自体の経験不足が語彙や一般的な知識の発達を阻害する結果となります」と定義づけられています。

「読み」とは単語や文字を音に変換する（decoding）ことを指し，「書き」はその逆で，音を文字に変換する（encoding）ことです。他の発達障害同様に，発達性ディスレクシアにおいても，その状態像は個人差が大きく，decoding と encoding の個人内の違いや個人ごとの困難さが連続的に存在しており，正常と障害の間に質的な違いを分ける明確な境界線は存在しないとされています。さらに，個人内の要因のみならず，環境からの要求（読み書きを必要とされる環境か否か），学習能力，利用可能な支援資源，専門的な介入の有無といった環境要因との相互作用によっても本人の困難さは異なるため，各個人の特徴に応じた支援が必要となります。各個人の特徴を知るためには，読み書きに関する認知的過程のどの部分が障害されているのかという点を明らかにする必要があるため，以下では，特に読み過程に焦点をあて，代表的な認知的処理モデルを紹介します。

11.5.3 読み過程に関する認知的処理モデル

発達性ディスレクシアがなぜ引き起こされるのかについて，人が文字を読む際の認知的処理モデルに関する研究が行われており，言語を問わずこれまでさまざまなものが提出されていますが，未だ見解の一致はみられていません。本項では，コルサート（Coltheart, M.）らが提唱した比較的新しく，影響力の強いモデルである**二重経路カスケードモデル**（Dual-Route Cascaded model; DRC; Coltheart et al., 2001）について詳述します。

DRC モデルでは，文字を見て音に変換する（たとえば「手紙」を“てがみ”という音にする）際に，その人がもっていると仮定される語彙辞書を用いて，単語をひとまとまりとして音に変換するルートである「語彙ルート」と，文字をある一定の規則に基づいて音韻に変換する「非語彙ルート」という 2 つの経路を想定しています。それまでの主な認知モデルにおいては，基本的に文字の視覚的形状を基に語彙情報へアクセスし，音韻に変換するというルートを想定

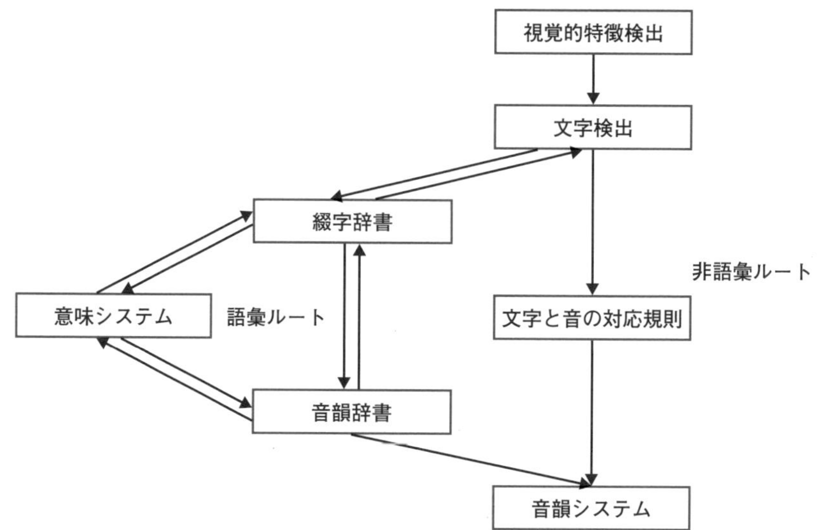

図 11.3　二重経路カスケード（DRC）モデル（Coltheart et al., 2001 を基に作成）
DRC モデルは，読み書き障害を説明するモデルであり，7 つのユニットで形成されています。これらのユニットは大きく 2 つのルートを形成しており，認識された文字はそのどちらかを経て音として出力されます。読み書き障害では，どのルートが障害されているかによって，困難さが異なります。

していましたが，このルートのみでは，語彙情報にない文字列（無意味語「カヒケ」など）を読むことができないという問題点があり，DRC では，語彙によらない非語彙ルートも想定されています。

DRC モデル（**図 11.3**）は 7 つのユニットから構成されます。文字は，「視覚的特徴検出（visual feature unit）」を通して「文字検出（letter unit）」へ送られ，そこで文字として認識された場合に，上述の 2 つのルートのうちどちらかを経て「音韻システム（phoneme system）」により音として出力されます。無意味語の場合は，非語彙ルートにおいて，「文字と音の対応規則（grapheme-phoneme rules）」に従って音素変換されます。一方，語彙ルートは，これまでの経験から獲得した心的辞書を用いて文字を読むルートであり，「意味システム（semantic system）」を介し「綴字辞書（orthographic lexicon）」「音韻辞書（phonological lexicon）」を経る意味的語彙ルートと，意味システムの介在が少ない非意味的語彙ルートが存在します。したがって，無意味語の場合は，主に非語彙ルートによって規則的に処理され，有意味語で不規則な読みをする語（時雨（しぐれ）など）の場合には，意味的語彙ルートを使用して処理がなされます。

発達性ディスレクシアの場合，これら2つのルートのいずれか，もしくは両方が障害されていることにより，読みの困難さが生じると考えられています。語彙ルートが障害されている場合，心的辞書を使用することができないため，非語彙ルートを使用する無意味語や規則的な読みは可能ですが，不規則語の読みが障害されます（表層失読）。一方で，非語彙ルートが障害されている場合には，心的辞書が使用可能であるため，これまで見たことのある語（不規則語を含む）を読むことはできますが，見たことのない語や無意味語の読みが障害されることになります（音韻失読）。両ルートが障害されると，無意味語が読めなかったり，意味的に似た語や視覚的に似た語と読み間違える「深層失読」となります。

このような困難さの基盤として，音韻意識の問題と視覚的処理の問題が考えられます。音韻意識とは，言葉の意味だけでなく，音の側面にも注意を向けて音を操作する能力とされており，文字を音に変換する音韻処理過程の一部です。日本語の場合，文字と音の対応が比較的強いため（ひらがなであれば1文字が1音に相当している），日本語における音韻意識とは，その語がどのような音から構成されているのかを考え，操作することといえます。たとえば，手紙であれば，/te//ga//mi/という3つの音（拍；モーラ）で構成されており，最初の音である /te/ は，テストの /te/ と同様であるといった意識です。日本語の場合，特殊音節である長音（伸ばす音，例：プール），促音（つまる音，例：切手），拗音（小さい音，例：社長）などは理解が難しい場合があり，このような音韻意識を必要とする遊びとして，しりとりが挙げられます。実際に，発達性ディスレクシアのある子供の場合，たとえばキャッチャーという言葉に続けようとしたときに，「ちゃ」と「ちゃー」の区別がつかず，間違えるなど，特殊音節が混じるとしりとりがうまくできないという状態像も見受けられます。

視覚処理の問題は，文字の認識に関連します。視覚処理に問題がある場合，文字の形を正確に認識することが困難となり，文字入力の部分でつまずきを示すため，結果として読むことに困難さが生じることになります。このような視覚処理の問題については，高い時間分解能と低解像度（瞬時に大雑把に把握する）の視覚認知の困難さや文字を読む際の眼球運動の調節に関する困難さなどを指摘する**大細胞系視知覚障害仮説**（magnocellular deficit theory）が提唱されています（Boden & Giaschi, 2007）。

11.6 発達性ディスレクシアへの支援

上述のように，発達性ディスレクシアのある子供の読み書き能力の個人差は，非常に低い水準から高い水準まで連続的に存在しています。したがって，その子供の教育的ニーズとそれに対する支援は，その障害特性や個人特性によって異なります。以降では，個別の支援と学校教育の中で行われる支援に分けて概観します。

11.6.1 個別の支援

これまでみてきたように，発達性ディスレクシアにおいては，音韻意識と視覚認知の困難さが指摘されており，個別の支援方法についても，これら 2 つに焦点をあてたものに大別できます。

音韻意識を向上させるためには，音という目に見えにくいものをどのように理解，体感させるのかということが非常に重要になります。日本語の場合，特に上述した特殊音節の理解の難しさがみられるため，支援の初期段階としても特殊音節の理解に焦点があてられることが多いといえます。具体例としては，長音，促音と拗音，直音に別々の図形をあてはめ（長音は正方形，促音と拗音は三角形，直音は円など），それらの図形を並べて，単語を表し（たとえばキャッチャーであれば○△△○△□），穴埋めをさせる方法や，モーラを意識させる方法として，直音を発音するときには手拍子を，促音と拗音を発音する際には手拍子をしないといった方法などが挙げられます。

視覚認知の困難さについては，特に日本語の場合，漢字の読みに困難さを有する事例が多く報告されています。典型的な支援法として，漢字の構成要素を言語化する方法が挙げられます。具体的には，「解」であれば「左にカド，右はカタナの下にウシ」といったように位置情報と各要素を言語的に置き換える方法が知られています。このような部分的な要素に注目させることにより，視覚的に似ている漢字の弁別能力の向上が期待されます。

11.6.2　学校教育の中での支援

平成 5（1993）年に制度化された小中学校におけるいわゆる通級による指導において，平成 18（2006）年度から学習障害がその指導対象となりましたが，通常学級にもニーズを有する子供が多く在籍しています。このような多様なニーズを有する子供に対するアプローチとして，近年では MIM（Multilayer Instruction Model）とよばれる多層指導モデルが注目されています。MIM を開発した海津ら（2008）によれば，MIM は通常の学級において，異なる学力層，さまざまなニーズを抱えた子供たちに対応した指導・支援を提供していこうとするモデルであり，**RTI**（指導に対する反応；Response to Instruction/Intervention）**モデル**の考え方を基にしています。RTI では，指導や介入に対する子供の反応に着目し，反応しない子供に対して段階的に支援が行われます。これまで，学習障害の診断のためには，全般的知的能力と特異的学業的技能との差異をとらえる，いわゆるディスクレパンシーモデルを用いて評価がなされてきましたが，この評価法の場合，子供が学業的技能の困難さが明らかになるまで支援を行うことができないことが問題点として挙げられ，結果として，支援導入の遅さによる状態像の重篤化の危険性が指摘されてきました。

このような問題点を踏まえ，基本的な RTI では，常に子供の学習状況をモニタリングしながら以下の 3 段階でなされます。第 1 段階では，通常の教室の中で質の高い，科学的根拠に基づいた教育を行い，その教育で成績の伸びがみられない子供に対して，第 2 段階として小集団での補足的な教育が行われます。第 3 段階では，第 2 段階で伸びが乏しかった子供のみを対象として，その子供たちの特徴に応じた個別指導が行われることになります。このような段階を経た指導は，診断名の有無によらずすべての子供を対象として行われるため，結果としてニーズのある子供に対して，速やかなアプローチが可能となります。

MIMでは，RTIを基本としながら，第2，第3段階での指導を日本の学校教育の現状に合わせ，必ずしも小集団では行わず，補足的な指導を通常の教室内で行うなど，柔軟に編成できるよう配慮がなされています。MIMを用いた特殊音節の指導効果を検討した海津ら（2008）では，小学1年生を対象としてMIMによる指導と通常指導を比較しました。その結果，MIMを用いた群では，読み書きに関する成績が有意に高いこと，また，教員の指導形態（小集団・個別）や指導教材（音読集の利用，視覚的情報（絵や写真，デモンストレーション）の使用，子供が実際に操作しながら学べるものの使用）の多様化がみられたことを明らかにしています。

学習障害への支援については，個別の支援方法の開発とともに，その支援を学校教育の中でどのように位置づけ，いかに実施するか（現場に浸透させるか）という両方の視点が非常に重要となります。そのためには，最新の研究知見にふれ，それを日々の実践の場に還元していく姿勢が重要でしょう。また，学習障害児に対しては，これまでみてきたように，学業的技能習得の遅れをいかに支援するかという側面に焦点があたりがちです。しかし，これらの点に加え，習得の遅れがあることで，その子供が，日々教室内で，どのような経験をしているのかという点にも思いをめぐらせ，自己効力感や自己肯定感の低下といった二次的な問題に対しても適切な支援を講じていく必要があると考えられます。

復習問題

1. 以下の文章にあてはまる語句を入れてください。

知的障害は，（　　　　　　）機能と（　　　　　　）機能の両面における欠陥により特徴づけられる。学習上の特徴として，学んだことが（　　　　　　）しやすく，日常生活への（　　　　　　）が難しいことが教育的対応を考える上で重要である。

2. 境界知能への支援のポイントについてあてはまるものを以下から選んでください。

①境界知能は，知的水準が知的障害レベルにまで達しない子供を指し，知的障害と同様の特徴を有するため，支援も知的障害への支援を踏襲すればよい。

②境界知能は，特別な配慮を要するため，適切な教育の場を設定して対応する必要がある。

③境界知能児の養育者は，定型発達児や知的障害児の養育者とは異なる独自のニーズを有しているため，子供への支援と同時に養育者へのケアを行うことが重要である。

3. 発達性ディスレクシアの状態像について，DRC モデルから説明してください。その際，下記の語彙を使用すること。

【表層失読】【深層失読】【音韻失読】

参考図書

井澤 信三・小島 道生（編著）（2013）．障害児心理入門　第２版　ミネルヴァ書房

知的障害に特化した内容ではないですが，障害児教育について，障害種ごとにまとめられています。具体的事例として現場のレポートも記載されており，障害児への心理的支援や教育的対応全般について学べます。

西村 辨作（編）（2001）．ことばの障害入門　大修館書店

子供の言葉のコミュニケーションに関わる障害全般が扱われています。知的障害のみならず，自閉スペクトラム症，難聴，言語発達障害など幅広い障害種における特徴や原因にふれられています。同シリーズの他２冊も併せて読むことで言葉の発達や評価・支援に関する理解が深まります。

宮本 信也（編）（2019）．学習障害のある子どもを支援する　日本評論社

学習障害の歴史や概念の変遷，発達性ディスレクシアや，本章では詳しくふれられなかった算数障害についてもまとめられています。また学習障害児に対する複数の支援実践についてもふれられており，状態像から支援までが網羅された一冊です。

12 自閉スペクトラム症

近年，発達障害の一つである自閉スペクトラム症に対する社会的関心が高まっています。自閉スペクトラム症は，個人差が大きく，一見しただけでは困難さがわかりにくいため，子供ごとに異なる障害特性を正確に理解し，支援計画や教育的対応を考えていくことが非常に重要です。本章では，自閉スペクトラム症の診断基準や状態像について，臨床上使用されることが多い診断ツールとともに紹介します。その後，中核的な障害の一つである社会認知能力の発達に焦点をあて，代表的な原因論，および支援方法について解説します。

12.1 自閉スペクトラム症とは

自閉スペクトラム症（Autism Spectrum Disorder；以下 ASD）は，世界的な診断基準である DSM-5（American Psychiatric Association, 2013）において，神経発達障害群（neurodevelopmental disorder）の一つとして新たに定義づけられました。診断基準は，**表 12.1** に示すように，「社会的コミュニケーション，および対人的相互反応における持続的な欠陥（以下，社会的コミュニケーションの欠陥）」と「行動，興味，または活動の限定された反復的な様式（以下，限局された反復的行動）」という 2 側面から構成されています。

12.1.1 社会的コミュニケーション，および対人的相互反応における持続的な欠陥

社会的コミュニケーションの欠陥は，具体的に①対人的─情緒的相互関係の欠陥，②非言語的コミュニケーション行動の欠陥，③人間関係を発展させ，維

表 12.1　**DSM-5 における自閉スペクトラム症の診断基準**
(American Psychiatric Association, 2013 髙橋・大野監訳 2014)

A. 複数の状況で社会的コミュニケーションおよび対人的相互反応における持続的な欠陥があり，現時点または病歴によって明らかになる。
①相互の対人的―情緒的関係の欠落
- 対人的に異常な近づき方
- 通常の会話のやりとりができないこと
- 興味，情動，または感情を共有することの少なさ
- 社会的相互反応を開始したり応じたりすることができない

②対人的相互反応で非言語的コミュニケーション行動を用いることの欠陥
- まとまりの悪い言語的，非言語的コミュニケーション
- アイコンタクトと身振りの異常，または身振りの理解やその使用の欠陥
- 顔の表情や非言語的コミュニケーションの完全な欠陥

③人間関係を発展させ，維持し，それを理解することの欠陥
- さまざまな社会的状況に合った行動に調整することの困難さ
- 想像上の遊びを他者と一緒にすることの困難さ
- 友人を作ることの困難さ
- 仲間に対する興味の欠如

B. 行動，興味，または活動の限定された反復的な様式で，現在または病歴によって以下の少なくとも２つにより明らかになる。
①常同的または反復的な身体の運動，物の使用，または会話
- おもちゃを一列に並べる，物を叩くなどの単調な常同運動
- 反響言語
- 独特な言い回し

②同一性への固執，習慣への頑ななこだわり，または言語的，非言語的な儀式的行動様式
- 小さな変化に対する極度の苦痛
- 移行することの困難さ
- 柔軟性に欠ける思考様式
- 儀式のようなあいさつの習慣
- 毎日同じ道順をたどったり，同じ食物を食べたりすることへの要求

③強度または対象において異常なほど，きわめて限定され執着する興味
- 一般的ではない対象への強い愛着または没頭
- 過度に限局しまたは固執した興味

④感覚刺激に対する過敏さまたは鈍感さ，または環境の感覚的側面に対する並外れた興味
- 痛みや体温に無関心のように見える
- 特定の音または触感に逆の反応をする
- 対象を過度にかいだり触れたりする
- 光または動きを見ることに熱中する

C. 症状は発達早期に存在していなければならない（しかし社会的要求が能力の限界の限界を超えるまでは症状は完全に明らかにならないかもしれないし，その後の生活で学んだ対応の仕方によって隠されている場合もある)。

持し，理解することの欠陥の3つに分けられます。①対人的—情動的相互関係の欠陥は，主に他者と対人的なコミュニケーションを行い，考えや感情を理解・共有する能力に関する欠陥です。具体的な行動としては，子供の場合，他者の行動を模倣することが難しかったり，会話をする際に，一方的に自身の意見を言う，要求するといった行動がみられやすく，相互性に欠けたやりとりになりやすいといえます。

知的障害のない成人の場合は，それまでの経験から上記のような困難さに対して対処法を身につけていることもあるため，典型的なコミュニケーション（あいさつや形式的なやりとり）を行う場面では，困難さが表面化しない場合があります。ただし，そのような人でも，新しい状況であったり，適応的に振る舞うために必要な支援が受けられない場合には，社会的コミュニケーションの困難さが現れる場合があります。

②非言語的コミュニケーション行動の欠陥は，主に対人的な相互反応場面で用いられる非言語的コミュニケーション（アイコンタクト，身振り手振り，顔の表情，イントネーション，抑揚など）の通常とは異なる形式，機能での使用や欠陥によって明らかになります。より年少児では，他者と注意や関心を共有する**共同注意**（joint attention）の障害が多くみられます。具体的な行動としては，自分の興味のあるものを指差したり，見せたり，持ってきたりすることがみられなかったり，他者の指差しの先を追うことの難しさなどが挙げられます。成人の場合は，発話とそれに伴う非言語的コミュニケーションをうまく協調させることの困難さがあり，ぎこちなかったり，大げさな身体的なコミュニケーションを表す場合があります。

③人間関係を発展させ，維持し，理解することの欠陥は，年齢相応の対人関係を築くことの困難さです。幼児の場合には友達と想像的な遊び（ふり遊びやごっこ遊びなど）を行うことの難しさや，ルールのある遊びを集団で行うことの難しさがみられます。より年長になると，このような難しさは，社会的な場面に対してふさわしい行動をとること（冠婚葬祭などの集まりで大人しくする，相手の社会的立場に応じて自分の言動を調節する）の苦手さとして現れるようになります。このような人間関係構築の困難さは，他者との相互的なやりとり

を言語的，非言語的に行うことや，他者と興味や感情，行動を共有することの難しさといった，上記2つの欠陥とも関連していると考えられます。

12.1.2　行動，興味，または活動の限定された反復的な様式

限局された反復的行動に関しては，①常同的・反復的な行動，②習慣への頑ななこだわりや限定された行動様式，③限定され固執した関心，④感覚刺激に対する特異的な反応，に分けられます。①常同的・反復的な行動としては，単純な常同運動（例：手を叩く，指をはじくなど），反復的な物の使用（例：貨幣を回す，おもちゃを一列に並べる），反復発話（例：反響言語（耳にした言葉を即時，もしくは遅延しておうむ返しする），主客の逆転（自分のことを言うときに「あなた」という），単語，文章，または韻律様式の常同的使用）などが挙げられます。また，②習慣への頑ななこだわりや限定された行動様式については，変化への抵抗（例：いつもと異なる服を着ることを拒む，スケジュールのちょっとした変更にも抵抗する）や儀式的様式（例：決められた順番で質問を繰り返す，学校からの下校ルートが決まっていて変更できない）といった行動に特徴づけられます。③限定され固執した関心に関しては，興味をもつ対象，および興味の強度において異常なものとされます。対象の異常さは，同年齢時期の子供が通常興味をもたないような対象に対して興味をもつ傾向に特徴づけられます（例：鍋に強く惹きつけられる，洗濯機に夢中になるなど）。一方，強度の異常さは，対象については一般的なものでも，非常に強く没頭し，しばしば非常に高度な専門的な知識を併せ持つ場合もあります（例：飛行機や電車などの非常に詳しい知識を有する，何時間もかけて時刻表を書き出す）。

また，強い興味関心は，対象物のみならず，特定の音や触感，視覚刺激への興味も含まれます（④感覚刺激に対する特異的な反応）。このような傾向は，過度に物に触ったり，においをかぐことや光，回転といった視覚的な特徴をもつものへの強い興味といった行動として表出されます。一方で，特定の感覚に対する否定的反応（例：掃除機の音，トイレのエアータオルを過度に嫌がる，特定の食べ物の見た目に対する極端な反応）や，鈍感さ（例：痛みを感じていないようにみえる，気温に合わせた服の調節が難しいなど）がみられる場合も

あります。

以上のように，ASDの障害特性は大きく2側面から評価されます。ASDの診断には，これ以外に障害特性が発達早期に存在し，また社会的，職業的，生活する上で重要なその他の領域において，臨床的に意味のある障害を引き起こしている状況にあることも診断基準として求められます。

12.1.3 診断基準の変更点

上述のように，ASDはDSM-5において新たに定義づけられた障害であり，ASDの概念自体は，DSM-Ⅳ-TRにおける自閉性障害（自閉症），**アスペルガー障害**，**小児期崩壊性障害**，**レット障害**，および**特定不能の広汎性発達障害**を包括しています。DSM-Ⅳ-TRにおける自閉性障害の診断では，「対人的相互反応における質的障害」「言語的コミュニケーションの障害」「限局された興味，活動，反復的常同行動」の3つから評価されていましたが，DSM-5では，それまでの「言語的コミュニケーションの障害」が，「社会的コミュニケーションの欠陥」に含まれ，上述の2つの診断基準とされました。さらに，感覚刺激に対する特異的な反応に関する診断項目は，以前の診断基準（DSM-Ⅳ-TRなど）においては診断項目ではなく診断を支持する関連特徴として記述されるにとどまっていましたが，DSM-5においては診断項目として採用されたことも特筆すべき点であるといえます。

また，DSM-5においては，診断項目の評価が，それまでの質的診断（該当する行動がみられるか否かを評価する）から，量的診断（該当する行動の強さを評価する）へと変更されたことも非常に大きな点として挙げられます。量的診断は，重症度を特定することでなされ，重症度は「レベル1：支援を要する」「レベル2：十分な支援を要する」「レベル3：非常に十分な支援を要する」という3段階で評価していきます。このような変更は，その障害特性の強さが，診断名の有無にかかわらず，全体として連続体上に位置するというスペクトラムの考え方にも合致すると考えられます。

12.1.4　ASDの診断について

それでは，このような診断はどのようにしてなされるのでしょうか。DSM-5によれば，診断では，それぞれの項目について重症度を評価する必要があります。実際の評価は，さまざまな情報を総合して行われます。ここでいう情報とは，聴取，行動観察，心理検査による情報が含まれます。本項では，臨床現場で比較的よく用いられる方法を表12.2にまとめています。

聴取は情報提供者から何らかの情報を聞きとることを指し，具体的な方法としては，インタビュー，質問紙に分けられます。インタビューは，主に養育者を対象として行われ，PARS-TR（親面接式自閉スペクトラム症評価尺度；Parent-interview ASD Rating Scale-Text Revision）やADI-R（自閉症診断面接；Autism Diagnostic Interview-Revised）などの半構造化面接法が開発されています。これら2つの面接法はいずれもASDの症状がもっとも顕著に現れる発達段階時期（4～5歳程度）と現在の症状を問う形式であり，本人が上記の発達段階を過ぎている場合には，顕著に現れている時期の状態像を判断材料として，どの程度ASDの症状がみられているかを点数化し，カットオフ値により診断的な見立てを行います。

表12.2　ASDの評価ツール

形態	対象	ツール
インタビュー	養育者	PARS-TR（親面接式自閉スペクトラム症評価尺度）
	養育者	ADI-R（自閉症診断面接）
質問紙	養育者	M-CHAT（幼児期自閉症チェックリスト修正版）
	養育者 教師など	SRS-2対人応答性尺度
	本人 養育者	AQ（自閉症スペクトラム指数）
	本人	AASP（青年・成人感覚プロファイル）
行動観察	本人	CARS（小児自閉症評定尺度） ※養育者，教師への聞きとりによる評定も可
	本人	ADOS-2（自閉症診断観察スケジュール）

質問紙については，本人の年齢により，本人もしくは養育者が聴取対象となります。乳幼児期の場合には，養育者への質問紙であるM-CHAT（乳幼児期自閉症チェックリスト修正版；The Modified Checklist for Autism in Toddlers），児童期では，SRS-2対人応答性尺度（Social Responsiveness Scale, Second Edition），自記による回答が可能な思春期から青年期の場合にはAQ（自閉症スペクトラム指数；Autism spectrum Quotient）や，感覚入力への反応を詳細に評価することのできるAASP（青年・成人感覚プロファイル；Adolescent/Adult Sensory Profile）などがよく用いられます。

行動観察は，本人を対象とし，遊んでいる場面や課題場面などを専門家が観察して，その障害特性を評価する方法です。ASD診断における代表的な観察法としては，CARS（小児自閉症評定尺度；Childhood Autism Rating Scale）やADOS-2（自閉症診断観察スケジュール；Autism Diagnostic Observation Schedule）が挙げられます。CARSでは，評定の視点として15項目が設定されており，それらの項目について，特に観察のための場面設定を設けることなく（自由観察），子供の教室や検査場面などでの様子から評価を行います。また，CARSは，観察だけでなく，養育者や指導者からの言語報告を用いて評定することもできるとされています。

一方で，ADOS-2は，年齢や言語発達水準に応じて観察のための道具や場面設定が規定されており，一定の刺激や文脈に対する本人の行動や社会的なコミュニケーションの様相について詳細に観察を行います。観察は，対象者と検査者の1対1（幼児の場合は母親も同席）で，発達段階に応じて定められた道具を用いて行われます。観察項目には，パズルや本のストーリーの説明などの課題と，日常的な会話や人間関係などに関する質問が含まれます。より低年齢向けの検査では，ごっこ遊びやおやつ場面なども設定されます。評定は，認知検査のようにそれぞれの項目ができたかできなかったかという点ではなく，設定された場面でどのような行動（たとえば，言葉とアイコンタクトが協調しているか，相互的な会話をすることができていたかなど）がみられたかに焦点をあて，観察結果をスコアリングします。得られた結果は，スコアリングアルゴリズムによって得点化し，カットオフ値により診断的見立てを行います。

以上がASDの障害特性の評価法であり，心理検査は，ASD特性そのものを測定するためだけでなく，主に発達の程度や認知機能の特性を把握するために実施されます。一般的に使用される検査は，発達検査としては遠城寺式発達検査や新版K式発達検査などが挙げられます。また，認知検査については，第5章で詳述した知能検査（ウェクスラー式知能検査やK-ABCなど）に加え，実行機能検査なども使用され，同年齢集団における位置や個人内の認知的特徴を把握します。

アセスメントツールの使用にあたっては，そのツールの有効性と限界を理解することが重要です。たとえば，養育者に対するインタビューの結果は，養育者の子供への評価から少なからず影響を受けることが考えられますし，検査室などの新奇な場面や検査者に子供が見せる行動は非常に限定されたものとなり，学校や家庭での行動と必ずしも一致しない可能性もあります。したがって，ASDの診断に際しては，本人の発達段階に応じてアセスメントツールを組み合わせ，総合的に評価することが必要となります。また，その他の精神疾患との鑑別診断のため，上記以外のアセスメントも行い，多面的に状態像を把握します。

12.2　ASDにおける社会認知能力の発達

ここでは，ASDの中核的な症状である社会的コミュニケーションの障害の中でも，特に対人的相互反応に重要となる**社会的認知**の発達に焦点をあて，先行研究の知見なども踏まえて概観します。

12.2.1　社会的認知の発達

社会的認知とは，人をはじめとする社会的な対象についての認知であり，社会的認知の発達により，人間関係の構築や対人的コミュニケーション能力などの社会性が形成されていきます。したがって，社会的認知の困難さは，ASDにおける社会的コミュニケーションの障害の基盤となっていると考えることができるでしょう。この社会的認知の発達について，乳児期から児童期にかけて子供がどのように人を認知していくのかという点に焦点をあて，さまざまな研究知見が蓄積されています。

乳児期における社会的認知については，共同注意の発達が大きなマイルストーンとなります。共同注意には，**指差し**，**視線追従**，**社会的参照**といった行動が含まれ，後の語彙や社会的スキルの獲得，他者理解の発達における基礎となります。**表 12.3** は，乳児期における社会的認知の発達的変容を示しています。定型発達児の場合，9カ月頃に他者の視線を追従する行為がみられるようになり，10〜11カ月にかけて他者の指差しの理解，1歳〜1歳1カ月で指差し行動の産出が始まることが明らかとされています。このように，乳児期における社会的認知は，他者が自分とは異なる注意状態を有する対象であること，および人への注意だけでなく，自分—人—物という**三項関係**に気づく時期であるとい

表 12.3 **乳幼児期における社会的認知の発達**（大神，2008 を基に作成）

出現時期	具体的行動
〜9カ月	視線追従
〜11カ月	他者の指差しに伴う交互凝視 模倣 後方の指差し理解
〜1歳	応答の提示・手渡し
〜1歳1カ月	自発的提示・手渡し 要求の指差し産出
〜1歳2カ月	要求の指差しに伴う交互凝視 機能的遊び 叙述の指差しの産出 からかい行動
〜1歳3カ月	叙述の指差しに伴う交互凝視 ふり遊び 他者情動への気づき
〜1歳4カ月	応答的指差しの産出
〜1歳5カ月	向社会的行動（慰めるなど）

えます。

ASD 児における後方の指差し理解について，別府（1996）は，遊んでいる子供の後ろにシャボン玉を飛ばし，大人が子供の名前を呼びながら「あれ！」と指差しをした際に，子供が振り返ってシャボン玉を見るかどうか（後方への共同注意），さらに，振り返った後に，指差しをした大人に対してシャボン玉を確認したことを伝えるために，再度大人のほうを向く行動（共有確認行動）が何歳頃から可能になるのかについて検討を行いました。結果として，定型発達児は 1 歳を超えると後方への共同注意が可能となり，同時に共有確認行動を見せました。一方で，ASD 児は，おおむね言語発達が 1 歳程度のレベルを超えると後方への共同注意が可能になりますが，共同注意を行った 15 人の ASD 児のうち，共有確認行動を行ったのはわずか 1 人でした。この一連の結果から，ASD 児においては，定型発達児と比較して，共同注意に関して発達時期の遅れや発達過程の違いがあるといえます。特に，共有確認行動が生じないという点については，自身が他者の注意を共有したことをその他者へ伝えようとする意図が希薄であることを反映していると考えられます。

幼児期における社会的認知の発達では，他者の誤信念の理解に代表される「**心の理論**（theory of mind）」の獲得が大きな指標となります。心の理論は，1978 年にプレマック（Premack, D. G.）とウッドラフ（Woodruff, G.）により提唱された概念であり（Premack & Woodruff, 1978），他者の意図，知識，信念といった心的な状態を推測するための枠組みです。ウィマー（Wimmer, H.）とパーナー（Perner, J.）は，心の理論の有無を測定するための**誤信念課題**（マクシ課題）を作成し，定型発達児の場合，4〜6 歳で課題通過することが明らかとなっています（Wimmer & Perner, 1983）。誤信念課題は，他者が現実とは異なる考えをもちえること（A さんは○○であると誤って信じている）の理解を問う課題であり，幼児期では，自分と他者の信念や知識状態の違いを“理解する”ことが中心となります。前述のように，乳児期では他者の意図や注意に気づくことができるようになると考えられ，それに続くこの時期は他者の信念という，より詳細な心的状態を理解する時期であるといえるでしょう。

ASD 児の心の理論について初めて検討したバロン=コーエン（Baron-Cohen,

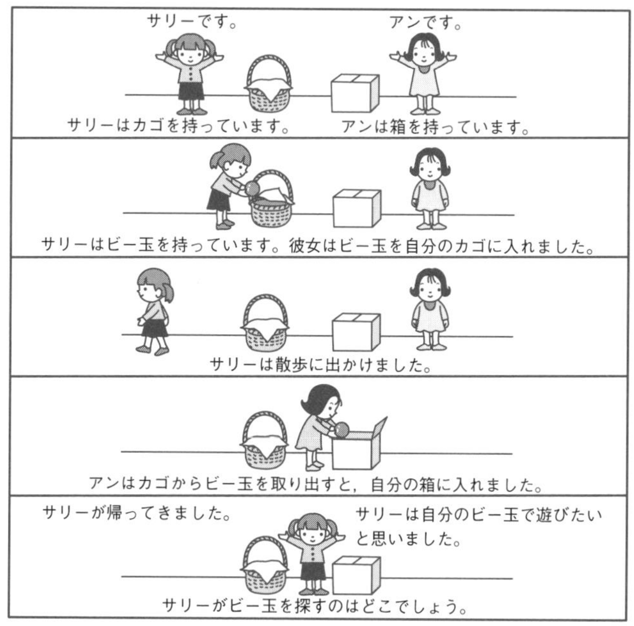

図 12.1　**サリーとアン課題**（Frith, 1989）
サリーがカゴに入れたビー玉を，サリーが見ていない間にアンが移動させ，サリーが再びビー玉で遊ぼうとしたときにどちらを探すかを尋ねます。サリーの心的現実（カゴにビー玉が入っている）が理解できるかを問い，心の理論の有無を調べるための課題です。

S.）は，マクシ課題を改変した誤信念課題である**サリーとアン課題**（図 12.1）を作成しました。この課題は，2 人の登場人物（サリーとアン）についての短い物語です。サリーはカゴ，アンは箱を持っており，ビー玉で遊んでいたサリーは，自分のカゴにビー玉を入れて，散歩に出かけます。サリーがいない間にアンはビー玉をカゴから箱に入れ替え，部屋から出ていきます。その後，サリーが部屋に帰ってきてもう一度ビー玉で遊ぼうと思った場合，彼女はカゴと箱のどちらを探すか，というストーリーです。正答は，カゴであり，サリーはビー玉が箱に移動されたことを知らず，自身が入れたカゴの中に依然としてビー玉があると現実とは異なる信念を有しているためです。

バロン=コーエンは，この課題をASD児，同年齢の定型発達児，および知的発達水準を統制したダウン症児と比較してASD児における課題成績が低いことから，ASD児においては心の理論の理解に困難さを示すこと，および発達が遅れていることを明らかにしました（Baron-Cohen et al., 1985; Baron-Cohen, 1989）。この研究では物語は人形劇の形式で展開しますが，これ以降，漫画や動画などさまざまな形式を用いたこの課題と同様のストーリーにより，ASD児の心の理論に関して検討がなされました。

児童期以降の心の理論の発達に関しては，心的状態の理解をより深化させ，より複雑な他者の意図が理解できるようになることや，対象の広がり（2次の誤信念；Aさんは，「Bさんが○○であると思っている」と誤って信じている）や，文脈の多様性をもって発達を遂げていきます。ASD児においては，このようなより高度な心の理論の困難さについて，比喩的な言い回し，嘘や皮肉，あてこすりなど，字義通りではないコミュニケーションに関する理解を問うストレンジストーリー課題（Happé, 1994）や，文脈上言うべきでなかった失言を検出するフォー・パー（faux pas）課題（Baron-Cohen et al., 1999）などを用いて検討されています。これらの研究では，一貫して誤信念課題を通過する児童期，青年期のASD児・者においては，定型発達や知的障害児・者と比較して成績が低いことが明らかにされています。

以上のように，社会的なコミュニケーションの基盤となる他者の意図や信念を推測する能力は，ASD児においては発達期を通して障害されていると考えることができるでしょう。ASD児・者の中でもこれまで紹介してきた課題を通過し，心の理論を有していると考えられる者は存在しますが，日常生活の中では依然として社会的コミュニケーションに困難さを抱えている例も報告されています。発達段階を経るにつれ，社会的なコミュニケーションで要求されることは多様化していきます。暗黙の了解や，より微妙なニュアンスの理解などを求められる場面も多く，日常生活における困難さは，就職した後でも影響し，職場への適応に困難さを抱えるASD者も多く存在しています。

12.2.2 社会認知と脳

ASD の中核的な障害となる自閉症の成因に関して，かつては，母子愛着関係の形成不全や言語発達の障害が唱えられていましたが，1980 年代以降，上述の心の理論障害説（Baron-Cohen, 1995）や弱い**中枢性統合説**（Frith, 1989），**実行機能障害説**（Ozonoff et al., 1991）など，認知・知覚機能の障害によって説明しようとする説が提出されました。近年では，遺伝的な要因によるとする考えが一般的であり，ASD の状態像の多様さ，個人差の大きさを考えると，単一の遺伝子による異常ではなく，多くの遺伝子における微細な異常が関わる遺伝性の疾患であるとされています。このような遺伝的な要因により，脳の形態や機能における器質的な欠陥が生じると考えられています。

近年の脳イメージング技術の進歩により，磁気共鳴画像法（Magnetic Resonance Imaging; MRI），脳波（Electroencephalogram; EEG），近赤外線分光法（Near-infrared spectroscopy; NIRS）などを用いて生体の脳形態や脳機能を詳細に調べることが可能となりました。上述の社会認知に関連する脳部位としては，扁桃体，上側頭溝，側頭頭頂接合部，前頭前野内側部が挙げられます（図 12.2）。これらの領域を総じて**社会脳**（social brain）とよばれることもあり，社会脳は私たちが相互にコミュニケーションをとる際に必要な認知的な処理を担っているといえます。社会脳の中でも特に，側頭葉の内側に位置し，記憶に

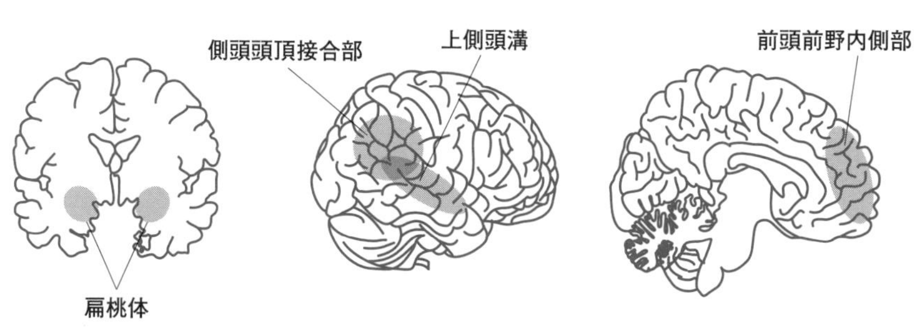

図 12.2 **社会認知に関連する脳領域**
社会認知に関連する領域として，扁桃体，上側頭溝，側頭頭頂接合部，前頭前野内側部が挙げられます。

関連する海馬の先にある扁桃体は，視覚，聴覚，内臓感覚などのさまざまな感覚刺激の情報を受け取り，主に感情の処理を行います。社会認知では，主に視線や表情（特に恐ろしげな表情）など社会的コミュニケーションの基礎となる情報を処理することに関わっています。上側頭溝や，側頭頭頂接合部，前頭前野内側部は，主に心の理論のような他者信念理解に関わる課題遂行時に活動がみられ，心の理論に関する神経ネットワークを形成していると考えられます。

ASD に関する機能的磁気共鳴画像法（fMRI）を用いた研究は，2000 年頃から盛んに行われ，社会脳における機能的な特異性が検討されています。fMRI による脳の活動をとらえた複数の研究で，ASD 者は，社会認知に関わる課題において，定型発達者と同様の心の理論ネットワークに含まれる領域での脳活動が認められるものの，定型発達者と比較して，脳活動や領域間の機能的結合（functional connectivity）が弱いことが明らかにされています。

12.2.3　ミラーニューロンシステムと ASD

私たちが行動を獲得したり，学習したりするときに他者を模倣することは非常に重要な機能です。模倣する場合には，他者の動きなどをあたかも自分が行っているように観察し，自分に置き換える必要があるといえます。**ミラーニューロン**（mirror neuron）は，まさに脳内で他者の行動を追体験するような働きをするニューロンとして知られています。ミラーニューロンは，マカクザルの脳で発見されたニューロンであり，ある行動をしている際にも，同様の行動を観察している際にも活動するニューロンです。このようなニューロンはヒトにおいては発見されていませんが，ミラーニューロン的に活動する脳領域として，補足運動野（supplementary motor area）や前頭葉の一部が知られています。これらの神経群は，模倣のみならず，共感や心の理論の理解といった能力との関連が示されています。ASD においては，模倣の苦手さがしばしば指摘されており，ラマチャンドランとオバーマン（Ramachandran & Oberman, 2006）は，「壊れた鏡（the broken mirror）仮説」として ASD 児・者における模倣や心の理論の困難さをミラーニューロンシステムの障害として説明しようとしています。

12.3 ASDの支援

これまで述べてきたようなASDにおける困難さに対し，1943年のカナー（Kanner, L.）による自閉症の報告以降，さまざまなアプローチによる支援が行われてきました。支援アプローチは，ASDの原因をどのようにとらえるかによって異なるため，自閉症の原因論の変遷と密接に関連しているといえます。たとえば，現在ではあまり実施されていませんが，初期では精神分析的視点に立ったアプローチが主流でした。このアプローチでは，ベッテルハイム（Bettelheim, B.）の「**冷蔵庫マザー論**」に代表されるように，“親の養育態度が自閉症の主たる原因である”ととらえられていました。したがって，子供は母親から隔離され，絶対受容によって，自己分化を促進させることを目的として支援され，むしろ親への育児介入が盛んになされていました。

その後，ラター（Rutter, M.）により，自閉症の原因については，先天性の認知障害による言語コミュニケーションの障害であり，その結果として，対人関係障害が生じるとする**認知・言語障害説**が提案されました。認知・言語障害説は養育者ではなく，自閉症児本人への支援の必要性を明らかにした点で非常に重要な原因論の転換であるといえます。これ以降，認知機能障害や言語障害，社会性の障害に焦点づけて，さまざまなアプローチが開発されていますが，現在のところ統一的に効果が得られる唯一の支援法は確立されていません。

以下では，応用行動分析，およびASDに対する包括的な支援システムであり，その一部が本邦における支援に取り入れられているTEACCHプログラムの2つのアプローチについて詳述します。

12.3.1 応用行動分析

応用行動分析（Applied Behavioral Analysis; **ABA**）は行動主義心理学に基づく支援の枠組みであり，問題行動に焦点をあて，その行動の機能分析を行うことにより，行動の改善を目指します。ABAでは，行動を改善させる枠組みとして，第2章で詳述されたABC分析を用います。

では，ここでABC分析を用いて，以下の場面を考えてみましょう。ある子供は，初対面の人を叩くことを繰り返していました。母親がそのたびに叱ってもふざけて笑っており，一向にやめようとしませんでした。この行動は，実は母親の叱るという反応で支えられていました。この場合，先行条件は初対面の人であり，後続条件は母親から叱られることです。叱られるという行動は，一見すると嫌子（子供にとって望ましくない刺激）にみえますが，実は母親からの注目を得るという好子（子供にとって望ましい刺激）になっていました。このように，大人が考える嫌子（叱ること）が必ずしも行動を減少させる効果をもたず，むしろ問題となる行動の生起を維持させる役割を果たしてしまうこともあります。

ABA では，このような一連の行動と環境の連鎖を特定し，先行・後続条件を変化させることにより，行動改善につなげます。具体的な支援方法として，上述の例では，人を叩くという行動を強化している叱るという母親の行動を変化させます。具体的には，叩いたときには叱らず，叩かなかったときにきちんとほめてあげることにより，従来の行動と後続条件の関係を断ち切り，さらに，適応的な行動（叩かない）が出た際に，好子を与えることで，適応的な行動を強化していくことが基本的な方法となります。

ABA では，上の例のようなある 1 つの行動のみならず，その子供全体の行動に焦点をあて，望ましい行動のみを強化する分化強化によるシェイピングや，目的となる課題を遂行するための一連の行動を獲得させるための連鎖化（chaining）といった手法を用いて，望ましくない行動を抑え，望ましい行動を維持させていくことを目指します。

12.3.2　TEACCH プログラム

TEACCH プログラム（Treatment and Education of Autistic and related Communication handicapped Children）は，ショプラー（Shopler, E.）によって 1970 年代のはじめに提唱され，アメリカのノースカロライナ州で取り組まれている包括的なプログラムです。このプログラムの特徴は，ASD をいかに定型発達に近づけるかという方向の支援ではなく，ASD の障害特性や行動様式を独自の文化として尊重し，社会の中で自立した有意義な生活を送ることを目的としている点にあります。したがって，TEACCHは支援方略というよりも，診断，アセスメント，介入方略，教育カリキュラム，就労支援，成人住居支援，余暇，老年期支援に至るまで，生涯にわたるASD支援を行うための社会システムともいえます。

TEACCHでは，以下の9つを基本的な理念とします。①自閉症（ASD）の特性を理論よりも実際の子供の観察から理解する，②親と専門家の協力，③子供に新たなスキルを教えることと子供の弱点を補うように環境を変えることで子供の適応能力を向上させる，④個別の教育プログラムを作成するために正確に評価する，⑤構造化された教育を行う，⑥認知理論と行動理論を重視する，⑦現在のスキルを強調するとともに弱点を弱める，⑧ジェネラリストとしての専門家，⑨生涯にわたるコミュニティに基盤を置いた援助，です。

実際の支援は，困難さに対する訓練のみならず，潜在的な能力と興味を養うことを目的とした指導が進められます。また，視覚的な手がかりによる構造化を重視して物理的な環境調整を行います。ASD児の場合，聴覚情報の処理や記憶に困難さを有する子供も多いため，視覚的な手がかりがあることで，自身の行動をコントロールすることが容易になると考えられます。このような視覚的な構造化は，さまざまな教育現場で取り入れられており，TEACCH＝視覚的手がかりと考えられている部分すらありますが，構造化の仕方は画一的な方法ではなく，子供によって異なる障害特性や認知特性を考慮し，柔軟に行われる必要があります。

本節では，ABA，TEACCHという2つの代表的な支援アプローチについて詳述しましたが，これら以外にも社会的スキルの獲得を促すソーシャルスキルトレーニング（SST）やソーシャルストーリーズ，情動的なコミュニケーション（他者の感情の理解や共感）の促進を目的とした心理劇的ロールプレイングなどさまざまなアプローチが開発されています。ASDにおける状態像の多様性を鑑みると，ある一定のアプローチのみでは限界がある場合が考えられるため，個人の発達段階や障害特性の強弱に合わせてアプローチを柔軟に選択できることが重要であるといえます。

復習問題

1. 以下の空欄にあてはまる語句を書いてください。

DSM-5 における ASD 診断基準は，「(　　　　　) コミュニケーション，および (　　　　　) 相互反応における持続的な欠陥」および「(　　　　　), (　　　　　), または活動の限定された (　　　　　) な様式」の 2 側面で構成されている。このような ASD 特性の評価ツールとして，思春期から青年期の本人への質問紙である (　　　　　) や，養育者への半構造化面接法である (　　　　　)-TR などが主に用いられる。

2. ASD 児における社会的認知の特徴について書いてください。
3. 応用行動分析における機能分析について，以下の語句を用いて説明してください。
【強化】【先行条件】【後続条件】

参考図書

黒木 俊秀（編著）(2015). 発達障害の疑問に答える　慶応義塾大学出版会

ASD に限らず，限局性学習症（学習障害），注意欠如・多動症（ADHD）を含めた発達障害に関するさまざまな疑問に第一線で活躍する専門家がわかりやすく答えた一冊。障害特性に関する疑問だけでなく，支援方法や家族・きょうだいのことなど幅広いトピックが含まれています。

リッチマン，S.　井上 雅彦・奥田 健次（監訳）テーラー 幸恵（訳）(2015). 自閉症スペクトラムへの ABA 入門——親と教師のためのガイド——　東京書籍

ASD への支援として用いられる ABA について，基本的な考え方から具体的な指導法までを網羅し，ABA に基づいて支援を行う上で必要な事柄が盛り込まれています。タイトル通り，入門として全体像を把握することに優れた一冊です。

開 一夫・長谷川 寿一（編）(2009). ソーシャルブレインズ——自己と他者を認知する脳——　東京大学出版会

ASD の社会性の障害に関わる脳領域であるソーシャルブレイン（社会脳）に関する研究知見がわかりやすくまとめられています。ASD に関する研究のみならず，心の理論，自己と他者の区別など社会性に関わる幅広い研究分野の知見がコンパクトにまとめられた良書です。

13 注意欠如・多動症

注意欠如・多動症（ADHD）は，日本では2000年代に認知され始め，前章の「自閉スペクトラム症（ASD）」，第11章の「学習障害（限局性学習症，SLD; Specific Learning Disorder）」とともに，発達障害の1つのサブグループを形成しています。学校教育現場にADHD児がどの程度在籍しているのかについては直接的なデータはありませんが，平成24（2012）年に文部科学省が実施した「通常の学級に在籍する発達障害の可能性のある特別な教育的支援を必要とする児童生徒に関する調査」によると，学習面（聞く，話す，読む，書く，計算する，推論する），または行動面（不注意，多動性—衝動性，対人関係やこだわり）において著しい困難を示す児童生徒は全体の6.5%在籍しています（文部科学省，2012）。この調査は，全国の小中学校の学級担任を対象として，児童生徒について評価を求めたものです。したがって，この6.5%の児童生徒すべてが発達障害に関する医学的診断を有しているわけではありませんが，ADHDの障害特性と密接に関連すると考えられる「不注意，多動性ー衝動性の問題を著しく示す」と評価された児童生徒の割合は3.1%とされています。1学級30人と考えると，各クラスに1人ほどADHD特性に類似した困難さを示す子供が在籍すると考えられる割合です。本章では，このように学校教育現場で少なくない割合の児童生徒が示すADHDについて，診断基準，診断ツールや支援方法などを概観し，理解を深めることとします。

13.1 注意欠如・多動症とは

13.1.1 DSM-5の診断基準

DSM-5におけるADHDの診断基準（表13.1）は，主に**不注意**と，**多動性**および**衝動性**という2つの状態像から構成されます。不注意は，課題から気がそ

表 13.1(1)　**DSM-5 における注意欠如・多動症の診断基準**
(American Psychiatric Association, 2013 髙橋・大野監訳 2014)

A (1) および (2) によって特徴づけられる，不注意および/または多動性―衝動性の持続的な様式で，機能または発達の妨げとなっているもの。

(1) 不注意：以下の症状のうち６つ（またはそれ以上）が少なくとも６カ月持続したことがあり，その程度は発達の水準に不相応で，社会的および学業的/職業的に直接，悪影響を及ぼすほどである。

(a) 学業，仕事または他の活動中に，しばしば綿密に注意することができない，または不注意な間違いをする（例：細部を見過ごしたり，見逃したりしてしまう，作業が不正確である）。

(b) 課題または遊びの活動中に，しばしば注意を持続することが困難である（例：講義，会話，または長時間の読書に集中し続けることが難しい）。

(c) 直接話しかけられたときに，しばしば聞いていないように見える（例：明らかな注意をそらすものがない状況でさえ，心がどこか他所にあるように見える）。

(d) しばしば指示に従えず，学業，用事，職場での義務をやり遂げることができない（例：課題を始めるがすぐに集中できなくなる，また容易に脱線する）。

(e) 課題や活動を順序立てることがしばしば困難である（例：一連の課題を遂行することが難しい，資料や持ち物を整理しておくことが難しい，作業が乱雑でまとまりがない，時間の管理が苦手，締め切りを守れない）。

(f) 精神的努力の持続を要する課題（例：学業や宿題，青年期後期および成人では報告書の作成，書類に漏れなく記入すること，長い文書を見直すこと）に従事することをしばしば避ける，嫌う，またはいやいや行う。

(g) 課題や活動に必要なもの（例：学校教材，鉛筆，本，道具，財布，鍵，書類，眼鏡，携帯電話）をしばしばなくしてしまう。

(h) しばしば外的な刺激（青年期後期および成人では無関係な考えも含まれる）によってすぐ気が散ってしまう。

(i) しばしば日々の活動（例：用事を足すこと，お使いをすること，青年期後期および成人では，電話を折り返しかけること，お金の支払い，会合の約束を守ること）で忘れっぽい。

(2) 多動性および衝動性：以下の症状のうち６つ（またはそれ以上）が少なくとも６カ月持続したことがあり，その程度は発達の水準に不相応で，社会的および学業的/職業的活動に直接，悪影響を及ぼすほどである。

(a) しばしば手足をそわそわ動かしたりトントン叩いたりする，または椅子の上でもじもじする。

(b) 席についていることが求められる場面でしばしば席を離れる（例：教室，職場，その他の作業場所で，またはそこにとどまることを要求される他の場面で，自分の場所を離れる）。

(c) 不適切な状況でしばしば走り回ったり高いところへ上ったりする（注：青年または成人では，落ち着かない感じのみに限られるかもしれない）。

(d) 静かに遊んだり余暇活動につくことがしばしばできない。

(e) しばしば“じっとしていない”，またはまるで“エンジンで動かされているように”行動する（例：レストランや会議に長時間とどまることができないかまたは不快に感じる；他の人達には，落ち着かないとか，一緒にいることが困難と感じられるかもしれない）。

(f) しばしばしゃべりすぎる。

(g) しばしば質問が終わる前に出し抜いて答え始めてしまう（例：他の人達の言葉の続きを言ってしまう；会話で自分の番を待つことができない）。

(h) しばしば自分の順番を待つことが困難である（例：列に並んでいるとき）。

(i) しばしば他人を妨害し，邪魔する（例：会話，ゲーム，または活動に干渉する；相手に聞かずにまたは許可を得ずに他人の物を使い始めるかもしれない；青年または成人では，他人のしていることに口出ししたり，横取りすることがあるかもしれない）。

表 13.1(2)　**DSM-5 における注意欠如・多動症の診断基準**
(American Psychiatric Association, 2013 髙橋・大野監訳 2014)

B　不注意または多動性—衝動性の症状のうちいくつかが 12 歳になる前から存在していた。
C　不注意または多動性—衝動性の症状のうちいくつかが 2 つ以上の状況（例：家庭，学校，職場，友人や親戚といるとき；その他の活動中）において存在する。
D　これらの症状が，社会的，学業的，または職業的機能を損なわせているまたはその質を低下させているという明確な証拠がある。
E　その症状は，統合失調症，または他の精神病性障害の経過中のみ起こるものではなく，他の精神疾患（例：気分障害，不安症，解離症，パーソナリティ障害，物質中毒または離脱）ではうまく説明されない。

れること，忍耐の欠如や集中することの困難やまとまりのないことといった行動特徴であり，これらは，課題や状況への反抗や理解のなさに起因していないことが条件となります。具体的には，全体指示を聞いていなかったり，重要情報を聞きもらすといった適切な対象に注意を向けることの困難さ（診断基準 A(1)a，c），集中力が続かなかったり，外的な刺激によって容易に集中が途切れてしまうといった注意を持続させることの困難さ（A(1)b，d，f，h），試験勉強や宿題を計画的に行う場合や，提出物などを期日までに間に合わせるといった自身のスケジュールや，やらなければならないことの優先順位づけの困難さ(A(1)e)，忘れ物やなくし物の多さ（A(1)g，i）に大別されます。

多動性については，不適切な場面での過剰な運動活動性や落ち着きのなさなどの行動特徴を指します。具体的な行動としては，教室や職場などじっとしていることが求められる社会的状況下で，動き回ったり，高いところへ登ったりすること（A(2)b，c，d，e）や，椅子に座っていても手足をそわそわ動かしたり，もじもじする（A(2)a）といったことが挙げられます。また，思考の多動性として，考えがまとまらなかったり，しゃべりすぎるといった状態像が見受けられることもあります。次に，衝動性に関しては，見通しをもたずに出し抜けに行動してしまったり，自分に害のある可能性のある行動を抑制できずに行ってしまうといった行動特徴です。具体的な行動としては，質問が終わる前に自分の会話の順番を待てずに答え始めてしまうことや，列になって待つことの困難さ（A(2)g，h），ルールに沿った行動が難しく，他の人と行う活動で妨害すること（A(2)i）などが挙げられます。このような行動は，報酬を即時に欲しがる，満足することを待つことができないことが関連していると考えられます。

DSM-5では，ADHDと診断されるために，上述の(1)不注意と(2)多動性および衝動性に挙げられた行動のうちそれぞれ6つ以上が6カ月以上継続していることが求められます。ただし，17歳以上では，それぞれ5つ以上の症状がみられる場合に診断が可能となります。また，該当する症状は12歳以前から存在し（B），そのうちのいくつかは，家庭，学校，職場といった場所の違いや家族や友人と一緒にいる際など異なる2つ以上の状況でみられる必要があります（C）。

診断に求められる症状の数が年齢によって異なることからもわかるように，成人以降の症状は小児期とは異なることが知られています。予後として，小児期にADHDと診断されたうち約60％は成人の頃には診断基準を満たさなくなったという知見も提出されており，一般的に，成長するに従って，多動性・衝動性は目立たなくなり，不注意の症状が顕著になる傾向を示します。成人期では，不注意は，時間管理やタスク管理，手順を考慮して進めなければならないような作業を計画的に行うことの困難さが目立つようになります。一方で，多動・衝動性は，上述のような行動的な側面は弱まり，あれこれ考えてしまい，作業に集中できないといった思考の多動性や，ささいなことで怒るような感情の易刺激性など，より内的な多動・衝動性へと変化していくことが知られています。このように，臨床症状がより内的に変化していき，外的に把握されづらくなることで，成人のADHDについては過小診断につながる可能性が考えられるため，より詳細な評価が必要となります。

13.1.2 診断基準の変遷

ADHDの主症状である多動性は，歴史的には，脳の微細な損傷により多動などの症状が発現すると考えられていました。これは，1918年にエコノモ脳炎が流行し，その後遺症として多動や衝動性がみられたことから，中枢神経系の何らかの障害と多動，衝動性の因果関係が明らかにされたことが関連しています。その後，このような状態像を示す子供については，中枢神経系の微細な損傷が想定されるとして，**微細脳損傷**（minimal brain damage）という用語が使われました。しかし，微細な損傷を特定するには至らず，実質的な診断的意味をなさない「くずかご的診断」として使用されるようになり，概念としては衰退していきました。

DSM においては，第 3 版（DSM-Ⅲ）に初めて注意欠如障害として登場します。DSM-Ⅳにおいて ADHD は，**行為障害**と**反抗挑戦性障害**[1]とともに，注意欠如および破壊的行動障害という大項目に含められていました。現在では，神経発達障害のカテゴリーに含まれる ADHD が，歴史的に破壊的行動障害のカテゴリーに含められていたことの背景として，ADHD と破壊的行動障害の併存が注目され，その反社会的な障害特性により，社会的に大きな影響を及ぼすと想定されたためであると考えられます。また，DSM-Ⅳにおいては，ADHD をその主症状により類型することができるという研究知見を背景として，混合型，不注意優勢型，多動性—衝動性優勢型，特定不能の注意欠陥・多動性障害という 4 つの下位分類が設けられました。DSM-5 でのもっとも大きな変更は，大項目から反抗挑戦性障害および行為障害が削除され，新たに破壊的行動，衝動制御，行為障害というカテゴリーが作られた点です。それに伴い，ADHD は神経発達障害のカテゴリーに含まれるようになりました。また，診断年齢の上限が 7 歳から 12 歳へ引き上げられたこと，さらに，DSM-Ⅳにおいては除外規定として自閉性障害が含まれていましたが，これが削除され，自閉性障害（自閉スペクトラム症）との併存診断が可能になったことも大きな変更点として挙げられます。

13.1.3　ADHD の診断について

ADHD の診断については，DSM-5 の診断項目に則った生育歴の聴取に加え，

[1] 現行の DSM-5 では，行為障害は素行症，反抗挑戦性障害は反抗挑発症という診断名と併記されています。本章では，次節以降，素行症，反抗挑発症と統一して表記します。

表 13.2　ADHD の評価ツール

形態	対象	ツール
インタビュー	本人・養育者	子供の ADHD の臨床面接フォーム
	本人	CAADID（Conners' Adult ADHD Diagnostic Interview for DSM-IV）
質問紙	本人・養育者	ADHD-RS（ADHD Rating Scale）
	本人・養育者・教師	Conners 3
	本人・家族	CAARS（Conners Adult ADHD Rating Scale）

本人や養育者，教員を対象としたアンケートやインタビューなどの診断ツールが開発されています。**表 13.2** に代表的なインタビューツールと質問紙ツールを紹介します。

ADHD の診断に際し，比較的よく使用されるインタビューツールとしては，DSM に基づく診断のための半構造化面談ツールである「ADHD の臨床面接フォーム」や「Conners' Adult ADHD Diagnostic Interview for DSM-Ⅳ; CAADID」が挙げられます。特に，CAADID は，日本語版の信頼性・妥当性が確認され，成人期の ADHD 診断を行うにあたり有用な診断面接ツールです。CAADID では，基本情報や生育歴に加え，ADHD 症状について小児期と青年期以降の両方の状態像，および併存障害に関する項目について聞きとり，総合的に評価を行います。

質問紙ツールでは，子供に適用可能なものとして，ADHD-RS および Conners 3，成人用としては，Conners Adult ADHD Rating Scale（CAARS）が代表的なものとして挙げられます。ADHD-RS は DSM-Ⅳの診断基準に準拠した 18 項目から構成されています。家庭版と学校版の 2 種類があり，それぞれ養育者，教師からみた最近 6 カ月の子供の状態像について回答を求めます。この点は，診断基準（C）に関連し，異なる 2 つ以上の状況における対象児の状態像を把握することに役立ちます。Conners 3 は，DSM-5 に対応した質問紙ツールであり，6 歳から 18 歳の養育者（110 項目），教師（115 項目）が回答するフォームと 8

歳から18歳の本人（99項目）が回答するフォームが存在し，それぞれの回答を比較することができる点で有用です。また，ADHDに併存する可能性が高い反抗挑発症，素行症の評価ができることも特筆すべき点です。CAARSはDSM-Ⅳに準拠したツールであり，18歳以上の成人に使用することが可能です。このツールも本人評定と観察者評定（家族，友人，同僚など本人をよく知る対象）の2種類があり，いずれも66問の質問項目で構成されています。ADHDの3つの症状がどの程度強いのかということに加え，ADHD-RSと同様に，ADHDのサブタイプ（混合型，不注意優勢型，多動性衝動性優勢型）について評価することができます。

上述のようなADHDの障害特性自体を把握する評価ツールに加えて，認知的な特徴を把握するための知能検査（ウェクスラー式知能検査やK-ABCなど）や，自尊感情の低下による二次障害の把握のため，情緒的側面を評価する検査も合わせて実施し，その子供の全体像を把握することが求められます。

13.2 ADHDの原因論

13.2.1 実行機能障害仮説

バークレイ（Barkley, R. A.）は，ADHDの主要な状態像のうち，特に注意の欠如が生じる要因として，**実行機能**（executive function）の困難さを想定しています。実行機能とは，変化する環境の中で目的を達成するために必要とされる高次な認知機能であり，その定義をめぐっては研究者間で異なる場合がありますが，バークレイ（Barkley, 1997）においては，行動抑制（behavioral inhibition）を基盤として，ワーキングメモリ（working memory），情動・動機・覚醒度の自己調整（self-regulation of effect/motivation/arousal），行動調整のための内言（Internalization of speech），目標に向けた行動の再構成（reconstruction）という機能が想定されています（図13.1）。行動抑制は，優勢な反応の抑制，実行中の反応の停止，葛藤コントロールの3つの機能からなり，ADHDにおいては，行動抑制の障害が上記の5つの機能の障害を引き起こし，それによって自身の行動のコントロールや目的志向的な活動の困難さ，つまり

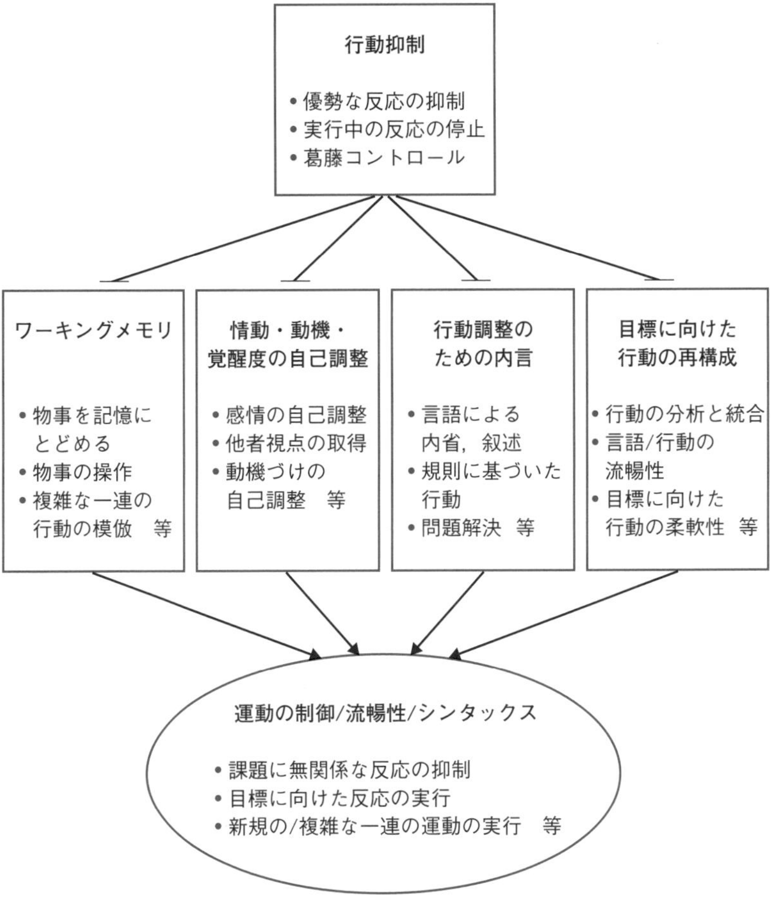

図 13.1　バークレイ（Barkley, 1997）における実行機能モデル
行動抑制機能が，ワーキングメモリ，情動や動機，覚醒度の自己調整，行動調整のための内言，目標に向けた行動の再構成という 4 つの機能と結びついており，これら 5 つの機能により，行動をコントロールするモデルです。

ADHD の症状につながるとされています。

ADHD 児における実行機能の困難さについては，行動抑制，プランニング，ワーキングメモリ（言語，空間）において定型発達児と比較して困難さを有することが明らかにされています。さらに，DSM-Ⅳにおいて定義づけられた ADHD のサブタイプ（不注意優勢型，多動・衝動性優勢型，混合型）によって，実行機能における困難さの状態像が異なり，多動・衝動性優勢型については，その他の 2 タイプに比べて困難さを示しにくいとされています。このような困難さは，IQ，読解能力，その他の併存障害の影響を取り除いても存在し，ADHD の中心的な症状であると考えられます。

また，実行機能課題遂行時の ADHD 児の脳機能に関するメタ解析によれば，前頭皮質，特に前頭前野における機能不全がみられることが明らかにされています（Dickstein, 2006）。前頭前野の機能不全は，特に前帯状回，背外側前頭前野，下前頭回，眼窩前頭皮質といった領域にわたり（図 13.2），いずれも定型発達児において実行機能課題を行っているときに脳活動が高まる領域でした。これらのことから，ADHD 児における実行機能の障害は，このような脳領域の機能不全によるものであると考えられています。

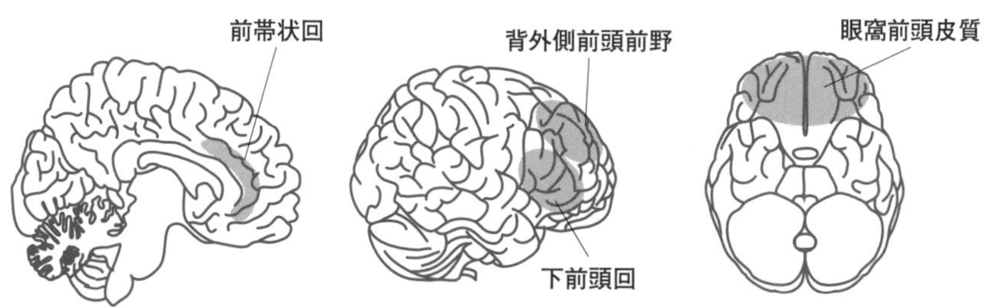

図 13.2 **実行機能遂行時に ADHD 児で機能不全がみられる脳領域**
ADHD 児の脳機能に関するメタ解析の結果，前頭前野の各領域で脳活動の低下がみられます。主な領域としては，前帯状回，背外側前頭前野，下前頭回，眼窩前頭皮質が挙げられます。

13.2.2 デュアル・パスウェイ・モデル

ソヌガ=バーク（Sonuga-Barke, 2003）は，バークレイの実行機能障害仮説について，ADHD に特異的な困難さではなく，ADHD 症状のないその他の障害においても実行機能の困難さがみられたことや，実行機能のすべての側面での困難さがみられないこと，行動抑制がその他の実行機能の基盤であるとする根拠に欠けるとして，新たな原因論のモデル（**デュアル・パスウェイ・モデル**；dual pathway model；図 13.3）を提唱しています。

デュアル・パスウェイ・モデルでは，ADHD の困難さが生じる原因として，実行機能の障害と，動機づけに関連する報酬の**遅延嫌悪**（delay aversion）の 2 つのサブグループが想定されています。遅延嫌悪は，ADHD 児にみられる報酬の時間割引率の高さと，遅延からの逃避や遅延することを回避しようとする

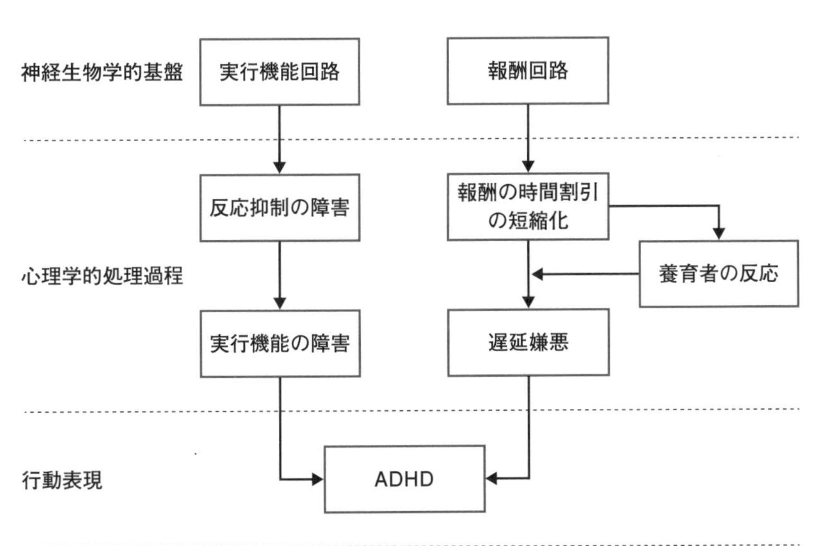

図 13.3 デュアル・パスウェイ・モデル（Sonuga-Barke, 2003 を基に筆者が作成）
左側の経路は行動抑制機能の欠陥による実行機能不全から ADHD に至る経路を示しています。一方で，右側は遅延嫌悪に関する経路で，ここには養育者の反応という因子が関係しており，養育者が，子供を待たせることができず，すぐに報酬を与えてしまう傾向が遅延嫌悪を招くという悪循環が生じます。

傾向から示されます。報酬の時間割引とは，報酬の価値がそれを得るまでの時間の長さに伴って減衰して感じられる現象です。たとえば，皆さんは，今すぐ500円をもらうか，少し待って1,000円をもらうかというときに，どの程度まで待てるでしょうか。明日1,000円をもらえるのであれば1日くらいは待とうと思う人もいるかもしれません。では，1年後ではどうでしょうか。今500円をもらって満足してしまおうと思いませんか？ これは，1,000円という価値が1年という時間によって割引され，半額の500円以下になってしまったことを表しています。

ADHD児の場合，定型発達児と比較して，この時間割引される率が高いことが明らかにされています。この結果から，ADHD児は報酬が遅く得られることを待つことができず，即時的な報酬に飛びついてしまうと考えられます。このような遅延嫌悪によって，不注意や多動・衝動性といったADHDの障害特性が生じるメカニズムとしては，報酬の遅延を回避できない場合，報酬を待つ間の体感時間を短くしようと気を紛らすとか，報酬ではなくそれ以外の対象へ注意を向けるためといったことが考えられます。また，注意をそらす対象が見つからなかった場合には，活動量を増やす（＝多動）ことにより，気を紛らせようとすると考えられています。衝動性については，報酬の時間割引率の高さにより，遅延に耐えられず，衝動的に代替の報酬を選択するという行動パターンから説明されます。

報酬の遅延嫌悪に関する脳イメージング研究では，報酬を感じることで活性化する線条体などの領域（報酬系）の活動が低いことが報告されています。また，金銭報酬の遅延に関する課題遂行時の脳活動を定型発達者と比較した結果，ADHD者は，報酬を期待しているときの腹側線条体における活動が定型発達者よりも低いことも明らかにされています。それ以外の知見においても，線条体や前帯状回（**図13.4**）の賦活が低いことが明らかにされており，このような報酬処理の異常が，これまでみてきたような時間割引率の高さや衝動的な報酬選択の背景にあると考えられます。

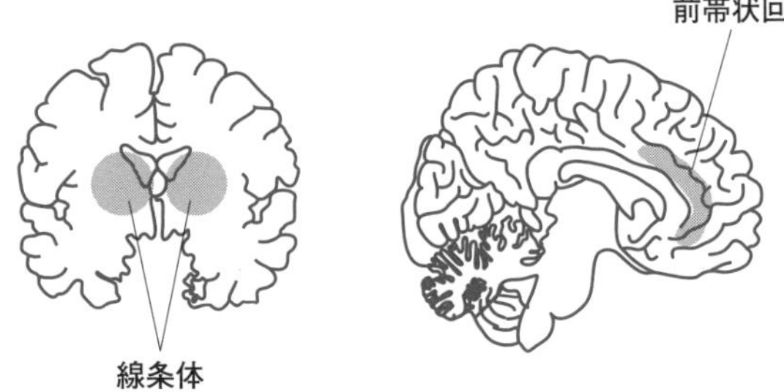

図 13.4　報酬の処理に関連する脳領域

ADHD 者では，報酬を期待しているときの線条体，前帯状回の活動が低いことが明らかにされています。

13.2.3　トリプル・パスウェイ・モデル

上述のように，行動抑制の機能障害，報酬の時間割引に関する処理障害によってADHD をサブグループに分けようとする考え方がデュアル・パスウェイ・モデルでした。ソヌガ=バークら（Sonuga-Barke et al., 2010）は，行動抑制や報酬処理のいずれの障害も有しないADHD グループが見出されていることに注目し，小脳の機能不全に関連する時間的見通しや段取りの悪さといった**時系列的処理**（temporal processing）に困難さを有するサブグループを見出しました。これにより，上記 2 つの障害に，時系列的処理の障害を加えた**トリプル・パスウェイ・モデル**（triple pathway model）を提唱しています。

ソヌガ=バークら（Sonuga-Barke et al., 2010）は，6～17 歳の ADHD 児，ADHD 児のきょうだい児，定型発達児を対象として，反応抑制課題[2]，遅延報酬課題[3]，時系列処理課題（後述）を実施し，ADHD 群は，これら 3 種類の課題すべてで定型発達群よりも成績が低いこと，3 つの障害のうち複数の障害が重なる例は少ないものの，ADHD 群の大多数はいずれか 1 つの障害を有すること（**図 13.5**），きょうだい群の成績は ADHD 群と定型発達群のおおよそ中

[2] 優勢な反応や，やりかけた行動を抑えることを必要とする課題。
[3] 待つことで報酬が増える課題や待つことへの葛藤を測定する課題。

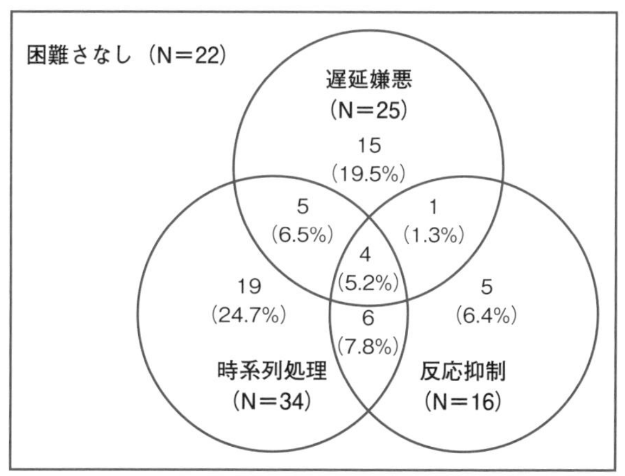

図 13.5　トリプル・パスウェイ・モデルからみた ADHD 児の状態像の分類
(Sonuga-Barke et al., 2010)

ADHD 児を，反応抑制の機能障害群，報酬処理障害群，時系列処理の障害群に分類した結果を示しています。すべての障害を有する子供は非常に少なく，ADHD は，3 つのサブグループから構成されていることがわかります。

間に位置することを明らかにしました。この研究で用いられた時系列処理課題は，一定のペースで提示される音に合わせてボタンを押す課題や，提示された音の長さがターゲットとなる長さよりも長いか短いかを判断する課題，一定の時間間隔を予測する課題が含まれ，時間間隔の区別や予測に関連する能力が必要とされるものでした。このような時系列処理の困難さは，ADHD の状態像としては，時間的な優先順位を考え，自身の行動を段取りよく計画立てることの困難さや，結果を予測すること困難さに関連します。

現在の日本の教育現場における支援は，これまで述べてきたような神経心理学的な知見や心理学的な理論に対する理解のもと，適切な支援がなされているとは言い難い現状にあります。研究知見は，ADHD の障害特性がどのような認知機能や動機づけの結果から生じているのかという仮説を提供しており，その仮説に基づいた支援方法を組み立てていくことが今後求められていくことになると考えられます。

13.3 ADHD の支援

ADHD は，その一次障害として，不注意や多動性，衝動性がみられる障害ですが，その障害特性ゆえに，周囲から障害として受け取られず，不真面目な子供として幼少期から学校教育において叱責や社会的排斥などを経験することが多く，このため，否定的な自己理解を形成しやすいことが知られています。このような他者との社会的な関係からの否定的な自己理解は，二次障害として，後述するような反抗挑発症や素行症といった**破壊的行為障害**（Disruptive Behavioral Disorder; DBD）**マーチ**とよばれる一連の障害群（反社会性への進行）へ発展する危険性をはらんでいるといえます。

ADHD における支援においては，一次障害へのアプローチと二次障害をも含めたアプローチに大別することができます。本節では，前者への支援として薬物療法を，後者に対しては心理社会的支援の一つとしてペアレントトレーニングを取り上げ，詳述します。

13.3.1 薬物療法

薬物療法は，ADHD における一次障害に直接作用する薬物を用いることにより，その障害特性の軽減を図ることを目的としています。日本において ADHD 治療に使用可能な薬剤としてよく用いられるものは，メチルフェニデート徐放錠（市販名：コンサータ）およびアトモキセチン（市販名：ストラテラ）が挙げられます。

メチルフェニデート徐放錠は，中枢神経刺激薬であり，日本では 2007 年から小児における ADHD に適応され，2013 年に 18 歳以上の成人にも適応が可能となっています。以前は速放錠（市販名：リタリン）が ADHD に対しても使用されていましたが，現在はナルコレプシーのみに適応されます。メチルフェニデート徐放錠の効果持続時間はおおよそ 12 時間程度で，速放錠と比較すると効果が現れるまでに時間を要しますが，持続時間は 2 倍ほど長いことが特徴です。アトモキセチンは，2009 年から小児へ適応され，2012 年に成人適応が可能となりました。アトモキセチンは，非中枢神経刺激薬に分類されるため，乱用性はなく，効果持続は終日であるため，基本的に服用回数は1日に1回です。また，薬剤効果の現れ方として，メチルフェニデート徐放錠の場合は，服薬開始直後から集中力の向上や不注意抑制効果を得ることができますが，アトモキセチンの場合は，効果の実感が得られるまでに時間がかかることが示されています。

これらの薬剤の副作用としては，主に，食欲不振，不眠，体重減少，腹痛，頭痛などが挙げられます。チック，高い衝動性，脱抑制などが顕著にみられる場合には，中枢神経刺激薬により症状を悪化させる可能性があるため，注意が必要とされています。また，上述のように，効果を持続させるためには，1日1回ないし2回の継続的な服用が求められることになりますが，そもそも不注意などの症状によって飲み忘れることも多いので，子供によっては安定した効果を得ることが難しいという問題もあります。

これら2つの薬剤は，いずれも脳内の神経伝達物質に関与します。両薬剤ともに，実行機能に関連する前頭前野，および時間的な処理に関連する小脳における興奮性の神経伝達物質であるドーパミン，およびノルアドレナリンの濃度を高めます。また，メチルフェニデート徐放錠のみが，これに加えて報酬に関連する側坐核におけるドーパミン濃度を高める作用があります（Swanson et al., 2006）。このような薬剤の効果により，ADHDの症状の緩和が期待できます。

ADHD児に対する薬物療法の効果を実証した研究知見として，セムラッド=クリケマンら（Semrud-Clikeman et al., 2008）は，9～15歳の中枢神経刺激薬による薬物治療歴のあるADHD児，ないADHD児，LD児，定型発達児の4群に対し，学業の達成度，実行機能（抑制機能，ワーキングメモリ），注意機能に関する課題を実施しました。この研究における薬物治療群は，少なくとも24時間以上前から薬物治療を受けていないことから，薬物の短期効果は実験結果に影響を与えていないと考えられます。結果として，薬物治療歴のあるADHD児は，実行機能，学業の達成度で定型発達群と同程度の成績を示し，薬物治療歴のない群よりも，抑制機能，注意機能，書きの能力において優れた成績を示すことが明らかにされています。

以上のように，本項では，ADHD に対する代表的な薬物療法として，メチルフェニデート徐放錠とアトモキセチンを取り上げました。近年では，中枢神経刺激薬であるリスデキサンフェタミンメシル酸塩（市販名：ビバンセ），小児への適応についてはこれに加えてグアンファシン塩酸塩（市販名：インチュニブ）という 2 つの薬剤が ADHD 治療薬として新たに認可されています。薬物療法は，ADHD を根治させるものではなく，中核症状である不注意傾向や多動・衝動性といった症状の軽減が目的となります。また，薬物療法により，症状が落ち着いたとしても，社会的な困難さがすぐに軽減されるわけではありません。特に，不注意や多動性の症状は，学校生活において，度重なる叱責の対象となりやすいため，ADHD 児の自己評価を高めるための支援が重要です。また，不注意や多動性が落ち着いても，それまでの社会経験の少なさから，適応的な行動が学習できていない場合も考えられ，ソーシャルスキルトレーニングなど，薬物療法と並行して心理社会的な支援を行っていくことが必要となります。

13.3.2　ペアレントトレーニング

ペアレントトレーニングは，自分の子供に対して最良の治療者になれるよう，養育者に子供への支援技術を身につけてもらうことにより，子供の問題行動の軽減を目指します。ペアレントトレーニングの有用性として，面接や訓練場面など日常生活から切り離された場面ではなく，日常生活文脈の中で訓練を行うことが可能であることや子供の状態像や環境の変化に対しタイムリーに対応できることが挙げられます。

ペアレントトレーニングでは，専門家が，養育者に対して子供の行動変容を促すためのスキルや知識を教授し，日常生活の中で養育者による子供の指導を行います。このようなペアレントトレーニングの効果として，子供に対しては，日常生活スキルの獲得，適応行動の増加や問題行動の減少などが挙げられます。また親への効果として，養育スキルの獲得，ストレスの減少などによる親子関係の改善が考えられます。特に，ADHD の養育者は，子供の問題行動に責任があるかのように周囲からみられることがあり，自分自身も自分のしつけや関わり方が子供の問題の原因であると思い込むことがあります。このため，養育上のストレスを抱えやすく，これが子供との関係を悪化させることがあります。ペアレントトレーニングによって適切な関わり方を習得することにより，養育者自身の効力感が高まり，育児ストレスから解放され，結果として親子関係が改善することが期待されます。

ペアレントトレーニングは親への個別支援，集団支援，個別支援と集団支援の混合という3タイプに大別され，ADHD児を対象とした場合の多くは，集団支援の形態をとり，身辺自立，問題行動，生活スキルなどの問題が扱われます（原口ら，2013）。ペアレントトレーニングの大部分は応用行動分析の理論を背景に据えており，第2章，および第12章でふれたような学習と条件づけの原理を用いたアプローチをその主軸に置いています。**表13.3**に示したような標準的なプログラムでは，前半に行われる講義において子供の行動を3種類（好ましい行動，好ましくない行動，許し難い行動）に分類し，それぞれの行動に対して関わり方を学びます。好ましい行動は，養育者が増やしたいと思っている行動であり，この行動が出た場合にはほめる，認めるといった肯定的なフィードバックをすることにより，その行動の出現を維持します。好ましくない行動は，減らしたい行動であり，この行動に対しては，無視をする（強化し

表13.3 ペアレントトレーニングプログラムの例（岩坂，2012を基に筆者が作成）

回数	テーマ
1	プログラムの紹介とADHDについての概説
2	子供の行動の観察と理解
3	子供の行動への良い注目の仕方
4	親子タイムと上手なほめ方
5	前半の振り返りと学校との連携
6	子供が達成しやすい指示の出し方
7	上手な無視の仕方
8	なくしたい行動とリミットセッティング
9	ほめ方，無視の仕方，タイムアウトのまとめ
10	全体のまとめとこれからのこと

ない）ことにより，その行動が生起することを減らしていきます。許し難い行動は，自傷や他害，暴言などであり，これらの行動には制限（ペナルティ）を加えます。ここでいうペナルティとは，好きな行動を一定時間行わせないなどの対応を指します。受講者はこのような行動と対応の関係を理解した上で，家庭においてペアレントトレーニングで得た知識や技術を用いながら，自分の子供に接します。プログラムの受講者は，家庭での自身の関わりを記録にとり，次回のセッション時にその内容について検討する場が設けられます。ペアレントトレーニングは，その対象，実施期間プログラム内容などが多岐にわたり，対象となる養育者や子供の特性に合わせてさまざまなバリエーションが開発されており，ADHD 児の本人への支援を含んだ家族支援として有益なものであるといえます。

13.4　状態像の変化と DBD マーチ

ここでは主に，ADHD の二次障害としてしばしばみられる DBD マーチについて説明します。二次障害とは，本人が本来有している困難さに対して，周囲が対応しきれないために，本来抱えている困難さ（一次障害）とは別の二次的な情緒や行動の問題が生じるものと定義されます。ADHD 児の場合，不適切な養育の結果として，子供の自己評価の低下，攻撃性の増加が生じることが知られており，それに対して周囲からの叱責等の不適切な対応がさらに増えるという悪循環が生じます。その悪循環の連鎖として，思春期から青年期にかけて**反抗挑発症**，**素行症**と診断される場合があります。このような，「ADHD →反抗挑発症→素行症」という順に状態像が変化するさまを，アレルギー体質の子供が成長するにつれて症状が変化する（乳幼児の食物アレルギーから，成長するに従ってアトピー性皮膚炎，喘息，アレルギー性鼻炎と症状が変化する）ことを表す「アレルギー・マーチ」にならい，「DBD マーチ」といいます。

反抗挑発症は，怒りっぽく，挑発的な行動様式や執念深さなどが持続することを特徴とします。具体的な行動としては，かんしゃくを起こしやすかったり，神経過敏，怒りやすいことや，年上や権威のある人物と口論をしやすかったり，そのような対象からの要求，規則に従うことに反抗する，といったことが挙げられます。素行症は，他者の基本的人権や年齢相応の社会的規範，または規則を侵害することが反復し持続する行動様式であり，過度な攻撃性，所有物の破壊や窃盗，重大な規則違反を行うことに特徴づけられます。複数の調査から，すべてのADHD児がDBDマーチをたどるわけではないこと，また，反抗挑発症に移行しても，そこで適切な対応，支援を受けることができればDBDマーチの進行を止めることができることが明らかにされています。

なぜ，ADHD児においてこのような連鎖が生じやすいのかという点について，グレイ（Gray, J.）とマクノートン（McNaughton, N.）は，行動抑制システム（Behavioral Inhibition System; BIS）と行動賦活システム（Behavioral Approach System; BAS）を仮定しました（Gray & McNaughton, 2003）。BISは，恐怖や罰などによって行動を抑制するシステム，BASは報酬や罰の回避によって行動を生起させるシステムです。ADHD児の場合，主に衝動性の高さから，BISの機能低下が特徴的にみられ，非行や反抗的態度に走りやすいと考えられます。

DBDマーチの進行に対する予防因子と促進因子について，渕上（2010）は，反抗挑発症と素行症傾向を把握する質問紙を少年院入院者に対して行いました。その結果，小学生の頃の反抗挑発症傾向が周囲の存在における不適切な対応を引き出し，不適切な対応経験が素行症傾向を高めるリスク要因であること，また，罰への感受性や回避性，および抑制性が抑制因子であることを明らかにしています。

上述のように，ADHDは，外見上，目につきやすい多動性や衝動性については成長するに従って次第に目立たなくなっていくため，思春期，青年期のADHDに対する支援の必要性が認識されづらくなります。DBDマーチのような長期にわたる状態像の変化，行動問題の発現に対しては，児童期の早期介入はもちろんのことながら，思春期，青年期までの途切れのない支援が非常に重要であると考えられます。また，DBDマーチのような外在化問題のみならず，うつ状態，不登校，ひきこもりといった内在化問題に起因する症状も伴いやすいことから，両方に視点を置いたアプローチが必要となります。

復習問題

1. 注意欠如・多動症の状態像について，以下の語句を用いて説明してください。
【不注意】【多動性・衝動性】

2. 薬物治療に用いられる薬物の特徴について説明した以下の文章のうち，間違っているものを選択してください。
①メチルフェニデート徐放錠と速放錠は薬物の持続時間が異なり，徐放錠は速放錠の2倍程度の持続時間をもつ。
②メチルフェニデート徐放錠もアトモキセチンも脳内の興奮性伝達物質の濃度を選択的に高める働きがあり，作用する脳領域も同様である。
③薬物療法による治療歴のあるADHD児は，ない群よりも実行機能などADHD症状に関わる課題成績が優れている。
④薬物療法により，ADHDの症状が軽減したからといって，社会的な適応における問題がすぐに解決するわけではない。

3. 下記の文章の空欄に当てはまる語句を答えてください。
ADHDのある子供の一部は，思春期から青年期にかけて（　　　　　　），（　　　　　　）という順に状態像が変化するさまを「（　　　　　　）マーチ」という。このような連鎖が生じる一つの理由としては，（　　　　　　）システムの機能低下が指摘されており，これは，ADHDの（　　　　　　）の高さに起因していると考えられる。

参考図書

ADHDの診断・治療指針に関する研究会・齊藤 万比古（編）（2016）．注意欠如・多動症―ADHD―の診断・治療ガイドライン　第4版　じほう

ADHDの医学的な診断・治療に関わる診断方法や状態像はもちろんのこと，薬物療法のみならず，心理社会的な支援，併存症や発達的な予後などについて幅広く網羅されています。医学的な側面からADHDを理解する際に役立ちます。

ウィッタム，C．上林 靖子・中田 洋二郎・藤井 和子・井潤 知美・北 道子（訳）（2002）．読んで学べるADHDのペアレントトレーニング――むずかしい子にやさしい子育て――　明石書店

UCLAで開発されたADHD児の養育者を対象としたペアレントトレーニングの技法，内容について具体的に網羅された一冊です。

中根 晃（編）（2001）．ADHD臨床ハンドブック　金剛出版

教育・臨床と研究をつなぐという視点から，多方面で活躍する著者たちによって，ADHDの障害特性の理解，学校におけるADHD児の理解や支援，現場に生かせる研究知見に関してまとめられています。

14 特別支援教育の実際

ここまで，知的障害，学習障害，自閉スペクトラム症，注意欠如・多動症といった，障害のある子供の特徴について論じてきました。本章では，障害のある子供がどのような教育システムのもとで教育を受けているのかという点から，特別支援教育における歴史的背景や現状，各学校での体制について理解を深めることを目的とします。また，近年注目されている合理的配慮について，特に大学をはじめとする高等教育機関における取組みを概観します。

14.1 日本における障害児教育の歴史的背景

日本における障害児教育は，昭和 27（1947）年の**教育基本法**，および**学校教育法**の公布，翌昭和 28（1948）年の盲学校，聾学校義務化に端を発します。しかし，この時点では，重度の知的障害児や重度重複障害児に対しては，**就学免除**や**就学猶予**の措置がなされ，実際にはすべての障害児が教育機会を得ることができていませんでした。この就学免除や猶予者が教育機会を享受した契機は昭和 54（1979）年の養護学校設置義務化であり，これにより，それまで 1 万人程度であった免除・猶予者数は 3,500 人程度に激減し，現在では，全児童数の 0.0004％となっています（文部科学省，2020）。

日本における**特殊教育**では，障害の種類や程度に対応して教育の場を整備し，きめ細かな教育を効果的に行うことを目的としていました。この目的からもわかる通り，特殊教育は障害種に応じて適切な教育の「場」を準備することから，特別な児童生徒を特別な場（養護学校等）で教育するという分離教育的な考え方が中心となります。さらに，平成 5（1993）年に制度化された「**通級による**

指導」は，各教科の大部分を通常の学級で受けながら，一部の授業において障害に応じた特別な指導を行う制度です。これにより，従来，特殊教育の対象となっていなかった，知的な遅れのない吃音や構音障害[1]のある児童生徒にも個別指導によるきめ細かな教育を提供することが可能となりましたが，これも同様に特別な児童生徒を特別な場へ取り出して教育的対応を行うものでした。

このように，特殊教育の充実化が図られてきましたが，文部科学省は，「今後の特別支援教育のあり方について（最終報告）」（文部科学省，2003）において，「特別の教育的支援を必要とする範囲は，量的に増加するとともに，対象となる障害種の多様化により，質的に複雑化することとなるため，制度の見直し，教育システムの再構築，指導面での高い専門性を有する人材の養成等の取り組みが必要である」として，平成19（2007）年に障害による縦割り教育システムであった特殊教育から，一人ひとりのニーズに応じた特別の教育を提供することを目的とした**特別支援教育**への転換を打ち出しました。この背景には，昭和54（1979）年から約30年間で，以下のような状況の変化があります。まず，養護学校，特殊学級（現特別支援学級），通級など特殊教育の対象となる児童生徒が増加したこと，また盲・聾・養護学校在籍者における障害の重度・重複化により，複数の領域にまたがる教育的対応が求められるようになったことが挙げられます。さらに，平成14（2002）年に文部科学省が行った全国調査により，通常学級においても6.3％の児童生徒が行動上，学習上の困難さを有しており，特別な場を設けて教育を行う分離教育とは合致しない状況が明らかとなりました。特に，このような知的な遅れを伴わない発達障害や，その傾向のある児童生徒については，早期発見，適切な状態像の理解，ニーズの評価が難しく，また状態像も個人差が大きいことから，一人ひとりのニーズに応じた教育的対応が必要となります。つまり，特別支援教育への転換の理由は，従来の特殊教育において障害種による縦割り教育システムを構築したことにより，

[1] 吃音とは，言葉のはじめを繰り返したり，不自然に伸ばしたり，詰まって発音したりするため，滑らかに話すことが難しい状態を指します。構音障害は，音を作る機能の障害であり，言語理解に困難さはなく，明瞭に発音することが難しい状態を指します。

普通教育と特殊教育それぞれに，教育の場に存在する児童生徒の特徴に応じた効果的な教育を提供することが難しいケースが増えてきたためであるといえます。

このような転換は，国内の状況のみならず，世界的な動向も背景となっています。1994年には，ユネスコとスペイン政府が共催した「特別なニーズ教育に関する世界会議」により，**サラマンカ宣言**が出され，**ノーマライゼーション**の理念が日本にも浸透し始めました。ノーマライゼーションとは，障害の有無にかかわらずすべての子供を通常学級内で受け入れ，教育を行う**インクルーシブ教育**の考え方や，誰もが相互に人格と個性を尊重し支え合い，人々の多様なあり方を相互に認め合うことを指し，分離教育に特徴づけられる特殊教育から，統合教育である特別支援教育への転換に，少なからず影響を与えていると考えられます。

特別支援教育は，平成19（2007）年の学校教育法や学校教育法施行規則の一部改定，および文部科学省通知「特別支援教育の推進について」により，実際に開始されました。この通知では，特別支援教育を「障害のある子供の自立や社会参加に向けた主体的な取り組みを支援するという視点に立ち，それまで障害の種類と程度によって縦割り化されていたシステムから，子供一人一人の教育的ニーズを把握し，その持てる力を高め，生活や学習上の困難を改善，または克服するため，適切な指導および必要な支援を行うこと」と定義しており，「障害のある幼児児童生徒への教育にとどまらず，障害の有無やその他の個々の違いを認識しつつ，さまざまな人々が生き生きと活躍できる共生社会の形成の基礎となるものであり，我が国の現在及び将来の社会にとって重要な意味を持っている」と述べられています。これまでの特殊教育との大きな違いとしては，障害種による縦割りの教育ではなく，個々の「ニーズ」に応じた教育を提供すること，これまでの障害種に加え，知的な遅れのない発達障害も含めて特別な支援を必要とする児童生徒すべてが対象となったこと，が挙げられます。

14.2 特別支援教育の実際

14.2.1 対象および教育課程

現在，特別支援教育の対象となる児童生徒が在籍する場所としては，**特別支援学校**，小・中学校に設置された特別支援学級が挙げられます。特別支援学校は，その対象となる障害種に応じて，視覚障害，聴覚障害，知的障害，肢体不自由，病弱の5種類が設置されます。特別支援学級では，対象となる障害種によって，知的障害，肢体不自由，病弱・身体虚弱，弱視，難聴，言語障害，自閉症・情緒障害の7種類の学級を小中学校に設置することが可能です。平成30（2018）年時点で特別支援学校数は1,141校，在籍者数は14万3,379人であり，特別支援学級では，6万3,374学級，25万6,671人が在籍しています（文部科学省，2020；図14.1）。

特別支援学校における教育課程については，その学校段階に応じて，幼稚園，

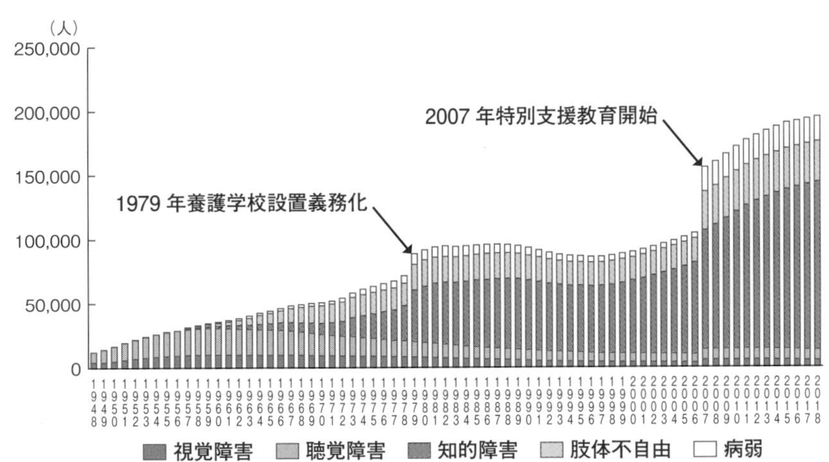

図14.1　**障害種別の特別支援学校在籍者数の推移**（文部科学省，2020を基に筆者が作成）
視覚障害，聴覚障害，知的障害，肢体不自由，病弱の5種類の障害について，特別支援学校の在籍者数をまとめています。重複障害をそれぞれの障害種にカウントしているため，実人数とは異なります。昭和54（1979）年の養護学校設置義務化，および平成19（2007）年の特別支援教育開始に伴って在籍者数が増えていることがわかります。

小学校，中学校および高等学校に準ずる教育を行うとともに，障害による学習上，生活上の困難を改善，克服するための教育が行われます。したがって，いわゆる教科教育（国語，数学など），総合的な学習の時間，および生徒会や学校行事などの特別活動に加え，自立活動が含まれます。自立活動は，障害に起因して生じるさまざまな困難の改善や克服のための指導が行われます。この自立活動は，障害の克服という方向ではなく，子供が主体的に生活上，学習上の困難や制約を改善・克服することに主眼が置かれていることが特徴です。

一方，特別支援学級における教育課程については，学習指導要領において，「特別の教育課程によることができる」とされているため，通常学級における教育課程とは異なる課程を編成することが可能です。具体的な教育課程の内容としては，特別支援学校において実施されている自立活動を取り入れること，教科教育については，障害の程度や学級の実態を考慮し，各教科の目標や内容を下学年のものや，知的障害を対象とする特別支援学校の各教科に替えることにより，状態像に応じた教育課程を編成することができます。また，特別支援学校と小中学校との交流を行ったり，特別支援学級に在籍する児童生徒が，通常学級で授業を受けるといった交流および共同学習も実施されます。このような取組みは，障害のある児童生徒にとっては，同年齢集団の中での社会性を身につけるための場として機能し，障害のない児童生徒にとっては，障害の理解や多様性，共生社会の一員としての意識の醸成，お互いを尊重し合う大切さを学ぶ機会になるといえます。一方で，通常学級に在籍しながら，障害の状態等に応じた特別の指導を特別な場で受ける指導形態があり，この指導形態を「通級による指導」といいます（通級に関しては，14.2.3項で詳述します）。

前述のように，特別支援教育では，その子供の教育的ニーズに応じた教育を医療，福祉，労働等のさまざまな側面から検討し，提供するため，**個別の教育支援計画**（Individualized Education Program; IEP）が作成されます（**図14.2**）。作成の対象は，「幼稚園から高等学校段階の障害のある幼児，児童生徒で，特別な教育的支援が必要なもの」とされており，特別支援教育を受けている子供はすべてがその作成対象となります。個別の教育支援計画は，乳幼児期から就学期，卒業後までを通じて一貫した支援を行うための計画であり，学校段階，

個別の教育支援計画

ふりがな		ふりがな	
本人氏名		保護者氏名	
生年月日			
住所			

支援目標	

特別な教育的ニーズ		
保護者の希望		
生活の様子	得意なこと	苦手なこと

教育機関における支援		
所属校	支援内容	評価

関係機関における支援		
	機関名	支援内容・経過
医療機関		
福祉機関		

図 14.2　個別の教育支援計画の様式例

社会への移行に際して，進学先，関係機関との連携を円滑かつ効率的に行うことを目的とします。具体的な内容については，作成する機関によりさまざまですが，①特別な教育的ニーズ，②支援目標，③具体的な支援内容などが盛り込まれます。また，在学中においては，必要に応じて教科教育および自立活動における具体的な目標，教育的対応をまとめた個別の指導計画が作成され，卒業の際には，円滑な就労支援を目的とした個別の移行支援計画も作成されます。このような個別の教育支援計画は，学校や支援機関など対象となる子供に関わる機関であれば作成が可能であり，学校が作成機関となる場合，実際の作成者は，学級担任やその子供の指導を担当する教員，小中学校においては，特別支援学級の教員が中心となります。また，作成にあたっても，関係機関との連携，情報共有を行うのはもちろんのこと，保護者にも意見聴取し，その内容を踏まえて決定されます。

14.2.2　特別支援教育の体制

本項では，特別支援学校や小中学校における特別支援教育がどのような体制で実施されているのかについて詳述します。

障害がある場合や，発達の遅れや偏りが考えられる子供の場合，小学校入学の際に，市町村の教育委員会に対し，就学相談をすることができます。就学相談では，個々の子供に特別支援教育が必要か否かについて，医師の診断，心理士等の検査，および保育園や幼稚園での行動観察結果，保護者の希望など多角的な情報を基に，教育支援委員会（自治体によって名称は異なります）において審議されます。判定は，通常学級，通級，特別支援学級，特別支援学校の 4 種類のいずれかでなされます。学校教育法施行令の改正により，就学先の決定に際して，保護者の意見聴取を義務づけた意味は大きく，それまでは委員会の決定に沿って在籍学校が決められていましたが，これによって，保護者の意向が尊重され，保護者の希望に沿わない場合には，再度面談がなされる場合もあります。

各学校においては，特別支援教育の体制として，特別支援教育のための校内委員会（特別支援教育委員会など；**図 14.3**）が設置されます。委員会のメン

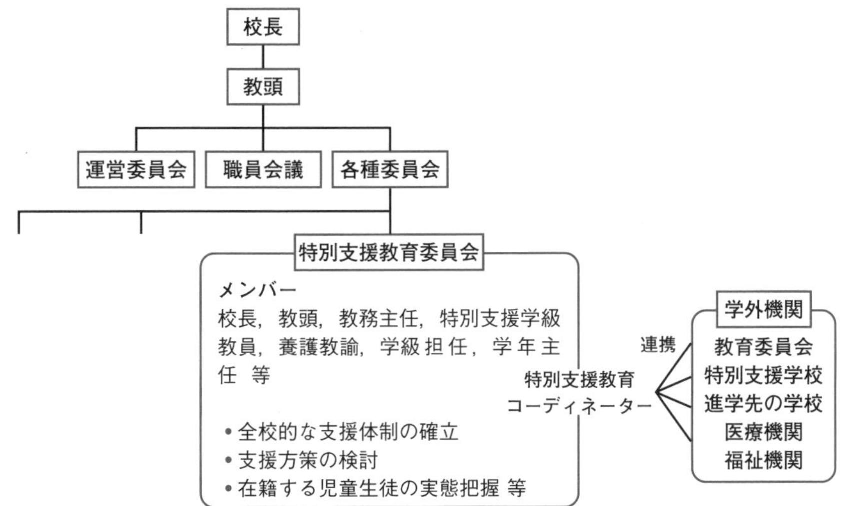

図 14.3 **特別支援教育委員会の校務分掌上の位置づけと機能**
委員会のメンバーは校長，教頭，教務主任などに加え，対象となる児童生徒に関連する教員（学級担任など），特別支援教育の携わる教員（特別支援学級担任，特別支援教育コーディネーター）によって構成されます。委員会が有する機能としては，全校的な支援体制の確立と対象児童生徒への支援方策の検討に加え，特別支援教育コーディネーターを通じて学外機関との連携を図ります。

バーは，校長，教頭，**特別支援教育コーディネーター**，教務主任，生徒指導主事，通級指導教室担当教員，特別支援学級教員，養護教諭，対象となる子供の学級担任，学年主任，およびその他必要と思われる者で構成されます。校内委員会は，校長のリーダーシップのもと，全校的な支援体制を確立し，支援方策を検討します。また，通常学級，特別支援学級を問わず，在籍する児童生徒の実態把握を行い，教育的なニーズを有する児童生徒の存在やその状態像の把握に努め，特別な支援が必要な場合には，後述する特別支援教育コーディネーターを中心に必要な支援や配慮について検討を進めます。

特に，発達障害の場合，比較的早期に診断が可能となり，療育を受けて小学校へ入学してくる子供もいますが，学校入学後に障害が明らかになるケースも増えています。また，障害の診断までには至らないものの，支援を必要とするいわゆるグレーゾーンの子供もおり，特別支援の必要性を保護者に伝えることは課題の一つとなります。これらのケースの場合，本人のみならず，保護者の障害受容が特別支援教育を導入する上で非常に重要です。障害の診断や教員からの情報によって，動揺し，拒否感が生じるため，保護者の心理状態を適切に把握し，必要に応じてスクールカウンセラー（SC）やスクールソーシャルワーカー（SSW）など専門職と連携をとり，寄り添う支援が必要となります。保護者からの相談への対応については，窓口となった教員（担任や教科担当など）と校長，特別支援教育コーディネーターとの連携を密に図り，組織的な対応を行います。特に，移行期の場合は，保護者との連携の上で，日常生活の状況や留意事項等を聴取し，当該児童の教育的ニーズの把握に努め，移行先の学校との連携に生かしていくことが求められます。

特別支援学校については特に，特殊教育時代から蓄積してきた専門的な知識や技能を生かし，地域の小中学校等における教育について支援を行うことなどにより，地域における障害児教育のセンター的機関として機能することが求められています。この**地域のセンター的機能**を充実させるため，9割以上の特別支援学校においては，主として担当する分掌・組織（地域支援部など）を設けており，具体的な機能として，文部科学省（2017）による全国調査によると，以下の6点が挙げられます。

1. 小中学校教員への支援機能

特別支援学校の教員が，小中学校を訪問，巡回し，教員からの相談に対して専門的な立場から助言などを行う機能を指します。内容については，指導・支援に係る相談がもっとも多く，次いで障害の状況等における実態把握・評価，就学・転学，校内支援体制に関する相談などが挙げられます。相談以外では，他機関への支援の橋渡しに係る依頼といったコーディネート機能も行われます。

2. 特別支援教育等に関する相談・情報提供機能

教員のみならず保護者や子供本人を対象とした相談および情報提供を行う機能を指します。相談内容は，1とほぼ同様であり，保護者からの相談については，子供との関わり方に関する情報提供が多い傾向にあります。また，情報提供の中には，教員を対象とした特別支援教育に関する通信や印刷物等の配付やウェブページでの公開なども含まれます。

3. 障害のある幼児児童生徒への指導・支援機能

自校以外の各学校に在籍する子供を対象として直接指導を行う機能を指します。形態としては，①特別支援学校に通級指導教室を設置し，指導を行うもの，②小中学校に設置されている通級指導教室を巡回し，指導を行うもの，③教育課程外で特別支援学校に子供が来校して個別指導を受けるもの，④小中学校を巡回し，教育課程外で個別指導を行うもの，に大別されます。これらの形態のうち，④がもっとも実施率が高い形態です。

4. 福祉，医療，労働などの関係機関等との連絡・調整機能

福祉，労働関係機関との連携は主に就労移行支援に伴って行われます。また，医療関係機関については，支援機器の調整や医療的ケアなどで連携します。特別支援学校においては，連携のために，特別支援連携協議会等の機関間の連携の仕組みに参画し，これらのネットワークが，地域の小中学校等の支援に活用されます。

5. 小中学校等の教員に対する研修協力

地域の小中学校で行われる校内研修会における講師派遣や研修会を開催し，障害理解，校内支援体制や支援方法のあり方について講演を行ったり，事例検討会におけるアドバイザーとしての協力などが具体的な機能として挙げられます。

6. 障害のある児童生徒への施設設備等の提供

障害のある児童生徒を対象とした教材，プールや作業室，自立活動関係教室等についての情報提供や貸出しを行う機能を指します。

このような特別支援学校における地域のセンター的機能は多岐にわたり，特別支援教育が始まって以来，地域の小中学校や保護者がセンター的機能を利用する割合も増えてきており，一定の定着が認められます。一方で，課題として，地域のニーズ増加に伴い，対応する人材の確保や専門性の向上が挙げられます。特に，専門性の向上については，ニーズの拡大に伴い，多様な障害種や学校種ごとの体制面や授業形態の違い，子供の成長段階とそのニーズに関する理解を深めることが求められます。これに関しては，特別支援学校教員の特別支援学校教諭免許状保有状況の改善，複数の領域にわたって免許状を取得することの推進，特別支援学校教員を対象とした研修会の充実などの対策が必要となります。

14.2.3 通級による指導

通級とは，通常学級に在籍する障害のある子供が，大部分の授業を通常の学級で受けながら，一部については，障害の状態に応じた特別の指導を特別の場（通級指導教室）で受ける指導形態を指し，平成 5（1993）年に制度化されました。なお，対象となる障害種については，前述のように，当初は主に吃音や構音障害などの言語障害が中心でした。平成 18（2006）年には，学習障害や注意欠如・多動症（注意欠陥・多動性障害），自閉スペクトラム症（自閉症スペクトラム障害）といった発達障害児にもその対象範囲が拡大され，現在では，約 10 万人の児童生徒が通級による指導を受けています。また，近年の動向として，これまでは，小中学校のみにおいて実施され，高等学校では行われていませんでしたが，平成 28（2016）年に「学校教育法施行規則の一部を改正する省令等」が公布され，平成 30（2018）年 4 月からは高等学校における通級指導が可能となりました。これにより，高等学校においても，特別の教育課程を編成し，個々のニーズに応じた教育的対応が行われるようになりました。

通級による指導の対象は，学校教育法施行規則第 140 条に規定されています。それによれば，障害に応じた特別の指導を行うことができる対象としては，「1. 言語障害者，2. 自閉症者，3. 情緒障害者，4. 弱視者，5. 難聴者，6. 学習障害者，7. 注意欠陥多動性障害者，8. その他障害のあるもので，この上の規定により特別の教育課程による教育を行うことが適当なもの」とされています。

通級による指導内容について，学校教育法施行規則 140 条では文部科学大臣が別に定めるところによるとされており，平成 5 年文部省告示第 7 号では「障害に応じた特別の指導は，障害による学習または生活上の困難を改善し，又は克服することを目的とする指導とし，特に必要があるときは，障害の状態に応じて各教科の内容を取り扱いながらおこなうことができるものとする」と規定されています。具体的には，たとえば小学校の学習指導要領においては，自立活動の内容を参考とし，具体的な目標や内容を定め，指導を行います。これらの内容について，年間35から280単位時間までを標準とし，上述の対象のうち，6. 学習障害者，7. 注意欠如多動性障害者については，10から280単位時間が標準とされています。

通級形態は，主に①自校の通級指導教室へ通う自校通級，②他校に設置された通級指導教室へ通う他校通級，③教員が対象となる子供の学校を訪問し，指導を行う巡回指導，に分けられます。小・中学校の場合，通級形態の割合は障害種によって異なり，発達障害（自閉症，学習障害，注意欠陥多動性障害）と情緒障害においては自校通級が多く，言語障害，弱視，難聴，肢体不自由，病弱虚弱の児童生徒は他校通級が多い傾向にあります。言語障害や聴覚，視覚障害，肢体不自由といった障害の場合，通級指導教室における指導は，主に障害の状態を改善・克服することを目的とした機能訓練が行うための設備・施設が必要となることから，そのようなリソースのある他校への通級が必要となります。一方で，発達障害や情緒障害の場合，障害特性の直接的な改善・克服ではなく，主として社会的な適応状態の改善に主眼が置かれ，学校生活も含めた社会的要因との関連から指導が行われるため，自校通級が多い傾向にあります（国立特別支援教育総合研究所，2018）。

通級の増加に関する課題として，教員の専門性の問題，通級指導教室と通常学級との連携や指導の連続性が挙げられます。前者については，前述のような特別支援学校が有する「地域のセンター的機能」を有効に利用することが重要であるといえます。後者については，通級指導における連携や情報共有のあり方について，特に発達障害のある児童生徒の場合，場所によって異なる言動を示す場合があるため，教員間のみならず保護者や福祉医療機関など関係者相互の密接な連携の上で，その子供個人としての理解を促進させ，教育的対応に生かすことが非常に重要であるといえます。

14.2.4 特別支援教育コーディネーター

特別支援教育コーディネーターは，各学校において，校長により指名され，校務分掌に明確に位置づけられています。多くは，障害のある子供の発達や障害全般に関する一般的な知識，およびカウンセリングマインドを有する教員が指名されます。主な役割としては以下が挙げられます。

1. 保護者，学級担任への支援

特別な支援が必要な子供の保護者や学級担任から相談に乗ること，また，そのために普段から関係づくりを行います。また，学級担任にコーディネーターから見た子供の様子を伝える，担任の気持ちに寄り添いながら一緒に対応を考える，担任の気づきを他の教職員にも広げ，情報を共有するといった役割を担います。

2. ケース会議の開催

特定の子供について，校内関係者を集め，情報共有と支援の方向性について議論を行うケース会議を開催します。関わり方や環境設定，専門機関への相談につなげるのか否かなどが話し合われます。ケース会議では，まず，実態把握として，心理検査結果，各教科での様子，保護者の希望，家庭環境などの資料を用い，これらの資料を基に支援，指導の方法を組み立てていきます。

特に中学校からは，教科担任制のメリットとデメリットを考慮する必要があります。メリットとしては，異なる視点からクラスの様子や子供を見ることができる点が挙げられます。一方，デメリットとしては，子供にとっては，教科ごとに教員が変わることになり，教員間で授業方法，指示の出し方，板書の仕方などが異なり，対応力が必要とされます。したがって，子供が学習しやすい環境を整えるためには，教科担任の教員も含めて関係者間で情報共有を密にとりながら，組織的な取組みが必要となります。また，校内委員会やケース会議で検討された具体的な支援内容や教育的対応を基に，担任が主体となって個別の指導計画を作成する際，特別支援教育コーディネーターは，作成にあたって協議，助言を行います。

3. 学内外の専門家・機関との連携

多面的に子供の支援を行うために，学内外の専門家や支援機関との連携を行う際の窓口として機能します。学内連携先としては，臨床心理を専門とし，児童生徒へのカウンセリング，教職員，保護者に対する助言・心理的援助などを担うSCや，福祉を専門とし，外部関係機関・団体とのネットワークの構築，連携・調整，教職員・保護者に対する相談支援・情報提供などを担うSSWが含まれます。このような機能は，特別支援教育コーディネーターの役割と一部重複するため，校内において互いに連携をとり，学校の規模や地域の支援リソースの状況，SCやSSWの勤務形態などの兼ね合いから，専門性を生かした効果的な業務分担が求められます。

4. 移行支援計画作成会議と連絡会の開催

学校段階が変わる際には，コーディネーターの役割が非常に重要になります。移行にあたっては，就学先に対してさまざまな不安を抱える養育者や本人に対して寄り添い，必要な情報を収集します。支援が必要であると考えられる子供については，養育者と話し合い，希望を受けて移行先の学校や関係者との移行支援計画作成会議を開催します。この会議では，子供に関わる関係機関が対象の子供のより良い就学に向けて支援のあり方について話し合われます。

特別支援学校には，普通校と異なり，複数の特別支援教育コーディネーターがいることが多く，特別支援学校に在籍する児童生徒に対する適切な指導と必要な支援を実現する連絡調整等に加え，前述の「地域のセンター的機能」を果たすために必要とされる活動を行います。

14.2.5　合理的配慮と高等教育における障害学生支援

大学をはじめとする高等教育機関においても，障害学生数は年々増加しています。日本学生支援機構による「令和元年度（2019年度）障害のある学生の修学支援に関する実態調査」では，高等教育機関に在籍する障害学生数は全学生数の1.17%（3万7,647人）であり，そのうちの約20%が発達障害です（**図14.4**）。

小中学校や高等学校では，これまでみてきたように，障害に応じた特別の教育課程を編成し，その中で教育的対応を行っていますが，高等教育機関においては，特別支援教育のような特別の教育課程は設けられていません。したがって，障害の有無にかかわらず，すべての学生は同様のカリキュラムを受け，同様の基準で評価されます。しかし，障害による社会的障壁がある場合には，障害のない学生と同等の教育機会を得ることができないため，このような**社会的**

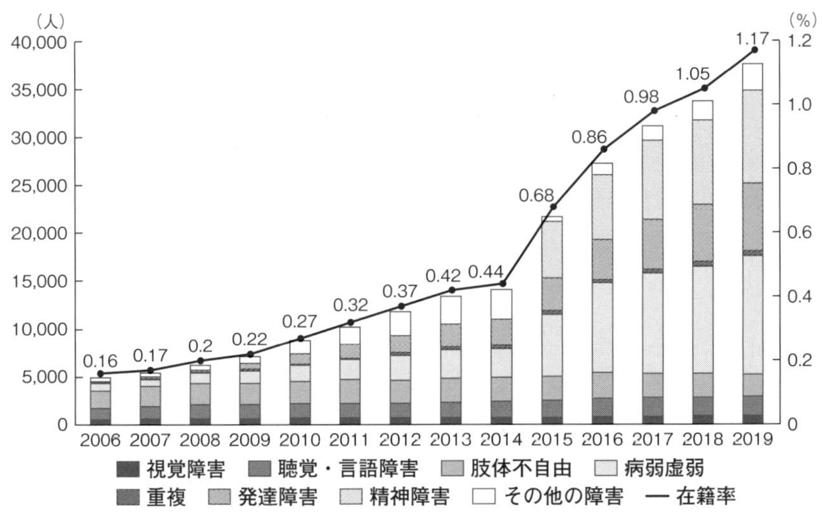

図 14.4 **高等教育機関に在籍する障害学生の割合**（日本学生支援機構，2020 を基に筆者が作成）
全国の大学，短大，高等専門学校に在籍する障害学生数の推移をまとめています。視覚障害，聴覚障害，肢体不自由などの身体障害のある学生はほぼ一定で推移しており，精神障害，発達障害，病弱・虚弱のある学生が増加していることがわかります。

障壁を取り除き，機会均等を目的として**合理的配慮**が実施されます。

わが国では，平成 26（2014）年に障害者の差別禁止や社会参加を促す国連の**障害者権利条約**を批准し，平成 28（2016）年には「障害を理由とする差別の解消の推進に関する法律（**障害者差別解消法**）」が施行，さらに令和 3（2021）年の改正に伴い，障害者に対する合理的配慮の実施および体制構築が進められています。合理的配慮とは，「機会均等を目的として，個々の障害の状態に応じた変更，調整」であり，「その実施にあたって過重な負担を伴わないもの」とされています。大学における修学上の合理的配慮としては，物理的な環境整備（スロープ・自動ドア，移動しやすい教室へ変更）や，情報保障（ノートテイク，録音，写真撮影，配付資料の拡大印刷），ルールや慣行の柔軟な変更（レポート提出期限の延長，別室受験）が挙げられます。具体的な配慮は，建設的対話を行い，学生本人と大学や配慮実施者との間での合意形成のもとで実施されます。

日本学生支援機構の上述の調査の結果からもわかるように，在籍が増えている障害種は，病弱・虚弱，精神障害，発達障害であり，外見上，障害が理解されづらい（可視性が低い）ため，障害の開示に抵抗を示す学生も多く存在します。大学において配慮を受けるためには，少なくとも配慮実施主体（多くは授業担当教員）に対し，自身の障害の開示を求められますが，たとえば発達障害の場合，入学時に障害を開示する学生数は全体の2%と非常に少ないことがアメリカの調査で明らかにされています（Raue & Lewis, 2011）。開示の範囲によっては，実施が不可能な配慮もあるため，発達障害の開示は合理的配慮の充実への課題となります。

このような配慮を実施する上で重要になることは，周囲の教職員や学生の障害に対する理解や支援に対する意識です。可視性の低い発達障害への支援に対しては，その困難さが発達障害の障害特性として周囲に理解されづらく，許容度が低いという知見（横田ら，2020；山本・仁平，2010）も得られているため，周囲の態度を変容させることが大学における支援の充実につながると考えられます。

復習問題

1. 以下の文章に当てはまる語句を答えてください。

平成19（2007）年に始まった特別支援教育は，それまでの（　　　　）における障害種による（　　　　）の教育ではなく，個々の（　　　　）に応じた教育を提供することが特徴といえる。

2. 特別支援教育の教育課程に関する次の文章のうち，正しいものを選んでください。

①特別支援学校における教育課程では，主に障害に起因する困難の改善や克服に焦点を当てるため，教科教育は行われない。

②特別支援学級では，通常学級とは異なる課程を編成することが可能であり，その子供の障害特性に応じた内容を自由に構成することができる。

③通級による指導では，通常学級に在籍し，年間280単位時間を上限として，障害に応じた特別の指導を行うことができる。子供は，他校の通級指導教室へ通うこともある。

3. 合理的配慮の考え方について，以下の語句を用いて説明してください。
【機会の均等】【過重な負担】【建設的対話】

参 考 図 書

吉田 武男（監修）小林 秀之・米田 宏樹・安藤 隆男（2018）．特別支援教育――共生社会の実現に向けて――　ミネルヴァ書房

特別支援教育の歴史的背景，制度，各教育的ニーズに応じた指導，支援について，本章ではあまりふれられなかった視覚障害，聴覚障害なども含めて詳しく書かれています。

柘植 雅義・渡部 匡隆・二宮 信一・納富 恵子（編）（2010）．はじめての特別支援教育――教職を目指す大学生のために――　有斐閣

特別支援教育の概要に加えて，特別支援教育コーディネーターや地域，保護者との連携，個別の教育支援計画など具体的な内容がコンパクトにまとめられています。

竹田 一則（編著）（2018）．よくわかる！大学における障害学生支援　ジアース教育新社

合理的配慮の基本的な概念や，各大学での取組み，各障害種に対する修学上の合理的配慮やユニバーサルデザインの具体的な事例などが網羅されています。高等教育機関における合理的配慮に関する数少ない書籍の一つです。

復習問題解答例

第 1 章

1. 教育基本法／障害を理由とする差別の解消の推進に関する法律（障害者差別解消法）

2. シェマに適合した形で外界から刺激を取り入れていく同化と，シェマに合わない刺激に遭遇した際，自らのシェマを変化させながら環境と自己を適合させようとする働きである調節の働きによって，シェマは発展していきます。

3. ヴィゴツキーは，子供が自力で行うことができる問題解決の水準と，自力では問題解決ができない水準との間に存在する，「他者からの援助を得ることで，問題解決の達成に至れる領域」を発達の最近接領域としました。

第 2 章

1. 無条件刺激を中性刺激との対提示を続けることで，無条件刺激による反応（無条件反応）は，中性刺激によっても喚起されます。このとき，中性刺激は条件刺激に変わり，引き出された反応は条件反応となります。この学習が成立する際の条件づけは，古典的条件づけとよばれます。また，ある状況である行動を行ったところ，快をもたらす環境の変化が得られればその行動は維持・増強され，不快な環境の変化がもたらされればその行動は減少します。このように，行動の後に得られる快か不快のフィードバックが次の行動頻度に影響を与える学習を，オペラント条件づけとよびます。

2. トールマンは潜在学習の作用を調べる際，ある実験装置（迷路）においてスタート地点からゴール地点まで迷わず行けるような訓練を十分に行った後，別の実験装置にネズミを入れました。ネズミは異なる実験装置であるにもかかわらず，スタートとゴールの位置関係という「装置の全体像」を学習していることがわかりました。そのため，この実験では，ネズミは認知地図を内的に構成する学習が行っていたことが示唆されています。

3. 技能の学習は，「行おうとする運動の性質」をつかむ第 1 段階，「性質と動きとの連合をスムーズに行う」ための段階である第 2 段階，自らの体と目標とする行動をより自由に一致させていく「自律」の第 3 段階から成り立つとされています。

第3章

1. のどの渇きや，摂食といった人が何らかの行動を起こすための条件である生理的欲求は動因とよばれ，この動因によって得ようとする目的は誘因（この場合，水や食べ物）とよばれます。

2. 知的好奇心を基盤としてその行為自体を楽しむとき，この行為を引き起こす動機づけは内発的動機づけとよばれます。また，アンダーマイニング効果とは，内発的に行われている活動に対して報酬を与えると，内発的動機づけが低下する現象のことです。

3. 有機的統合理論では，外発的動機づけを自律性の高さから4つの段階に分類します。4つの段階は自律性の低いほうから，「外的調整」「取り入れ的調整」「同一化的調整」「統合的調整」となっています。子供はさまざまな動機づけに基づいて行動を生起させますが，動機づけが外的調整や取り入れ調整に偏った場合，子供は強制されている感覚や誰かにコントロールされている感覚が強くなっていきます。より高い自律性を発揮するために，どのような環境が子供に提供されているかのアセスメントは重要です。

第4章

1. オーズベルは，機械的な学習とは対比的な概念として，すでに学んだ内容と新たな概念とが関係づけられるようにするというという意味での「有意味」を重視しています。また，予備的な認知体系や，学習課題に関連する包括的で抽象度の高い教材である先行オーガナイザーを（学習に先行させて）設定することで，より学習が定着しやすくなるとされています。

2. 学習の定着は，学習者の持つ特性（例：対人積極性）や学習スタイル（例：対面式か映像による学習か）ではなく，その相互作用によって規定されるという考えを適正処遇交互作用（Aptitude-Treatment Interaction; ATI）といいます。スノーらは，2つの教授法（対面法・映像法）× 3段階の個人特性（積極度低群・中群・高群）の交互作用を検討した結果，対人積極性が高い者には対面式の教授法が，対人積極度が低い者には，映像による学習効果が高いことを示しています。

3. 学習の評価は，「指導目的」「学習目的」「管理目的」「研究目的」などに分類することができます。たとえば，前者の2つは子供たちが学習の成果を的確にとらえ，教員が指導の改善を図るとともに，子供自身が自らの学びを振り返って次の学びに向かうことができるための評価を重視しています。少なくとも，「できている」「できていない」だけに分類されることだけに評価が用いられることを避け，評価は学習の改善や発展に寄与するものになる必要があります。

第5章

1. ②　文化からの影響を比較的受けにくいことが流動性知能の特徴です。

2. 田中ビネー式知能検査は，MA と CA の比により IQ をとらえ，全般的な知的レベルを測定することができます。ウェクスラー式知能検査は，偏差 IQ を採用し，同年齢集団内の位置を知ることができます。さらに，知能を 4 つの側面からとらえ，個人内の得意不得意について分析できることが特徴です。

3. ②　アンダーアチーバーの特徴としては，知的能力水準に比べて学業成績が悪く，自分の成績などの原因をコントロール不可能な外的要因に帰属させる外的統制を行いやすいため，自発的な学習につながりにくいという傾向があります。

第6章

1. ①×　連続だけでなく，断続的な欠席も含まれます。
   ②×　学校に登校するという結果のみを目標にせず，主体的に進路をとらえ社会的自立を目指す，というスタンスに変わっています。
   ③×　これは以前の考え方で，現在のものとは異なります。

2. 不登校児童生徒等が学校生活へ復帰するのを支援するために，児童生徒の在籍校と連携をとりつつ，個別カウンセリング，集団での指導，教科指導等を組織的，計画的に行う，教育委員会等が設置する公的機関。

第7章

1. ①○　平成 25（2013）年に施行されたいじめ防止対策推進法が該当します。
   ②×　いじめ被害者は多くの子供が経験するため，特定の子供がなりやすいとはいえません（加害者も同様です）。
   ③×　こういった被害がいじめによって生じた疑いがある場合に認められます。

2. いじめについて，被害者（第 1 層），加害者（第 2 層）に加え，いじめをはやしたてたり面白がったりしている観衆（第 3 層），いじめを見て見ぬ振りをする傍観者（第 4 層）の 4 つの層からとらえるもの。

第 8 章

1. ①× 中学生と高校生は減少傾向にあります。小学生は近年増加傾向にありましたが，令和 2（2020）年度は新型コロナウイルスによる休校措置が影響したためか，前年度より減少しています。
   ②× これは「巻き込み（Involvement）」の説明です。
   ③× 審判不開始や不処分のほか，保護処分や児童相談所送致など，さまざまな対応がなされます。

2. 子供の怒りの認知プロセスに関するモデルで，手がかりの符号化や解釈，目標の明確化，反応の探索・構造化と決定，そして行動の実行というプロセスと個人内のデータベースとの相互作用を想定したもの。

第 9 章

1. ①× コンサルテーションや心理教育，職員研修など，業務内容は幅広いです。
   ②○ 正解です。SC は学校教育の専門家としての教師の姿勢を尊重し，両者が対等の立場で取り組んでいくことが求められます。
   ③× 自殺予防教育の一つとして，ストレスのサインや対処の仕方，周囲に援助を求める行動を身につけることなど，幅広い内容が含まれます。

2. 心理的問題の改善を目指す狭義の治療的カウンセリングとは異なり，予防的カウンセリングとは問題が生じる前の予防に主眼が置かれたカウンセリング，開発的カウンセリングとは心理社会的発達を促す側面が強調されたカウンセリングを指します。

第 10 章

1. ①○ 子供のうつ病では，易怒性とよばれる症状を呈することがあります。
   ②○ 起立性調節障害は思春期に多くみられる心身症の一つです。
   ③× 同性愛については 1987 年の DSM-Ⅲ-R および 1992 年の ICD-10 から削除され，トランスジェンダーについては，ICD-11 では精神疾患とは異なるカテゴリーに変更されました。DSM-5 には引き続き「性別違和」として残っていますが，性の同一性よりも臨床的問題としての不快のほうに焦点が置かれています。このように現在では LGBT は個性の一つととらえられており，本人が望まない限りは治療の対象とはなりません。

2. 保護者などの愛着対象と離れる際の強い苦痛などが見られる「分離不安症」，話す能力はあるものの学校など特定の場面で一貫して話せない状態にある「選択性緘黙」，他人から注視を受ける社会的場面での強い恐怖や不安を特徴とする「社交不安症」などがあります。

第11章

1. 知的／適応／断片化／般化
2. ③ 境界知能児の養育者においては，わが子の問題を障害として説明・納得することができず，養育態度が否定的になったり，子供の問題に過剰に敏感になったりする傾向があるため，ケアが必要です。また，境界知能児は，主に通常学級に在籍しており，個人の特性が異なるため，その子供に合った指導計画を立案する必要があります。
3. DRC モデルでは，読みにおいて，語彙ルートと非語彙ルートの2つの経路を想定しています。語彙ルートは，心的辞書や意味システムを用いるルートであり，このルートが障害されることにより，不規則語が読めない表層失読が生じます。非語彙ルートは，語と音の対応規則により，規則的に文字を読むルートであり，このルートが障害されることで，無意味語が読めない音韻失読が生じます。意味や形が似た語を読み違える深層失読は上記2つの両方のルートが障害されることで生じます。

第12章

1. 社会的／対人的／行動／興味／反復的／AQ／PARS
2. ASD が困難さを示す社会的認知として，共同注意や心の理論などが挙げられます。共同注意については，指差しの理解や指差しに伴う共有確認行動がみられないこと，心の理論については，発達の遅れが指摘されていることから，他者と共有する意図の希薄さや他者の意図の理解の困難さが考えられます。
3. 機能分析では，先行条件によって行動が生起し，後続条件がその行動を強化しているために，その行動が維持されていると考えます。応用行動分析では，この先行条件や後続条件を特定し，シェイピングや連鎖化といった手法を用いてより望ましい行動の生起，維持を目指します。

第13章

1. ADHDにおける不注意の症状としては，注意持続の困難さや綿密な注意を要する課題での間違い，物事を順序立てて行うことの難しさが挙げられます。多動性・衝動性については，着席困難や落ち着かなさ，待つことの困難さや出し抜けに質問に答えるといった行動がみられます。多動性・衝動性は発達に伴い，外から見えにくくなり，不注意傾向が目立つようになります。

2. ② コンサータ，ストラテラともに，興奮性伝達物質の濃度を選択的に高める働きをもち前頭前野や小脳に作用しますが，中枢神経刺激薬であるコンサータは，これらに加え，報酬系にも作用することが知られています。

3. 反抗挑発症／素行症／DBD／行動制御／衝動性

第14章

1. 特殊教育／縦割り／教育的ニーズ

2. ③ 特別支援学校における教育課程は，教科教育，自立活動，特別活動の3つからなります。特別支援学級では，通常学級とは異なる教育課程を編成することが可能ですが，指導内容は，自由に構成できるわけではなく，下学年のものや特別支援学校の内容から，対象児童生徒の状態像に応じた編成を行います。

3. 合理的配慮は，障害による社会的障壁を除去し，機会の均等を目的として実施されます。実施に際し，配慮は提供側に過重な負担を伴わないものであり，具体的な内容の決定には建設的対話を通じた提供側と障害当事者との合意形成が必要とされます。

引用文献

第1章

中央教育審議会（2012）．共生社会の形成に向けたインクルーシブ教育システム構築のための特別支援教育の推進（報告）概要　文部科学省　Retrieved from https://www.mext.go.jp/b_menu/shingi/chukyo/chukyo3/044/attach/1321668.htm（2019年12月13日）

保坂 亨（2010）．いま，思春期を問い直す――グレーゾーンにたつ子どもたち――　東京大学出版会

石隈 利紀（1999）．学校心理学――教師・スクールカウンセラー・保護者のチームによる心理教育的援助サービス――　誠信書房

石隈 利紀（2004）．学校心理学とその動向――心理教育的援助サービスの実践と理論の体系をめざして――　心理学評論，*47*，332-347.

Kanakogi, Y., Okumura, Y., Inoue, Y., Kitazaki, M., & Itakura, S.（2013）. Rudimentary sympathy in preverbal infants: Preference for others in distress. *PLoSONE, 8*（6）e65292.

柏木 惠子（1988）．幼児期における「自己」の発達――行動の自己制御機能を中心に――　東京大学出版会

Kohlberg, L.（1971）. From it to ought: How to commit the naturalistic fallacy and get away with it in the study of moral development. In T. Mischel（Ed.）, *Cognitive development and epistemology*（pp.151-235）. New York: Academic Press.
（コールバーグ，L.　内藤 俊史・千田 茂博（訳）（1985）．「である」から「べきである」へ　永野 重史（編）道徳性の発達と教育――コールバーグ理論の展開――（pp.1-123）新曜社）

文部科学省（2009）．子どもの徳育の充実に向けたあり方について（報告）　文部科学省　Retrieved from https://www.mext.go.jp/b_menu/shingi/chousa/shotou/053/gaiyou/attach/1286128.htm（2020年1月20日）

茂呂 雄二（2002）．発達の最近接領域（Zone of Proximal Development, ZPD, Zoped，最近接発達領域）　日本ファジィ学会誌，*14*，23.

Piaget, J.（1930）. *Le jugement moral chez l'enfant.* Geneve: Institut J. J. Rousseau.
（ピアジェ，J.　大伴 茂（訳）（1954）．児童道徳判断の発達　同文書院）

Piaget, J., & Inhelder, B.（1956）. *The child's conception of space*（F. J. Langdon, & J. L. Lunzer, Eds.）. London: Routledge & Kegan Paul.（Original work published 1948）

柴田 薫（1975）．道徳的判断の発達的推移に関する検討　教育心理学研究，*23*，175-179.

Wimmer, H., & Perner, J.（1983）. Beliefs about beliefs: Representation and constraining function of wrong beliefs in young children's understanding of deception. *Cognition*, *13*, 103-128.

第２章

Fitts, P. M., & Posner, M. I. (1967). *Human performance.* Brooks/Cole.

三田村 仰 (2017). はじめてまなぶ行動療法　金剛出版

Tolman, E. C. (1948). Cognitive maps in rats and men. *Psychological Review, 55* (4), 189–208.

Tolman, E. C., & Honzik, C. H. (1930). Introduction and removal of reward, and maze performance in rats. *University of California Publications in Psychology, 4*, 257–275.

Tolman, E. C., Ritchie, B. F., & Kalish, D. (1946). Studies in spatial learning. I. Orientation and the short-cut. *Journal of Experimental Psychology, 36*, 13–24.

Watson, J. B., & Rayner, R. (1920). Conditioned emotional reactions. *Journal of Experimental Psychology, 3*, 1–14.

第３章

Crocker, J. (2002). The costs of seeking self-esteem. *Journal of Social Issues, 58*, 597–615.

d'Ailly, H. (2003). Children's autonomy and perceived control in learning: A model of motivation and achievement in Taiwan. *Journal of Educational Psychology, 95*, 84–96.

Deci, E. L., & Ryan, R. M. (1995). Human autonomy: The basis for true self-esteem. In M. H. Kemis (Ed.), *Efficacy, agency, and self-esteem* (pp. 31–49). New York: Plenum.

Fantz, R. L. (1963). Pattern vision in newborn infants. *Science, 140* (3564), 296–297.

Grolnick, W. S., & Ryan, R. M. (1987). Autonomy in children's learning: An experimental and individual difference investigation. *Journal of Personality and Social Psychology, 52*, 890–898.

Harlow, H. F. (1950). Learning and satiation of response in intrinsically motivated complex puzzle performance by monkeys. *Journal of Comparative and Physiological Psychology, 43*, 289–294.

Harter, S. (1999). *The construction of the self: A developmental perspective.* New York: Guilford.

Ishizu, K. (2017). Contingent self-worth moderates the relationship between school stressors and psychological stress responses. *Journal of Adolescence, 56*, 113–117.

鹿毛 雅治 (2013). 学習意欲の理論——動機づけの教育心理学——　金子書房

Murray, H. A. (1938). *Explorations in personality.* New York: Oxford University Press.

Neff, K. D. (2009). Self-compassion. In M. R. Leary, & R. H. Hoyle (Eds.), *Handbook of individual differences in social behavior* (pp. 561–573). New York: Guilford.

Ng, J. Y. Y., Ntoumanis, N., Thøgersen-Ntoumani, C., Deci, E. L., Ryan, R. M., Duda.m J. L., & Williams, G. C. (2012). Self-determination theory applied to health contexts: A meta-analysis. *Perspectives on Psychological Science, 7*, 325–340.

西村 多久磨・櫻井 茂男 (2015). 中学生における基本的心理欲求とスクール・モラールとの関連——学校場面における基本的心理欲求充足尺度の作成——　パーソナリティ研究, *24*, 124–136.

庭山 和貴・松見 淳子 (2016). 自己記録手続きを用いた教師の言語賞賛の増加が児童の授業

参加行動に及ぼす効果――担任教師によるクラスワイドな“褒めること”の効果―― 教育心理学研究，*64*，598-609.

岡田 努（2001）．現代大学生の「ふれ合い恐怖的心性」と友人関係の関連についての考察 性格心理学研究，*10*，69-84.

小塩 真司・岡田 涼・茂垣 まどか・並川 努・脇田 貴文（2014）．自尊感情平均値に及ぼす年齢と調査年の影響――Rosenbergの自尊感情尺度日本語版のメタ分析―― 教育心理学研究，*62*，273-282.

Primack, B. A., Shensa, A., Sidani, J. E., Whaite, E. O., Lin, L. Y., Rosen, D., …Radovic, A., & Miller, E. (2017). Social media use and perceived social isolation among young adults in the U.S. *American Journal of Preventive Medicine, 53*, 1-8.

Rozovsky, J. (2015). The five keys to a successful Google team. Google re: Work Retrieved from https://rework.withgoogle.com/blog/five-keys-to-a-successful-google-team/（2020年3月14日）

Ryan, R. M., & Deci, E. L. (2000). Self-determination theory and the facilitation of intrinsic motivation, social development, and well-being. *American Psychologist, 55*, 68-78.

Ryan, R. M., Koestner, R., & Deci, E. L. (1991). Ego-involved persistence: When free-choice behavior is not intrinsically motivated. *Motivation and Emotion, 15*, 185-205.

櫻井 茂男（2012）．夢や希望をもって生きよう！――自己決定理論―― 鹿毛 雅治（編）モティベーションをまなぶ12の理論――ゼロからわかる「やる気の心理学」入門！――（pp.45-72） 金剛出版

杉浦 健（2000）．2つの親和動機と対人的疎外感との関係――その発達的変化―― 教育心理学研究，*48*，352-360.

田中 あゆみ・山内 弘継（2000）．教室における達成動機，目標志向，内発的興味，学業成績の因果モデルの検討 心理学研究，*71*，317-324.

Tesser, A., & Campbell, J. L. (1982). Self-evaluation maintenance and the perception of friends and strangers. *Journal of Personality, 50* (3), 261-279.

Vallerand, R. J., Fortier, M. S., & Guay, F. (1997). Self-determination and persistence in a real-life setting: Toward a motivational model of high school dropout. *Journal of Personality and Social Psychology, 72*, 1161-1176.

Warden, C. J. (1932). The relative strength of the primary drives in the white rat. *The Pedagogical Seminary and Journal of Genetic Psychology, 41*, 16-35.

Zimmerman, B. J. (1986). Becoming a self-regulated learner: Which are the key sub-processes? *Contemporary Educational Psychology, 11*, 307-313.

Zimmerman, B. J., & Moylan, A. R. (2009). Self-regulation: Where metacognition and motivation intersect. In D. J. Hacker, J. Dunlosky & A. C. Graesser (Eds.), *Handbook of metacognition in education* (pp. 299-315). New York: Routledge.

第4章

秋田 喜代美（2004）．授業への心理学的アプローチ――文化的側面に焦点をあてて―― 心理学評論，*47*，318-331.

中央教育審議会初等中等教育分科会教育課程部会（2019）．児童生徒の学習評価の在り方について（報告） 文部科学省 Retrieved from https://www.mext.go.jp/b_menu/shingi/chukyo/chukyo3/004/gaiyou/1412933.htm

橋本 重治 応用教育研究所（編）（2003）．教育評価法概説 2003年改訂版 図書文化

Hoffmann, J. D., Brackett, M. A., Bailey, C. S., & Willner, C. J. (2020). Teaching emotion regulation in schools: Translating research into practice with the RULER approach to social and emotional learning. *Emotion, 20* (1), 105-109.

伊藤 大幸・浜田 恵・村山 恭朗・髙柳 伸哉・野村 和代・明翫 光宜・辻井 正次（2017）．クラスサイズと学業成績および情緒的・行動的問題の因果関係――自然実験デザインとマルチレベルモデルによる検証―― 教育心理学研究，*65*，451-465.

上岡 清乃・北岡 智子・鈴木 恵太（2018）．英語学習に特異的な困難を示す生徒に対する英語指導法の検討――認知特性に配慮した効果的な英単語書字指導法―― *Journal of Inclusive Education*，*5*，77-87.

溝上 慎一（2007）．アクティブ・ラーニング導入の実践的課題 名古屋高等教育研究，*7*，269-287.

水越 敏行（1970）．アメリカにおける発見学習についての一考察 教育学研究，*37*，21-31.

文部科学省（2019）．小学校，中学校，高等学校及び特別支援学校等における児童生徒の学習評価及び指導要録の改善等について（通知） 文部科学省 Retrieved from https://www.mext.go.jp/b_menu/hakusho/nc/1415169.htm

岡田 尊司（2013）．子どもが自立できる教育 小学館

Organization for Economic Cooperation and Development (2015). Skills for social progress: The power of social and emotional skills. Paris: OECD

佐々木 恵（2015）．勉強ぎらいの子どもの声と支援策 教育と医学，*63*，616-623.

Snow, R. E. (1991). Aptitude-treatment interaction as a framework for research on individual differences in psychotherapy. *Journal of Consulting and Clinical Psychology, 59*, 205-216.

Snow, R. E., Tiffin, J., & Seibert, W. F. (1965). Individual differences and instructional film effects. *Journal of Educational Psychology, 56* (6), 15-326.

谷川 幸雄（2002）．発見学習の基礎理論と実際 北海道浅井学園大学生涯学習システム学部研究紀要，*2*，169-185.

第5章

Canivez, G. L. (2013). Incremental criterion validity of WAIS-Ⅳ factor index scores: Relationships with WIAT-Ⅱ and WIAT-Ⅲ subtest and composite scores. *Psychological Assessment, 25* (2), 484-495.

速水 敏彦（1981）．学業成績の原因帰属オーバーアチーバーとアンダーアチーバーに関連し

て　教育心理学研究，*29*（1），80-83.

神田 信彦（1999）．小学生の学業成績への一般統制感の影響　白梅学園短期大学紀要，*35*，45-51.

松田 修（2013）．日本版 WISC-Ⅳの理解と活用　教育心理学年報，*52*，238-243.

松浦 宏（1972）．学習意欲と学業成績の関係　大阪教育大学紀要第Ⅳ部門教育科学，*21*，63-72.

McGrew, K. S.（2005）. The Cattell-Horn-Carroll theory of cognitive abilities: Past, present, and future. In D. P. Flanagan, & P. L. Harrison（Eds.）, *Contemporary intellectual assessment: Theories, tests, and issues*（pp. 136-181）. New York: Guilford.

三好 一英・服部 環（2010）．海外における知能研究と CHC 理論　筑波大学心理学研究，*40*，1-7.

中山 勘次郎（1982）．教示者との社会的接触が児童の課題遂行に及ぼす影響　教育心理学研究，*30*（2），152-156.

Prifitera, A., Weiss, L. G., & Saklofske, D. H.（1998）. The WISC-III in context. In A. Prifitera, & D. H. Saklofske（Eds.）, *WISC-III clinical use and interpretation*（pp.1-38）. Academic Press.

Rotter, J. B.（1966）. Generalized expectancies for internal versus external control of reinforcement. *Psychological Monographs: General and Applied, 80*（1）, 1-28.

Schneider, J., & McGrew, K.（2013）. *The Cattel-Horn-Carroll*（*CHC*）*Model of Intelligence v2.2: A visual tour and summary*. Institute for Applied Psychometrics. Retrieved from http://www.iapsych.com/chcv2.pdf（2020 年 5 月 4 日）

繁桝 算男・リー，S.（2013）．CHC 理論と日本版 WISC-Ⅳの因子構造——標準化データによる認知構造の統計的分析——　日本版 WISC-Ⅳテクニカルレポート #8．日本文化科学社 Retrieved from https://www.nichibun.co.jp/documents/kensa/technicalreport/wisc4_tech_8.pdf（2020 年 5 月 6 日）

都築 忠義・相良 順子・宮本 友弘・家近 早苗・松山 武士・佐藤 幸雄（2013）．児童期における知能と学力の変動パターンの検討（2）——オーバーアチーバー，アンダーアチーバーに着目して——　聖徳大学研究紀要，*24*，41-45.

第6章

本間 友巳（2000）．中学生の登校を巡る意識の変化と欠席や欠席願望を抑制する要因の分析　教育心理学研究，*48*，32-41.

神村 栄一（2019）．不登校・引きこもりのための行動活性化——子どもと若者の“心のエネルギー”がみるみる溜まる認知行動療法——　金剛出版

神村 栄一・上野 昌弘（2015）．中 1 ギャップ——新潟から広まった教育の実践——　新潟日報事業社

かしま えりこ・神田橋 條治（2006）．スクールカウンセリング モデル 100 例——読み取る。支える。現場の工夫。——　創元社

KHJ 全国ひきこもり家族会連合会（2019）．長期高年齢化する社会的孤立者（ひきこもり者）への対応と予防のための「ひきこもり地域支援体制を促進する家族支援の在り方」に関する研究　厚生労働省　Retrieved from https://www.mhlw.go.jp/content/12200000/000525389.pdf

国立教育政策研究所（2014）．生徒指導リーフ 15――「中 1 ギャップ」の真実――　国立教育政策研究所　Retrieved from https://www.nier.go.jp/shido/leaf/leaf15.pdf

文部科学省（2014）．不登校に関する実態調査――平成 18 年度不登校生徒に関する追跡調査報告書――　文部科学省　Retrieved from https://www.mext.go.jp/a_menu/shotou/seitoshidou/1349949.htm

文部科学省（2015a）．小・中学校に通っていない義務教育段階の子供が通う民間の団体・施設に関する調査　文部科学省　Retrieved from https://www.mext.go.jp/a_menu/shotou/tyousa/1360614.htm

文部科学省（2015b）．連続して欠席し連絡が取れない児童生徒や学校外の集団との関わりの中で被害に遭うおそれがある児童生徒の安全の確保に向けた取組について（通知）　文部科学省　Retrieved from https://www.mext.go.jp/b_menu/houdou/27/03/__icsFiles/afieldfile/2015/04/02/1356481_01_1_1.pdf

文部科学省（2019a）．不登校児童生徒への支援の在り方について（通知）　文部科学省　Retrieved from https://www.mext.go.jp/a_menu/shotou/seitoshidou/1422155.htm

文部科学省（2019b）．不登校に関する調査研究協力者会議 フリースクール等に関する検討会議合同会議 第 19 回配布資料　文部科学省　Retrieved from https://www.mext.go.jp/a_menu/shotou/seitoshidou/1416706.htm

文部科学省（2021）．令和 2 年度児童生徒の問題行動・不登校等生徒指導上の諸課題に関する調査結果について　文部科学省　Retrieved from https://www.mext.go.jp/content/20211007-mxt_jidou01-100002753_1.pdf

小澤 美代子（2003）．上手な登校刺激の与え方――先生や家庭の適切な登校刺激が不登校の回復を早めます！――　ほんの森出版

小澤 美代子（編著）（2006）．タイプ別・段階別　続　上手な登校刺激の与え方　ほんの森出版

田嶌 誠一（編）（2010）．不登校――ネットワークを生かした多面的援助の実際――　金剛出版

第７章

本田 真大（2017）．いじめに対する援助要請のカウンセリング――「助けて」が言える子ども，「助けて」に気づける援助者になるために――　金子書房

伊藤 亜矢子・宇佐美 慧（2017）．新版中学生用学級風土尺度（Classroom Climate Inventory; CCI）の作成　教育心理学研究，*65*，91-105.

河村 茂雄（2006）．学級づくりのための Q-U 入門――「楽しい学校生活を送るためのアンケート」活用ガイド――　図書文化

国立教育政策研究所（2021）．いじめ追跡調査 2016-2018　国立教育政策研究所　Retrieved from https://www.nier.go.jp/shido/centerhp/2806sien/tsuiseki2016-2018.pdf

栗原 慎二（編著）（2013）．いじめ防止 6 時間プログラム――いじめ加害者を出さない指導――　ほんの森出版

栗原 慎二・井上 弥（編著）（2019）．Office365・Excel2019 対応版　アセス（学級全体と児童生徒個人のアセスメントソフト）の使い方・活かし方　ほんの森出版

増田 健太郎（2013）．いじめ問題への構造的介入　臨床心理学，*13*，669-674.

文部科学省（2014）．子供の自殺が起きたときの背景調査の指針（改訂版）　文部科学省　Retrieved from https://www.mext.go.jp/component/b_menu/shingi/toushin/__icsFiles/afieldfile/2014/09/10/1351863_02.pdf

文部科学省（2016）．不登校重大事態に係る調査の指針　文部科学省　Retrieved from https://www.mext.go.jp/a_menu/shotou/seitoshidou/__icsFiles/afieldfile/2016/07/14/1368460_1.pdf

文部科学省（2017）．いじめの重大事態の調査に関するガイドライン　文部科学省　Retrieved from https://www.mext.go.jp/a_menu/shotou/seitoshidou/__icsFiles/afieldfile/2018/01/04/1400142_003.pdf

文部科学省（2021）．令和 2 年度児童生徒の問題行動・不登校等生徒指導上の諸課題に関する調査結果について　文部科学省　Retrieved from https://www.mext.go.jp/content/20211007-mxt_jidou01-100002753_1.pdf

森田 洋司・清永 賢二（1986）．いじめ――教室の病い――　金子書房

内閣府（2019）．青少年のインターネット利用環境実態調査　内閣府　Retrieved from https://www8.cao.go.jp/youth/youth-harm/chousa/net-jittai_list.html

中井 久夫（1997）．アリアドネからの糸　みすず書房

西野 泰代・原田 恵理子・若本 純子（編著）（2018）．情報モラル教育――知っておきたい子どものネットコミュニケーションとトラブル予防――　金子書房

Olweus, D., Limber, S. P., Flerx, V. C., Mullin, N., Riese, J., & Snyder, M.（2007）．*Olweus bullying prevention program schoolwide guide*. Center City, MN: Hazelden.
（オルヴェウス，D.・リンバー，S. P.・フラークス，V. C.・ムリン，N.・リース，J.・スナイダー，M. 小林 公司・横田 克哉（監訳）オルヴェウス・いじめ防止プログラム刊行委員会（訳）（2013）．オルヴェウス・いじめ防止プログラム――学校と教師の道しるべ――　現代人文社）

下田 芳幸（2018）．中学校でのいじめ認識を深める授業の予備的な効果検討　ストレスマネジメント研究，*14*，46-51.

鈴木 翔（2012）．教室内（スクール）カースト　光文社

第8章

Achenbach, T. M.（1978）．The child behavior profile: I. Boys aged 6-11. *Journal of Consulting and Clinical Psychology, 46*, 478-488.

Achenbach, T. M., & Edelbrock, C. S. (1979). The child behavior profile: II. Boys aged 12-16 and girls aged 6-11 and 12-16. *Journal of Consulting and Clinical Psychology*, *47*, 223-233.

Bonta, J., & Andrews, D. A. (2007). Risk-need-responsivity model for offender assessment and rehabilitation. *Rehabilitation*, *6*, 1-22.

Crick, N. R., & Dodge, K. A. (1994). A review and reformulation of social information-processing mechanisms in children's social adjustment. *Psychological Bulletin*, *115*, 74-101.

Dodge, K. A. (1991). The structure and function of reactive and proactive aggression. In D. J. Pepler, & K. H. Rubin (Eds.), *The development and treatment of childhood aggression* (pp. 201-218). Lawrence Erlbaum Associates.

Evans, D. (2003). *Emotion: A very short introduction*. New York: Oxford University Press.
(エヴァンズ, D. 遠藤 利彦 (訳) (2005). 感情　岩波書店)

Greenberg, L. S. (2011). *Emotion-focused therapy*. Washington, DC: American Psychological Association.
(グリーンバーグ, L. S. 岩壁 茂・伊藤 正哉・細越 寛樹 (監訳) (2013). エモーション・フォーカスト・セラピー入門　金剛出版)

Hirschi, T. (1969). *Causes of delinquency*. Berkeley, CA: University of California Press.
(ハーシ, T. 森田 洋司・清水 新二 (監訳) (1995). 非行の原因――家庭・学校・社会のつながりを求めて――　文化書房博文社)

法務省 (2019). 令和元年版 犯罪白書――平成の刑事政策――　法務省　Retrieved from http://hakusyo1.moj.go.jp/jp/66/nfm/mokuji.html

法務省 (2020). 令和2年版犯罪白書――薬物犯罪――　法務省　Retrieved from http://hakusyo1.moj.go.jp/jp/67/nfm/mokuji.html

法務省 (2021). 令和2年版再犯防止推進白書　日経印刷

工藤 晋平・淺田 (平野) 慎太郎 (2017). アタッチメントの観点から非行・犯罪をモデル化する　心理学評論, *60*, 140-162.

文部科学省 (2005). 新・児童生徒の問題行動対策重点プログラム (中間まとめ)　文部科学省　Retrieved from http://warp.da.ndl.go.jp/info:ndljp/pid/286184/www.mext.go.jp/b_menu/houdou/17/09/05092202.htm

文部科学省 (2019). 平成30年度児童生徒の問題行動・不登校等生徒指導上の諸課題に関する調査結果について　文部科学省　Retrieved from https://www.mext.go.jp/component/a_menu/education/detail/__icsFiles/afieldfile/2019/10/25/1412082-30.pdf

文部科学省 (2021). 令和2年度児童生徒の問題行動・不登校等生徒指導上の諸課題に関する調査結果について　文部科学省　Retrieved from https://www.mext.go.jp/content/20211007-mxt_jidou01-100002753_1.pdf

内閣府 (2021). 令和3年版子供・若者白書　内閣府　Retrieved from https://www8.cao.go.jp/youth/whitepaper/r03honpen/pdf_index.html

押切 久遠 (2001). クラスでできる非行予防エクササイズ――子どもたちの後悔しない人生のために――　図書文化

Spielberger, C. D., Krasner, S. S., & Solomon, E. P.（1988）. The experience, expression, and control of anger. In M. P. Janisse（Ed.）, *Individual differences, stress, and health psychology*（pp.89-108）. New York: Springer.

Wilson, J. Q., & Kelling, G. L.（1982）. Broken windows. *The Atlantic Monthly*, *249*（3）, 29-38.

第9章

中央教育審議会（2011）．今後の学校におけるキャリア教育・職業教育の在り方について（答申） 文部科学省 Retrieved from https://warp.ndl.go.jp/info:ndljp/pid/11402417/www.mext.go.jp/b_menu/shingi/chukyo/chukyo0/toushin/1301877.htm

中央教育審議会（2015）．チームとしての学校の在り方と今後の改善方策について（答申） 文部科学省 Retrieved from https://www.mext.go.jp/b_menu/shingi/chukyo/chukyo0/toushin/__icsFiles/afieldfile/2016/02/05/1365657_00.pdf

福岡県臨床心理士会（編）窪田 由紀（編著）（2020）．学校コミュニティへの緊急支援の手引き 第3版 金剛出版

長谷川 啓三（2003）．集団守秘義務の考え方 臨床心理学，*3*，122-124.

本田 真大（2017）．いじめに対する援助要請のカウンセリング――「助けて」が言える子ども，「助けて」に気づける援助者になるために―― 金子書房

石隈 利紀（2004）．学校心理学とその動向――心理教育的援助サービスの実践と理論の体系をめざして―― 心理学評論，*47*，332-347.

神田橋 條治（1994）．追補 精神科診断面接のコツ 岩崎学術出版社

川野 健治・勝又 陽太郎（編）（2018）．学校における自殺予防教育プログラム GRIP（グリップ）――5時間の授業で支えあえるクラスをめざす―― 新曜社

金 吉晴（編）（2006）．心的トラウマの理解とケア 第2版 じほう

窪田 由紀（編著）（2016）．学校における自殺予防教育のすすめ方――だれにでもこころが苦しいときがあるから―― 遠見書房

Lazarus, R. S., & Folkman, S.（1984）. *Stress, appraisal, and coping.* New York: Springer.（ラザルス，R. S.・フォルクマン，S. 本明 寛・春木 豊・織田 正美（監訳）（1991）．ストレスの心理学――認知的評価と対処の研究―― 実務教育出版）

三田村 仰（2011）．しなやかで芯のある自己表現――円滑な対人関係のための機能的アサーション―― 心理臨床科学，*1*，21-23.

文部科学省（2018）．児童生徒の自殺予防に向けた困難な事態，強い心理的負担を受けた場合等における対処の仕方を身に付ける等のための教育の教材例について 文部科学省 Retrieved from https://www.mext.go.jp/a_menu/shotou/seitoshidou/1410401.htm

阪中 順子（2015）．学校現場から発信する子どもの自殺予防ガイドブック――いのちの危機と向き合って―― 金剛出版

第10章

American Psychiatric Association（2013）. *Diagnostic and Statistical Manual of Mental*

Disorders: DSM-5 (5th ed.). Washington, DC: American Psychiatric Association.
(アメリカ精神医学会　髙橋 三郎・大野 裕（監訳）(2014). DSM-5 精神疾患の診断・統計マニュアル　医学書院)

傳田 健三 (2008). 児童・青年期の気分障害の診断学——MINI-KID を用いた疫学調査から——　児童青年精神医学とその近接領域, *49*, 286-292.

傳田 健三 (2014). 子どものうつ　心の治療——外来診療のための 5 ステップ・アプローチ——　新興医学出版社

傳田 健三・賀古 勇輝・佐々木 幸哉・伊藤 耕一・北川 信樹・小山 司 (2004). 小・中学生の抑うつ状態に関する調査——Birleson 自己記入式抑うつ評価尺度（DSRS-C）を用いて——　児童青年精神医学とその近接領域, *45*, 424-436.

電通ダイバーシティ・ラボ (2019). LGBT 調査 2018　電通報　Retrieved from https://dentsu-ho.com/booklets/347

日高 庸晴 (2014). ゲイ・バイセクシュアル男性の HIV 感染リスク行動と関連する心理・社会的要因——全国インターネット調査の結果から——　HIV 感染症と AIDS の治療, *5* (2), 38-44.

釜野 さおり・石田 仁・岩本 健良・小山 泰代・千年 よしみ・平森 大規・藤井 ひろみ・布施 香奈・山内 昌和・吉仲崇 (2019). 大阪市民の働き方と暮らしの多様性と共生にかんするアンケート報告書（単純集計結果）　JSPS 科研費 16H03709「性的指向と性自認の人口学―日本における研究基盤の構築」「働き方と暮らしの多様性と共生」研究チーム（代表 釜野さおり）編　国立社会保障・人口問題研究所 内

桑原 健太郎 (2012). 小児の頭痛の疫学　脳と発達, *44*, 115-118.

慢性頭痛の診療ガイドライン作成委員会（編）(2013). 慢性頭痛の診療ガイドライン 2013　医学書院

松本 俊彦 (2009). 自傷行為の理解と援助——「故意に自分の健康を害する」若者たち——　日本評論社

文部科学省 (2014). 学校における性同一性障害に係る対応に関する状況調査について　文部科学省　Retrieved from https://www.mext.go.jp/component/a_menu/education/micro_detail/__icsFiles/afieldfile/2016/06/02/1322368_01.pdf

文部科学省 (2016). 性同一性障害や性的指向・性自認に係る、児童生徒に対するきめ細かな対応等の実施について（教職員向け）　文部科学省　Retrieved from https://www.mext.go.jp/content/20210215_mxt_sigakugy_1420538_00003_18.pdf

文部科学省 (2018). 公立の高等学校における妊娠を理由とした退学等に係る実態把握の結果等を踏まえた妊娠した生徒への対応等について（通知）　文部科学省　Retrieved from https://www.mext.go.jp/a_menu/shotou/seitoshidou/1411217.htm

永井 智 (2008). 中学生における児童用抑うつ自己評価尺度（DSRS）の因子モデルおよび標準データの検討　感情心理学研究, *16*, 133-140.

名古屋市総務局総合調整部男女平等参画推進室 (2018). 性的少数者（セクシュアル・マイノリティ）など性別にかかわる市民意識調査報告書　名古屋市　Retrieved from https://

www.city.nagoya.jp/sportsshimin/cmsfiles/contents/0000112/112536/30hokokusho.pdf

日本小児心身医学会（編）(2015). 小児心身医学会ガイドライン集——日常診療に活かす5つのガイドライン——　改訂第2版　南江堂

大江 由香（2018). 性加害者に対する指導——罰と再犯防止を両立するために何が必要か——　トラウマティック・ストレス, *16*, 113-121.

佐藤 寛・下津 咲絵・石川 信一（2008). 一般中学生におけるうつ病の有病率——半構造化面接を用いた実態調査——　精神医学, *50*, 439-448.

嶋田 洋徳（2017).「あのときは運が悪かった」と言う性加害者を叱責すべきか——認知行動療法——　臨床心理学, *17*, 790-792.

下山 晴彦（監修）(2015). 子どものうつがわかる本——わが子の心, 見えていますか？——主婦の友社

Tobin, R. M., & House, A. E. (2016). *DSM-5® diagnosis in the schools.* New York: Guilford.
（トービン, R. M.・ハウス, A. E. 高橋 祥友（監訳）(2017). 学校関係者のための DSM-5　医学書院）

第11章

American Psychiatric Association (2013). *Diagnostic and Statistical Manual of Mental Disorders: DSM-5.* American Psychiatric.
（アメリカ精神医学会　髙橋 三郎・大野 裕（監訳）(2014). DSM-5 精神疾患の診断・統計マニュアル　医学書院）

Boden, C., & Giaschi, D. (2007). M-stream deficits and reading-related visual processes in developmental dyslexia. *Psychological Bulletin, 133* (2), 346-366.

Coltheart, M., Rastle, K., Perry, C., Langdon, R., & Ziegler, J. (2001). DRC: A dual route cascaded model of visual word recognition and reading aloud. *Psychological Review, 108* (1), 204-256.

Fenning, R. M., Baker, J. K., Baker, B. L., & Crnic, K. A. (2007). Parenting children with borderline intellectual functioning: A unique risk population. *American Journal on Mental Retardation, 112* (2), 107-121.

藤野 博・盧 熹貞（2010). 知的障害特別支援学校における AAC の利用実態に関する調査研究　特殊教育学研究, *48* (3), 181-190.

海津 亜希子・田沼 実畝・平木 こゆみ・伊藤 由美・ボーン, S. (2008). 通常の学級における多層指導モデル（MIM）の効果——小学1年生に対する特殊音節表記の読み書きの指導を通じて——　教育心理学研究, *56* (4). 534-547.

文部科学省（2013). 教育支援資料——障害のある子供の就学手続と早期からの一貫した支援の充実——　文部科学省　Retrieved from https://www.mext.go.jp/a_menu/shotou/tokubetu/material/1340250.htm（2020年4月24日）

佐々木 健太郎・野口 和人（2015). 知的障害特別支援学校高等部におけるコミュニケーションに関する指導の現状と課題　宮城教育大学特別支援教育総合研究センター研究紀要,

10, 83-92.

第12章

American Psychiatric Association (2013). *Diagnostic and Statistical Manual of Mental Disorders: DSM-5*. American Psychiatric.
(アメリカ精神医学会　髙橋 三郎・大野 裕（監訳）(2014). DSM-5 精神疾患の診断・統計マニュアル　医学書院)

Baron-Cohen, S. (1989). The autistic child's theory of mind: A case of specific developmental delay. *The Journal of Child Psychology and Psychiatry, 30* (2), 285-297.

Baron-Cohen, S., Leslie, A. M., & Frith, U. (1985). Does the autistic child have a "theory of mind"? *Cognition, 21* (1), 37-46.

Baron-Cohen, S., O'riordan, M., Stone, V., Jones, R., & Plaisted, K. (1999). Recognition of faux pas by normally developing children and children with asperger syndrome or high-functioning autism. *Journal of Autism and Developmental Disorders, 29* (5), 407-418.

別府 哲 (1996). 自閉症児におけるジョイントアテンション行動としての指さし理解の発達——健常乳幼児との比較を通して——　発達心理学研究, *7* (2), 128-137.

Frith, U. (1989). *Autism: Explaining the Enigma*. Blackwell.

Happé, F. G. (1994). An advanced test of theory of mind: Understanding of story characters' thoughts and feelings by able autistic, mentally handicapped, and normal children and adults. *Journal of Autism and Developmental Disorders, 24* (2), 129-154.

大神 英裕 (2008). 発達障害の早期支援——研究と実践を紡ぐ新しい地域連携——　ミネルヴァ書房

Ozonoff, S., Pennington, B. F., & Rogers, S. J. (1991). Executive function deficits in high-functioning autistic individuals: Relationship to theory of mind. *The Journal of Child Psychology and Psychiatry, 32* (7), 1081-1105.

Premack, D., & Woodruff, G. (1978). Does the chimpanzee have a theory of mind? *Behavioral and Brain Sciences, 1* (4), 515-526.

Ramachandran, V. S., & Oberman, L. M. (2006). Broken mirrors: A theory of autism. *Scientific American, 295* (5), 62-69.

Wimmer, H., & Perner, J. (1983). Beliefs about beliefs: Representation and constraining function of wrong beliefs in young children's understanding of deception. *Cognition, 13* (1), 103-128.

第13章

American Psychiatric Association (2013). *Diagnostic and Statistical Manual of Mental Disorders: DSM-5*. American Psychiatric.
(アメリカ精神医学会　髙橋 三郎・大野 裕（監訳）(2014). DSM-5 精神疾患の診断・統計マニュアル　医学書院)

Barkley, R. A. (1997). Behavioral inhibition, sustained attention, and executive functions: Constructing a unifying theory of ADHD. *Psychological Bulletin, 121* (1), 65-94.

Dickstein, S. G., Bannon, K., Xavier Castellanos, F., & Milham, M. P. (2006). The neural correlates of attention deficit hyperactivity disorder: An ALE meta-analysis. *Journal of Child Psychology and Psychiatry, 47* (10), 1051-1062.

Gray, J., & McNaughton, N. (2003). *The neuropsychology of anxiety: An enquiry into the functions of the septo-hippocampal system.* Oxford: Oxford University Press.

渕上 康幸 (2010). 破壊的行動障害の連鎖と不適切養育経験及び非行抑制傾向の関連　犯罪心理学研究, *48* (1), 1-10.

原口 英之・上野 茜・丹治 敬之・野呂 文行 (2013). 我が国における発達障害のある子どもの親に対するペアレントトレーニングの現状と課題——効果評価の観点から——　行動分析学研究, *27* (2), 104-127.

岩坂 英巳 (編著) (2012). 困っている子をほめて育てるペアレント・トレーニングガイドブック——活用のポイントと実践例——　じほう

Semrud-Clikeman, M., Pliszka, S., & Liotti, M. (2008). Executive functioning in children with attention-deficit/hyperactivity disorder: Combined type with and without a stimulant medication history. *Neuropsychology, 22* (3), 329-340.

Sonuga-Barke, E. J. (2003). The dual pathway model of AD/HD: An elaboration of neuro-developmental characteristics. *Neuroscience and Biobehavioral Reviews, 27* (7), 593-604.

Sonuga-Barke, E., Bitsakou, P., & Thompson, M. (2010). Beyond the dual pathway model: Evidence for the dissociation of timing, inhibitory, and delay-related impairments in attention-deficit/hyperactivity disorder. *Journal of the American Academy of Child and Adolescent Psychiatry, 49* (4), 345-355.

Swanson, C. J., Perry, K. W., Koch-Krueger, S., Katner, J., Svensson, K. A., & Bymaster, F. P. (2006). Effect of the attention deficit/hyperactivity disorder drug atomoxetine on extracellular concentrations of norepinephrine and dopamine in several brain regions of the rat. *Neuropharmacology, 50* (6), 755-760.

第14章

国立特別支援教育総合研究所 (2018). 発達障害等のある生徒の実態に応じた高等学校における通級による指導の在り方に関する研究——導入段階における課題の検討——　国立特別支援教育総合研究所　Retrieved from http://www.nise.go.jp/cms/resources/content/7412/20180628-102159.pdf (2020年4月17日)

文部科学省 (2003). 今後の特別支援教育のあり方について (最終報告)　文部科学省　Retrieved from https://www.mext.go.jp/b_menu/shingi/chousa/shotou/054/shiryo/attach/1361204.htm (2020年4月9日)

文部科学省 (2017). 平成27年度特別支援学校のセンター的機能の取組に関する状況調査について　文部科学省　Retrieved from https://www.mext.go.jp/a_menu/shotou/tokubetu/

material/__icsFiles/afieldfile/2017/03/14/1383107.pdf（2020 年 4 月 17 日）

文部科学省（2020）．特別支援教育資料（平成 30 年度） 文部科学省 Retrieved from https://www.mext.go.jp/a_menu/shotou/tokubetu/material/1406456_00001.htm（2020 年 9 月 14 日）

日本学生支援機構（2020）．令和元年度（2019 年度）障害のある学生の修学支援に関する実態調査　日本学生支援機構　Retrieved from https://www.jasso.go.jp/statistics/gakusei_shogai_syugaku/2019.html（2020 年 9 月 14 日）

Raue, K., & Lewis, L.（2011）. *Students with disabilities at degree-granting postsecondary institutions*. Washington, DC: National Center for Education Statistics, US Department of Education.

山本 佳子・仁平 義明（2010）．アスペルガー障害学生の学業支援――教員・職員・相談担当者・学生間の支援許容度の違い――　学生相談研究，*31*（1），1-12.

横田 晋務・松﨑 泰・田中 真理（2020）．大学教員および学生における自閉スペクトラム症学生への支援に対する意識――身体障害学生への支援に対する意識との比較から――　特殊教育学研究，*57*（4-5），233-245.

人名索引

タ　行

ナ　行

ハ　行

マ　行

ラ　行

ワ　行

事項索引

著者紹介

石津　憲一郎（いしづ　けんいちろう）　（第1～4章）

2001年　筑波大学第二学群人間学類卒業
2004年　文教大学大学院人間科学研究科修士課程修了
2008年　東北大学大学院教育学研究科博士課程後期総合教育科学専攻修了
現　在　富山大学大学院教職実践開発研究科准教授
　　　　博士（教育学）　公認心理師　臨床心理士

主要著書

『自尊感情の心理学――理解を深める「取扱説明書」』（分担執筆）（金子書房，2016）
『絶対役立つ教育相談――学校現場の今に向き合う』（分担執筆）（ミネルヴァ書房，2017）
『チーム学校での効果的な援助――学校心理学の最前線』（分担執筆）（ナカニシヤ出版，2018）

下田　芳幸（しもだ　よしゆき）　（第6～10章）

2001年　九州大学教育学部卒業
2006年　九州大学大学院人間環境学府人間共生システム専攻単位取得退学
現　在　佐賀大学大学院学校教育学研究科准教授
　　　　博士（心理学）　公認心理師　臨床心理士

主要著書・訳書

『教育相談支援――子どもとかかわる人のためのカウンセリング入門』（分担執筆）（萌文書林，2010）
『学校で気になる子どものサイン』（分担執筆）（少年写真新聞社，2012）
『セラピストが10代のあなたにすすめるACTワークブック――悩める人がイキイキ生きるための自分のトリセツ』（共監訳）（星和書店，2016）

横田　晋務（よこた　すすむ）　（第5，11～14章）

2007年　東北大学教育学部卒業
2009年　東北大学大学院教育学研究科博士課程前期総合教育科学専攻修了
2014年　東北大学大学院教育学研究科博士課程後期総合教育科学専攻修了
現　在　九州大学基幹教育院准教授　博士（教育学）

主要著書

『特別支援教育に生きる心理アセスメントの基礎知識』（分担執筆）（東洋館出版社，2015）

『2時間の学習効果が消える！　やってはいけない脳の習慣――小中高生7万人の実証データによる衝撃レポート』（青春出版社，2016）

『「隠す」心理を科学する――人の嘘から動物のあざむきまで』（分担執筆）（北大路書房，2021）

ライブラリ 心理学の杜＝14

教育・学校心理学

2022年2月10日© 初 版 発 行

著 者 石津憲一郎 発行者 森平敏孝
下田芳幸 印刷者 中澤 眞
横田晋務 製本者 小西惠介

発行所 **株式会社 サイエンス社**

〒151-0051 東京都渋谷区千駄ヶ谷1丁目3番25号
営業 TEL (03)5474-8500(代) 振替 00170-7-2387
編集 TEL (03)5474-8700(代)
FAX (03)5474-8900

組版 ケイ・アイ・エス
印刷 ㈱シナノ 製本 ブックアート
《検印省略》

ISBN978-4-7819-1527-2

PRINTED IN JAPAN

サイエンス社のホームページのご案内
https://www.saiensu.co.jp
ご意見・ご要望は
jinbun@saiensu.co.jp まで.